FOLIO BIO

collection

GÉRARD DE

Louis Renault

par

Jean-Noël Mouret

Gallimard

Crédits photographiques :

1, 2, 3, 4, 5, 7, 8, 9, 10, 11, 12, 13, 16, 18, 19 : S.H.G.R, Boulogne-Billancourt.
6, 15 : Roger-Viollet. 14 : Robert Doisneau/Rapho. 17 : AFP.

Né dans cette France des années 1950 où les discussions à propos d'automobile étaient au moins aussi vives que les discussions politiques, Jean-Noël Mouret se partage entre la communication institutionnelle et les guides de voyage ; il a notamment publié, dans la série « Le goût des villes » aux Éditions du Mercure de France, *Venise, Barcelone, Lisbonne, Bruxelles, Palerme, Séville, Le Périgord, La Haute-Provence, Le Mont-Saint-Michel, Bordeaux* et *Lille*.

Le virage de Couhé-Vérac

En cette nuit du dimanche 24 mai 1903, plus de cent mille curieux se bousculent dans les rues de Versailles, attendant le petit matin blême avec impatience. Pour la plupart arrivés de Paris la veille au soir, ils ont copieusement mangé, bu et dansé dans les restaurants, les cafés et les bals musette restés ouverts pour la circonstance, avant de se masser sur la route de Saint-Cyr bien avant l'heure fatidique, fixée à 3 heures 30, pour ne rien manquer du spectacle.

Si ce n'était l'obscurité et surtout cette marée humaine, il serait possible d'apercevoir la longue file hétéroclite qui s'étire au long des grilles du parc, à hauteur de la pièce d'eau des Suisses : quatre-vingt-huit « voitures » (de 650 à 1 000 kilos) — dont neuf à vapeur ! —, quarante-neuf « voitures légères » (de 400 à 650 kilos), trente-trois « voiturettes » (de 250 à 400 kilos), cinquante-trois « motocyclettes » (moins de 50 kilos). Deux cent vingt-trois véhicules qui s'apprêtent à prendre le départ de la course de ville à ville la plus folle, la plus excitante jamais disputée : Paris-Madrid. Une course de 1 014 kilomètres en trois étapes seulement : d'abord le long parcours de plaine Versailles-Bordeaux, puis Bordeaux-Vitoria, avec la difficile traversée des Pyrénées, enfin Vitoria-Madrid et les redoutables routes espagnoles. Les participants s'attendent à des difficultés hors du commun, mais espèrent en retirer une gloire et, surtout, des retombées commerciales d'autant plus grandes : ainsi Renault, qui doit son essor à ses victoires en course, a engagé à lui seul dix voitures.

Naturellement, toutes les grandes marques, tous les grands pilotes du temps ont répondu présent. Premier sur la ligne, l'Anglais Charles Jarrott, au volant de la puissante De Dietrich n° 1, suivi du « chevalier » René de Knyff sur Panhard & Levassor, puis de Louis Renault, accompagné de son fidèle mécanicien Ferenc Szisz, sur « voiture légère » Renault type O, portant le numéro 3. Loin derrière, Marcel Renault et son mécanicien Vauthier ont tiré le numéro 63.

À 3 heures 30, rien ne se passe : les pilotes de tête, qui estiment que la nuit est encore trop noire — pour gagner du poids, les voitures sont démunies de phares — ont réclamé, et obtenu, un délai de grâce d'un quart d'heure. À 3 heures 45, enfin, sous les acclamations, le comte de Voguë, commissaire général de la course, assisté de M. Riguelle, donne le signal du départ à Jarrott. Deux minutes plus tard, c'est au tour de Louis Renault de s'élancer : le départ est en effet donné individuellement à chaque concurrent, à une minute d'intervalle. Marcel Renault, avec son numéro 63, ne partira donc pas avant une bonne heure ; il sait qu'il lui faudra dépasser plusieurs dizaines de concurrents plus lents avant de pouvoir rouler à son rythme et, si possible, réussir un doublé avec son frère : depuis quatre ans, Louis et Marcel n'ont-ils pas triomphé ensemble dans toutes les grandes courses, Paris-Trouville, Paris-Ostende, Paris-Berlin, Paris-Vienne ?

Pourtant, ce Paris-Madrid qui passionne les foules a failli n'être jamais disputé. Lors de l'ouverture des inscriptions, le 15 janvier 1903, le gouvernement français n'a pas encore donné son accord, sous l'influence du président Loubet, assez peu favorable à l'automobile et d'autant plus réticent que, avec l'augmentation de la vitesse, les accidents en course se sont récemment multipliés. En revanche, le tout jeune roi d'Espagne Alphonse XIII — il n'a encore que seize ans et vient tout juste d'accéder au trône — soutient le projet avec enthousiasme. Il s'est empressé de signer le décret autorisant la compétition sur son territoire, voyant là une occasion unique d'inscrire son pays dans la modernité. Il va donc faire tout ce qui est en son pouvoir pour fléchir les autorités françaises et, le 17 février, à l'issue d'un long débat, le gouvernement d'Émile Combes cède, soucieux avant tout d'éviter l'incident diplomatique avec un voisin et ami. Cependant, par mesure de sécurité, il est décidé que la course sera neutralisée à chaque traversée de ville (cette première étape en compte quatorze) : à l'entrée, les concurrents devront s'arrêter à un premier contrôle, puis seront escortés à petite vitesse à travers l'agglomération avant de se voir donner un nouveau départ au contrôle de sortie, toujours à intervalles d'une minute comme pour le départ initial. La même décision est prise côté espagnol par le comte del Valle qui, plus autoritaire — ou plus réaliste… — que les organisateurs français, impose aux maires des villes et villages concernés que les enfants soient enfermés à clé dans les écoles lors du passage de la course. Les organisateurs, eux, sont confiants. M. Tampier, chronométreur officiel de la course, déclare peu avant le départ : « Le service d'ordre sera bien organisé et les conducteurs sont expérimentés. Nous prévoyons moins de quatre tués, passants ou chauffeurs[*1]. »

Pour cette première étape, l'itinéraire ne présente aucune difficulté particulière. Il emprunte sur la quasi-totalité du parcours la route principale de Paris à Bordeaux (future nationale 10), à l'exception d'un crochet par Libourne avant de rejoindre l'arrivée fixée au lieu-dit Les Quatre Pavillons, alors en lisière de l'agglomération bordelaise. Le tracé se compose surtout de longues lignes droites sans dénivellations marquées, sauf un secteur plus sinueux et accidenté autour de Barbezieux : autant dire que les pilotes vont « faire parler la poudre » et que l'on peut s'attendre à des

* Les notes bibliographiques sont regroupées en fin de volume p. 371.

vitesses exceptionnelles — si la mécanique tient le coup.

De ce côté-là, Louis Renault a une grande confiance dans sa voiture, qui reprend pour l'essentiel les solutions techniques qui ont assuré la victoire de la marque dans le Paris-Vienne l'année précédente. Dès le départ, il attaque très fort, poussant au maximum les 30 CV de son moteur à la poursuite de la grosse De Dietrich de Jarrott et de la puissante Panhard de René de Knyff, que ses 80 CV propulsent à plus de 130 km/h. Bien avant Rambouillet, après seulement 20 kilomètres de course, il a rattrapé son handicap initial de deux minutes et avale littéralement Jarrott, qui ne le reverra qu'à Bordeaux, tandis que de Knyff, victime de problèmes d'allumage, abandonne rapidement.

Louis Renault a imposé un train d'enfer à la course. Quand il franchit la ligne d'arrivée à 12 heures 14, il aura parcouru les 552 kilomètres de l'étape en 5 h 29 mn et 39 s, à plus de 100 km/h de moyenne ; selon certains témoins, il aurait atteint, voire dépassé, les 140 km/h dans certaines descentes ! Il a également démontré l'endurance et la fiabilité de ses mécaniques, car aucune panne ni crevaison n'est venue entraver sa progression. Une fois de plus, tous les ingrédients sont réunis pour que s'inscrive un nouvel épisode glorieux de la jeune légende Renault.

Hélas, si ceux qui ont fait la course en tête n'ont pas connu de problèmes majeurs malgré la présence d'une foule de spectateurs totalement inconscients du risque — ils sont plus souvent au milieu de la route que sur les bas-côtés — derrière, les accidents se multiplient : accrochages avec d'autres coureurs, sorties de route, voiture folle percutant le public, collision avec une charrette, enfant ou animal traversant au passage des concurrents... Arrivé à Bordeaux un quart d'heure à peine après Louis Renault, Charles Jarrott se souvient de l'atmosphère de catastrophe qui s'abattit soudain sur la ligne d'arrivée.

Après m'être rendu à mon hôtel, je retournai au contrôle afin d'assister à l'arrivée des autres concurrents. Une ou deux voitures se présentèrent, mais leurs équipages se montraient peu bavards. D'évidence, ils ne savaient pas grand-chose sur ce qui avait pu arriver à leurs adversaires.

Puis, bizarrement, un bruit se mit à courir comme quoi de terribles accidents s'étaient produits ; personne n'en connaissait l'origine, mais tout le monde se sentait inquiet, mal à l'aise. Sur ce, les voitures commencèrent à arriver nombreuses, et plusieurs pilotes confirmèrent cette rumeur. Mais impossible d'avoir des détails précis : chacun racontait l'histoire à sa manière en exagérant énormément, au point de décrire la route comme littéralement jonchée de morts et de mourants. Qui était mort ? Qui était blessé ? Que s'était-il réellement passé ? Tous les concurrents présents au contrôle eurent soudain l'affreux sentiment d'avoir participé à un vaste carnage, sentiment largement aggravé par l'absence d'informations sérieuses. Enfin, Charron fit son apparition ; sa voiture de course n'étant pas disponible, il avait fait l'étape au volant d'une voiture de tourisme, en compagnie de plusieurs passagères. À lui seul, il m'en apprit plus que tous les autres réunis. Oui, il y avait bien eu toute une série d'accidents dramatiques, et je fus horrifié d'apprendre que Lorraine Barrow et Stead, tous deux sur De Dietrich, étaient si grièvement blessés qu'il n'y avait plus guère d'espoir ; quant au mécanicien de Barrow, il avait été tué sur le coup. À la suite d'un accrochage avec un autre concurrent, la voiture de Stead s'était retournée à près de 130 km/h, tandis que Barrow, direction bloquée après avoir percuté un chien, s'était écrasé à pleine vitesse contre un arbre. Marcel Renault faisait lui aussi partie des victimes, ainsi que des dizaines d'autres. Charron me confia n'avoir jamais rien vu de pire que le spectacle offert par cette route[2].

Ainsi, le pilote Fernand Charron avait vu, de ses yeux vu, le spectacle dantesque imaginé par ailleurs par un journaliste de *L'Illustration* : « Si, par impossible, un voyageur avait d'une traite, immédiatement à la suite des coureurs, accompli le même parcours, le dimanche 24 mai, il aurait eu, ainsi qu'un cauchemar, la vision rapide d'un lamentable spectacle : voitures renversées, disloquées, brisées, mises en pièces, corps inertes d'hommes tués sur le coup, de blessés évanouis ou gémissants. » Avertis par leurs nombreux correspondants, les journaux du soir surenchérissent dans le sensationnel : « La course à la mort », « Les chauffeurs tragiques », « Les autos homicides : écraseurs et écrasés », « Du cent et du sang[3] »… Le bilan se montrera cependant moins lourd qu'on avait pu le craindre : cinq morts parmi les pilotes et les mécaniciens, six parmi les spectateurs et le service d'ordre, sans oublier une dizaine de blessés plus ou moins graves — si l'on considère que la course avait attiré plus de trois millions de personnes, le pire avait tout de même été évité. Mais les photographies des accidents, pour l'époque d'une extrême violence et largement diffusées par la presse, vont durablement hanter les esprits ; d'ailleurs, l'un des pilotes impliqués dans un accident mortel, Tourand, qui s'en était tiré indemne, finira par sombrer dans la folie...

Alerté par une dépêche, Louis Renault se précipite aux nouvelles. Dès qu'il a confirmation de l'état dramatique de Marcel, il décide aussitôt de retirer toutes ses voitures de la course — qui sera de toute façon définitivement stoppée à Bordeaux le soir même, par ordre du ministre de l'Intérieur. Puis il reprend la route sans perdre une minute en compagnie de son autre frère, Fernand, présent sur place depuis la veille afin de préparer l'accueil de l'équipe Renault, pour se rendre au chevet de Marcel qui agonise dans un village au sud de Poitiers. Que s'était-il passé ?

Parti en 63ᵉ position avec plus d'une heure de décalage sur Louis, Marcel entame une fantastique remontée : rattrapant la plupart des concurrents qui le précèdent, il parvient, peu après Poitiers, à rejoindre puis à dépasser Maurice Farman et sa puissante Panhard & Levassor n° 38, avant d'entamer un duel fou avec la Decauville n° 4 de Léon Théry, quelques kilomètres avant le gros bourg de Couhé-Vérac, dans la Vienne : au mépris de la plus élémentaire sécurité, les deux pilotes se battent littéralement au coude à coude et roues dans roues, aucun des deux ne voulant céder un pouce de terrain à son rival. D'ailleurs, Marcel fait partie de ces coureurs prêts à tout pour doubler, si l'on en croit le récit qu'il fit à Pierre Souvestre de sa victoire dans le Paris-Vienne en 1902 : « [...] tout à coup, j'aperçus un petit nuage de poussière. Le nuage augmenta. Après quelques instants de réflexion, je me lançais dans ce brouillard épais, et j'avoue que pendant quelques minutes, je marchai au petit bonheur ; jusqu'à l'instant où, me trouvant à quelques mètres seulement de la voiture, je distinguai le conducteur et poussai avec mon mécanicien des hurlements de bête fauve pour arriver à le faire ranger sur sa droite. Alors je le dépassai, j'étais en tête de ma catégorie[4] ». Avec Théry, Marcel Renault et son mécanicien Vauthier tentent la même manœuvre, qui semble réussir : juste après le lieu-dit Les Minières, la Decauville ralentit soudain en pleine ligne droite, apparemment pour leur céder le passage. La Renault se précipite dans l'ouverture... et quitte aussitôt la chaussée : aveuglé par la poussière, obnubilé par l'idée de passer à tout prix, Marcel Renault n'a vu ni le virage à gauche assez sec que fait la route à cet endroit, ni les signaux désespérés que lui adressait un commissaire de course. La numéro 63 dérape, sa roue arrière droite se prend dans un caniveau et se brise, la voiture fait un tête-à-queue, heurte un arbre de plein fouet, rebondit et finit par s'immobiliser dans un fossé, après avoir éjecté ses deux occupants. Si Vauthier s'en tire avec quelques plaies bénignes aux jambes, Marcel Renault est touché à la colonne vertébrale. Il a cependant la chance de bénéficier rapidement des soins d'un médecin et, depuis, repose dans une maison du hameau de Bourdevay, tout proche du lieu de l'accident.

Arrivés sur place, Louis et Fernand réalisent que l'état de leur frère est désespéré. Ils préviennent immédiatement leur mère, qui les rejoint aussi vite que le permettent les transports de l'époque, mais le malheureux a déjà sombré dans le coma. Malgré les soins du docteur Soupault[*], venu tout spécialement de Paris, il meurt sans avoir repris connaissance le 26 mai au soir, comme en témoigne l'acte de décès : « L'an mil neuf cent trois, le vingt-sept mai, à huit heures du matin, par-devant nous, Épinoux Louis, Maire, Officier de l'état civil de la commune de Payré, canton de Couhé, arrondissement de Civray, département de la Vienne, sont comparus Tavareau Cyriaque, curé, âgé de trente-deux ans, et Bernardin Émile, instituteur, âgé de quarante-six ans, demeurant tous les deux au chef-lieu de cette commune, non parents du défunt ci-après dénommé, lesquels nous ont déclaré que Renault Marcel, ingénieur mécanicien âgé de trente et un ans, né à Paris, quartier de Billancourt, fils de feu Renault Alfred et de dame Magnien Louise-Berthe, sans profession, demeurant à Paris (Seine), célibataire, est décédé au domicile du sieur Foucher Eugène, propriétaire à Bourg-de-Vay (*sic*) en cette commune, hier à onze heures trois quarts du soir. Après nous être assurés du décès, nous avons rédigé le présent acte dont nous avons donné lecture aux comparants qui ont signé avec nous[5]. » Ses obsèques seront célébrées à l'église Saint-Augustin, le samedi 30 mai à 11 heures.

Pour Louis, le choc est terrible. Il se sent confusément responsable de la mort de Marcel, qu'il a poussé à participer à la course alors que ce dernier ne se montrait guère enthousiaste, au point d'avoir, semble-t-il, confié aux ouvriers de l'usine qui menaçaient de cesser le travail quelques jours avant le départ : « Mes amis, mettez-vous en grève, vous me rendrez service. Ce sera un prétexte de renoncer au Paris-Madrid qui sera terrible[6]. » Pressentiment ou appréciation lucide d'un pilote expérimenté ?

Selon la tradition familiale, Louis aurait été pris d'une violente crise de désespoir à l'instant du décès de Marcel, se jetant tête en avant contre les murs, au point que l'on dut l'attacher dans un fauteuil, réclamant un revolver pour se tuer... En tout état de cause, pendant des semaines, Louis Renault n'est plus que l'ombre de lui-même. Loin de vociférer en arpentant les ateliers comme à son habitude, il se mure dans le silence. Avec la disparition de Marcel, il perd à la fois un ami et un soutien. Un ami, car Marcel, son aîné de cinq ans, son complice de toujours, l'a épaulé et accompagné dans son projet un peu fou de devenir un grand constructeur automobile. Un soutien, aussi : Marcel, de tempérament calme et pondéré, doué d'un grand sens des affaires, canalise et organise l'énergie du petit frère, toujours un peu « chien fou » ; il sait aussi se faire l'interprète de Louis auprès de

Fernand, plus âgé de douze ans et qui a endossé le rôle de *pater familias* depuis la mort du père, Alfred Renault, en 1892.

C'est ainsi qu'au moment où Louis a demandé une aide financière pour construire sa première voiture, Marcel lui a obtenu de Fernand une allocation mensuelle de 500 francs[*], à condition qu'il tienne rigoureusement un livre de caisse afin de pouvoir justifier à tout moment de l'emploi de cet argent. Car Louis, le petit dernier, est placé sous l'autorité directe de ses frères qui le jugent trop jeune pour lui confier la moindre responsabilité dans la gestion de l'entreprise.

En effet, malgré son monogramme aussi élégant que tarabiscoté où s'entrelacent les initiales des trois frères : L, M et F R, la société Renault Frères, fondée en février 1899, ne concerne que Fernand et Marcel. Chacun des deux associés a fait apport de 30 000 francs[**], tous deux sont gérants et, à ce titre, disposent seuls de la signature sociale. Officiellement, le benjamin n'est que l'employé de ses deux aînés. Sous l'œil et l'autorité de ces deux hommes d'affaires prospères et élégants, Louis, qui a tout juste droit au titre d'« ingénieur-mécanicien » (c'est ainsi qu'il est inscrit à l'Automobile-Club de France), travaille comme un forcené dans son atelier improvisé de Boulogne, tignasse en bataille et blouse maculée de cambouis. Toujours un chiffon ou un tournevis à la main, le futur

[*] Environ 1 600 euros (2008).
[**] Environ 100 000 euros (2008).

grand industriel a tout du petit mécano de banlieue !

Louis, qui ne tarde pas à estimer son travail bien médiocrement récompensé — en deux ans, Renault, parti de zéro, s'est imposé au cinquième rang des constructeurs français —, négocie en 1902 un premier accord avec ses frères, au terme duquel la société doit lui racheter les brevets lui appartenant contre versement d'une somme de 23 745,25 francs*, ce qui est loin d'être généreux. Un deuxième accord, encore en gestation en ce printemps de 1903, devait lui permettre d'accéder enfin à la gérance, ce qui ne le soustrayait pas pour autant à l'autorité fraternelle, Fernand et Marcel restant commanditaires.

La mort de Marcel vient empêcher l'application de cette modification des statuts de la société, d'autant plus qu'un véritable coup de théâtre survient quarante-huit heures après ses obsèques. Une jeune danseuse, Louise Jousse dite Suzanne Davenay, dont Louis et Fernand semblent avoir ignoré jusqu'à l'existence — ce qui en dit long sur l'art et la manière de préserver sa vie privée dans la famille Renault — vient expliquer aux deux frères éberlués que, premièrement, elle était la maîtresse de Marcel depuis dix ans et que, deuxièmement, et c'est bien plus grave, elle est son héritière. Et d'appuyer ses dires en présentant un testament en bonne et due forme, daté du 16 avril 1895, dans lequel Marcel a bel et bien écrit, entre autres dis-

* Environ 75 000 euros (2008).

positions : « Je lègue à Mademoiselle Louise Jousse la moitié de ma fortune personnelle soit 150 000 F, ceci en reconnaissance de sa sincère affection pour moi[7]. »

Pour Louis Renault, c'est à la fois un coup dur et une occasion inespérée : dans la mesure où la fortune personnelle de Marcel englobe maintenant la moitié des biens de l'usine, ce testament surprise est une catastrophe ; mais, s'il parvient à récupérer les parts sociales du défunt, c'est la perspective de devenir copropriétaire de l'entreprise, à 50/50 avec Fernand. Il va donc déployer tout son charme pour persuader Louise Jousse de préférer une rente perpétuelle, qui la mettrait définitivement à l'abri du besoin, plutôt que d'accepter cet héritage somme toute aléatoire : elle est jeune, et qui peut dire ce que rapporteront des actions de l'industrie automobile dans dix, quinze, vingt ans ? D'ailleurs, l'automobile a-t-elle vraiment un avenir ? Il parvient d'autant plus facilement à la convaincre que Louise, qui n'est ni la gourde ni la « petite blonde insignifiante » que l'on a parfois décrite, est convaincue d'avance. Elle a décidé une fois pour toutes, en mémoire de Marcel, de ne rien faire qui puisse mettre en péril l'entreprise pour laquelle l'homme qu'elle aimait venait de donner sa vie. Par un acte du 5 juin 1903, elle renonce « de la façon la plus expresse à tous legs, donations ou avantages quelconques, connus ou inconnus, qui auraient pu lui être faits par M. Marcel Renault à l'exception, toutefois, de la police d'assurance sur la vie de 60 000 F contractée par M. Marcel

Renault et dont Mademoiselle Louise Jousse a été déclarée bénéficiaire par lui ». En échange de quoi, Fernand et Louis Renault s'engagent à lui verser « dans la huitaine de ce jour une somme de 60 000 F en espèces » ainsi qu'à placer en son nom « une somme suffisante pour lui constituer une rente annuelle de 12 000 F[8] ». Rente qui lui sera effectivement non seulement versée jusqu'à la fin de ses jours (elle disparaîtra en 1951), mais encore régulièrement revalorisée. La tradition ajoute que, pour faire bonne mesure, les deux frères lui ont également promis une voiture neuve chaque année.

Pour Louis Renault, l'affaire est mieux que bonne : pour une somme dérisoire, il vient de racheter la moitié d'une usine alors estimée à 15 millions de francs ; d'autre part, le montant réel de la fortune de Marcel n'était pas de 150 000 francs, loin de là : après calcul, elle se montait précisément à 1 642 759,06 francs — plus de dix fois plus ! — dont Louis reçoit, à titre personnel, les 3/8e, soit la bagatelle de 616 034,65 francs...

D'autre part, cette succession amène les héritiers Renault — Louis, Fernand et Louise-Berthe, leur mère — à liquider dans la foulée les actifs de l'entreprise paternelle, Renault fils et Cie, jusque-là dirigée par Marcel, Fernand et Louise-Berthe. Au terme de ces opérations, Louis Renault se retrouve à la tête d'une fortune personnelle considérable, supérieure à 8,5 millions de francs[*] selon les estimations. On est loin de l'image d'Épinal du jeune orphelin parti de rien, qu'il se plaira plus tard à entretenir...

Multimillionnaire, copropriétaire et gérant d'une entreprise en pleine expansion (de 1901 à 1908, le chiffre d'affaires augmente de 2 112 % !), Louis Renault a maintenant, grâce à la disparition de Marcel, les mains libres et les moyens de ses ambitions, qui sont immenses. En compensation — ou en expiation ? —, il fait alors ériger aux portes de l'usine un monument au cher disparu, dont le souvenir planera ainsi sur Billancourt.

En emportant Marcel, le virage de Couhé-Vérac aura procuré à Louis une liberté inespérée. Bientôt, la maladie qui ronge Fernand va éliminer le dernier obstacle qui se dresse entre lui et le pouvoir absolu, avec la contrepartie d'une totale solitude. Solitude plus pouvoir absolu, la recette des plus fulgurantes réussites et des pires désastres...

[*] Environ 30 millions d'euros (2008).

Le démon de la mécanique

À sa naissance le 12 février 1877, Louis Renault est de loin le petit dernier : presque cinq ans d'écart avec le plus proche de la fratrie, Marcel, né le 14 mai 1872, tandis que Marie-Berthe vient d'avoir neuf ans, Fernand va sur ses douze ans et l'aîné, Marie-Joseph-Georges, sur ses quatorze ans. On pourrait même presque parler d'un « petit retardataire », selon l'expression familière, puisque le père, Alfred, est âgé de quarante-huit ans et la mère, Louise-Berthe, a déjà trente-cinq ans.

La famille Renault répond parfaitement aux critères de la grande bourgeoisie négociante du temps : unie, travailleuse, discrète. Et prospère, très prospère même.

La famille d'Alfred Renault trouve ses origines dans un curieux village troglodyte de Maine-et-Loire dans la région de Saumur, Rochemenier, presque entièrement creusé dans le rocher y compris la chapelle. Les caves fraîches et profondes sont idéales pour conserver le vin d'Anjou que produisent les Renault, vignerons de père en fils depuis le XVe siècle — l'ancêtre de la lignée était alors un certain Christophe Renault — jusqu'à la fin du XVIIIe siècle. Il faudra un coup du sort — la mort prématurée à trente-six ans, en 1768, du chef de famille, Pierre Renault — pour que son fils aîné, également prénommé Pierre (1761-1841), qui n'a alors que sept ans, abandonne la terre pour devenir quelques années plus tard tailleur d'habits à Doué-la-Fontaine, petite ville commerçante située à six kilomètres de Rochemenier. Le deuxième fils de Pierre, Alexandre (6 janvier 1799-9 décembre 1848), franchit un nouveau pas : devenu maître tailleur, il s'installe à Saumur, où il s'attache rapidement la clientèle des cavaliers de l'École militaire. Il ne tarde pas à étendre ses activités en devenant également marchand d'habits : c'est le premier pas des Renault dans le négoce. Le troisième fils, François, né en 1801, préférera « monter » à Paris où il travaille pendant dix ans comme employé dans les « premières maisons » de confection avant de revenir à Saumur où il s'installe à son compte en mai 1830.

Seul fils survivant d'Alexandre, Alfred Renault, né le 27 octobre 1828 et qui n'a donc que vingt ans à la mort de son père, quitte Saumur pour Paris. Fort du carnet d'adresses de son oncle François, qui semble avoir gardé de bons contacts avec ses anciens employeurs parisiens, il ne tarde pas à devenir commis-négociant en tissus. Intelligent et avisé, il comprend vite que, plutôt que de créer sa propre affaire à ses risques et périls, ses maigres capitaux seront mieux employés à investir dans des entreprises en difficulté qu'il se sent capable de redresser rapidement. Ainsi, dix ans après ses débuts, on le retrouve associé principal d'un commerce en gros de fournitures de tailleurs, installé 7, place des Victoires. Rebaptisée Souty & Renault, la maison ne tarde pas à étendre ses activités à l'ensemble de l'Europe occidentale, de l'Allemagne au Portugal. Cette prospérité rapide permet à Alfred Renault d'acquérir en 1869, toujours en association, un commerce de soierie au 6, rue d'Aboukir, puis une fabrique de boutons installée 14, place de Laborde où, non content de prendre le contrôle de l'entreprise, il fait l'acquisition de l'intégralité de l'immeuble. Mais, en gestionnaire avisé, il se contente d'habiter un seul étage et loue les autres appartements pour s'assurer un revenu complémentaire, une méthode que Louis, à son tour, n'oubliera jamais de mettre en pratique. Désormais propriétaire du fonds et des murs, Alfred Renault, patron majoritaire de la société Renault & Chaussier — les associés changent, Renault reste —, peut envisager l'avenir avec sérénité, d'autant plus qu'il encaisse désormais, à titre personnel, 70 % des bénéfices...

Malgré cette boulimie commerciale, Alfred Renault parvient tout de même à trouver le temps de se marier. Mais il a déjà trente-trois ans lorsqu'il épouse, le 6 avril 1861, Louise-Berthe Magnien, qui n'en a, elle, que dix-neuf.

Si les Renault sont angevins, les Magnien sont

tourangeaux et, depuis des générations, professeurs de musique. Le père de Louise-Berthe, François-Zozime Magnien, tourne le dos à la tradition familiale, devient marchand chapelier, épouse la fille d'un tailleur d'habits — décidément ! — et s'installe à Paris à la même époque, semble-t-il, qu'Alfred Renault. Il est vraisemblable que les deux hommes ont fait connaissance pour des raisons professionnelles : les chapeliers ne sont-ils pas gros consommateurs de rubans de soie ? En tout cas, le beau-père et le gendre partagent la même vision d'une union harmonieuse qui repose avant tout sur un bon accord financier. Le contrat passé le 4 avril 1861, deux jours avant la cérémonie, devant Me Meignen, notaire à Paris, en fait foi : Alfred Renault apporte 120 000 francs, « montant de ses droits dans Souty & Renault », madame Renault, sa mère, lui fait remise d'un prêt de 8 000 francs accordé lors de son établissement, tandis que Louise-Berthe ajoute une dot de 30 000 francs, « payable en liquide la veille du mariage[1] ». Indiscutablement, le couple part sur de bonnes bases, selon les critères de l'époque et du milieu social.

Cet optimiste ne sera pas démenti : les affaires d'Alfred Renault ne cesseront de prospérer jusqu'à sa mort subite, le 7 juin 1892. À sa disparition, le modeste tailleur de Saumur devenu multimillionnaire en francs-or et roi du bouton laisse un petit empire industriel et commercial, avec une succursale à Lyon et une autre à Londres. Sans oublier, atavisme de la pierre venu de ses ancêtres paysans, un patrimoine immobilier considérable où figurent en particulier l'immeuble de magasins et de bureaux de la place des Victoires, les ateliers et l'immeuble d'habitation de la place de Laborde, et la résidence secondaire de Billancourt, acquise en 1876.

Le Boulogne-Billancourt verdoyant d'alors n'a rien de commun avec celui que l'on doit à un certain... Louis Renault. C'est encore une bourgade campagnarde aux portes de Paris, une presqu'île baignée par la Seine aux eaux claires où l'on se livre aux joies de la pêche, de la natation et du canotage. Le domaine des Renault comprend un vaste parc clos de murs, un verger et une grande demeure bourgeoise à deux étages de douze pièces principales, entretenue en permanence par plusieurs domestiques. Comme l'appartement parisien de la place de Laborde, la maison de Boulogne est aussi luxueuse que confortable : chacune des deux résidences, décorée de meubles de style et d'œuvres d'art, possède une vaste bibliothèque et un salon où trône un piano — Louise-Berthe a hérité de sa famille le goût de la musique et du chant — et, on n'est pas pour rien descendant de vignerons, une cave bien garnie : l'inventaire après le décès d'Alfred Renault recense 2 009 bouteilles de grands crus à Paris, 2 393 à Billancourt.

Contrairement à une légende tenace que le principal intéressé a d'ailleurs largement contribué à répandre, le futur industriel vient donc au monde avec une cuiller d'argent dans la bouche.

Autant que du milieu, il faut tenir compte du lieu de naissance pour tenter de comprendre pourquoi Louis Renault est devenu Louis Renault. Emmanuel Berl, en authentique Parisien, remarquait : « Dans les dernières années du XIXe siècle, une enfance s'inscrit dans un quartier[2]. » Naître et grandir place de Laborde en 1877 n'a rien d'anodin. Ce respectable quartier haussmannien entre l'église Saint-Augustin et la gare Saint-Lazare, à mi-chemin du parc Monceau et des Champs-Élysées, vient alors à peine de sortir de terre. Ses immeubles encore dans l'éclat du neuf s'élèvent sur l'emplacement de ce qui fut l'un des bas-fonds de Paris, le « faubourg de la Petite-Pologne ». « En juin 1844, l'aspect de la place Delaborde (*sic*) et de ses environs était encore peu rassurant », note Balzac à propos de cette véritable zone de non-droit qu'il décrit plus amplement dans *La Cousine Bette* : « Pour peindre ce quartier, il suffira de dire que les propriétaires de certaines maisons habitées par des industriels sans industries, par de dangereux ferrailleurs, par des indigents livrés à des métiers périlleux n'osent pas y réclamer leurs loyers, et ne trouvent pas d'huissiers qui veuillent expulser les locataires insolvables. En ce moment, la Spéculation, qui tend à changer la face de ce coin de Paris et à bâtir l'espace en friche qui sépare la rue d'Amsterdam de la rue du Faubourg-du-Roule, en modifiera sans doute la population, car la truelle est, à Paris, plus civilisatrice qu'on ne le pense ! En bâtissant de belles et d'élégantes maisons à concierge, les bordant de trottoirs et y pratiquant des boutiques, la Spéculation écarte, par le prix du loyer, les gens sans aveu, les ménages sans mobilier et les mauvais locataires. Ainsi les quartiers se débarrassent de ces populations sinistres et de ces bouges où la police ne met le pied que quand la justice l'ordonne[3]. »

Quartier neuf, donc, mais non pas quartier strictement résidentiel : aux « industriels sans industries » succèdent de véritables industriels comme Alfred Renault, dont l'immeuble abrite à la fois les appartements et les ateliers. Quartier résolument tourné aussi vers le progrès technique, avec ce temple de la vapeur qu'est la gare Saint-Lazare, où déjà plus de vingt-cinq millions de voyageurs se bousculent chaque année pour emprunter des trains toujours plus puissants et plus rapides, dont les prestigieux trains-paquebots qui foncent vers Le Havre, donnant correspondance aux grands transatlantiques... À deux cents mètres seulement du domicile des Renault s'étend le décor, cher aux impressionnistes, de *La Bête humaine* : « À gauche, les marquises des halles couvertes ouvraient leurs porches géants, aux vitrages enfumés, celle des grandes lignes, immense, où l'œil plongeait, et que les bâtiments de la poste et de la bouillotterie séparaient des autres, plus petites, celles d'Argenteuil, de Versailles et de la Ceinture ; tandis que le pont de l'Europe, à droite, coupait de son étoile

31

de fer la tranchée, que l'on voyait reparaître et filer au-delà, jusqu'au tunnel des Batignolles.

Et, en bas de la fenêtre même, occupant tout le vaste champ, les trois doubles voies qui sortaient du pont, se ramifiaient, s'écartaient en un éventail dont les branches de métal, multipliées, innombrables, allaient se perdre sous les marquises. Les trois postes d'aiguilleur, en avant des arches, montraient leurs petits jardins nus. Dans l'effacement confus des wagons et des machines encombrant les rails, un grand signal rouge tachait le jour pâle. » L'année même de la naissance de Louis Renault, Claude Monet peint une série de toiles magistrales sur la gare Saint-Lazare, dont *Le Pont de l'Europe* et *Sous le pont de l'Europe*, des tableaux noyés de vapeur, où l'on voit « déborder du pont cette blancheur qui foisonnait, tourbillonnante comme un duvet de neige, envolée à travers les charpentes de fer. Tout un coin de l'espace en était blanchi, tandis que les fumées accrues de l'autre machine élargissaient leur voile noir[4] ».

Dans la direction opposée à la gare, à moins de cinquante mètres du 14, place de Laborde s'élève un autre témoin du progrès technique, dans un tout autre style : l'église Saint-Augustin. Achevé en 1871, l'édifice est signé Victor Baltard. Fidèle à ses choix techniques, l'architecte des Halles a, là aussi, conçu une structure métallique, partiellement habillée de pierre. La mère de Louis, d'une piété militante, finançait la paroisse et fréquentait assidûment l'église. Certainement, l'enfant l'y a souvent accompagnée, et comment ne pas être impressionné par ces colonnes de métal, ces arcatures et ce clocheton en dentelle de fonte ? Comment, aussi, rester indifférent à la puissance sonore du grand orgue ? Cet instrument alors ultramoderne, œuvre du facteur anglais Charles Spackmann Barker, intègre un dispositif inventé par ce dernier, la « machine Barker », un système d'assistance électropneumatique qui diminue l'effort de l'organiste. Il est frappant de constater que réduire l'effort physique grâce à la force de la machine, tout en gagnant en puissance et en rapidité, sera l'immuable credo de l'industriel.

Quel enfant fut Louis Renault ? En tant que dernier-né, il a dû être particulièrement choyé et protégé. Premières promenades en landau, premiers pas dans les allées du parc Monceau et de la propriété de Billancourt, premiers jeux en compagnie de la fillette du concierge du 14, place de Laborde, Marthe Timbert, qui se souvenait encore, un demi-siècle plus tard, de cette « chambre où il y avait de si beaux jouets » et de ce petit garçon qui s'amusait à « construire de petits chariots[5] » — ce qui n'est pas forcément l'indice d'une vocation précoce de constructeur automobile ! En revanche, ce témoignage montre que les Renault, en ouvrant leur porte à la fille du concierge pour la laisser jouer avec leur rejeton, sont dépourvus d'esprit de caste mal placé. De même qu'ils ne voient aucun inconvénient, par la suite, à voir Louis fréquenter assidûment, lors de leurs séjours à Billancourt, la quincaillerie-chaudronnerie voisine de M. Serrant : le gamin a décidé d'apprendre à souder. Et pour une fois qu'il accepte d'apprendre quelque chose...

Louis se montre, en effet, fort mauvais élève : « faible », « médiocre », « ne rendant pas ses copies[6] », voilà le genre d'appréciations qu'il recueille tout au long de sa scolarité. Très tôt, il s'est montré rétif au travail intellectuel. Au final, ses études ne s'élèveront guère au-dessus des rudiments, lire, écrire, compter... Son orthographe est catastrophique, son élocution calamiteuse et, pour faire bonne mesure, il est en butte à ses camarades de classe qui se moquent de sa tignasse rousse ; en réalité, il est brun-roux, mais à l'époque cela suffit à déclencher les railleries. S'il n'aime pas ses cheveux, que dire de ses oreilles décollées, surtout la gauche ? Pour compléter le tableau, il a toujours l'air ailleurs : sur les photos de famille, depuis sa plus tendre enfance, il montre à l'objectif un regard surpris, agacé, furieux, vide ou buté, selon les circonstances, quand il ne détourne pas carrément la tête — cela ne changera pas jusqu'à la fin de ses jours. Une des très rares images où il se montre heureux d'être photographié est précisément celle où il brandit fièrement l'appareil photo qu'il vient de réaliser de ses mains chez le ferblantier Serrant.

En revanche, ce timide, ce quasi-muet, est capable de toutes les audaces dès qu'il se sent en sécurité dans le milieu familial. Un des habitués de la maison Renault, le futur cardinal Baudrillart, alors séminariste, en fait un soir l'expérience lorsque, prenant place à la table du dîner, il déclenche une tonitruante marche de *Sambre et Meuse* : sous son siège, Louis a bricolé une boîte à musique qui se met en marche dès que le convive s'assoit... Ce penchant pour les farces d'un goût douteux, voire scabreux, ne quittera jamais Louis Renault, au grand dam de ses proches et de ses invités.

Par ailleurs, il est probable que la présence régulière d'Alfred Baudrillart dans le salon des Renault ait eu une influence marquante sur le jeune Louis. Les propos énergiques et brillants de ce catholique nationaliste et conservateur, partisan depuis toujours d'une droite musclée, résolument anglophobe, ont dû laisser une trace profonde dans l'esprit de l'enfant et former sa vision du monde. D'autant plus qu'aucun autre enseignement ne viendra, par la suite, contrebalancer cette première influence.

Après les premières années d'école à Fénelon, une institution religieuse de la rue de Naples, il fréquente le Petit Lycée Condorcet, rue d'Amsterdam, où il se distingue surtout par sa tendance à prendre le chemin des écoliers pour admirer sous toutes les coutures le spectacle des trains évoluant en gare Saint-Lazare. C'est à cette période que se place l'épisode, probablement réel mais certainement enjolivé, de la fugue à bord d'une locomotive :

Voir partir les trains, c'est bien ! Mais quel plaisir doit éprouver un mécanicien sur une machine lancée à pleine vitesse, sur l'express du Havre, par exemple, qui d'une traite s'élance jusqu'à Rouen !

Ce rêve le hantait et un jour il résolut de le réaliser. Il se glisse sur le quai un peu avant le départ de l'express, et pendant que le mécanicien s'occupe du graissage, il escalade le tender.

Parmi les blocs de charbon, il se dissimule le mieux qu'il peut et, le cœur battant, attend le départ. Soudain le train s'ébranle lentement, il prend de la vitesse, il franchit le tunnel des Batignolles ; alors Louis Renault sort de sa cachette et se montre aux mécaniciens ébahis. Quand ceux-ci comprirent l'aventure, ils furent bien obligés d'accueillir ce singulier voyageur et de l'emmener à Rouen, où il fut livré au chef de gare, qui le rapatria sur Paris[*].

Il existe plusieurs versions de l'histoire. La plus belle est celle où Louis, raccompagné *manu militari* au Petit Lycée Condorcet, fait une apparition très remarquée dans la cour de l'établissement, entre deux gendarmes et noir de charbon ; encore plus fort, la scène se déroule sous le regard stupéfait et admiratif d'un de ses condisciples d'un an plus jeune, un certain André Citroën. *Se non è vero…* En tout cas, Louis Renault refera le trajet Paris-Rouen à bord d'une locomotive en 1934,

[*] Cette biographie de Jean Boulogne (pseudonyme d'Emmanuel Couvreur), *La Vie de Louis Renault*, des plus complaisantes, présente l'intérêt majeur de refléter l'image que Louis Renault souhaitait donner de lui-même ; l'auteur ayant écrit en quelque sorte sous la dictée de l'industriel et de ses très proches collaborateurs.

cette fois de manière officielle et en compagnie de son fils Jean-Louis, alors âgé de quatorze ans — probablement l'âge qu'il avait lui-même à l'époque de son escapade, qui se situerait alors en 1891.

Cette proximité de la gare Saint-Lazare permet également au jeune Louis d'être aux premières loges de l'un des grands chantiers de l'Exposition universelle de 1889 : la refonte totale du bâtiment, avec la construction des grandes halles, du Grand Hôtel, de la passerelle entre la gare et l'hôtel et de la grande salle des pas perdus. Chantier certes moins spectaculaire que celui de la tour Eiffel, mais beaucoup plus accessible à l'enfant, qui a bien dû se faufiler un jour ou l'autre entre les palissades pour aller y voir de plus près. Le spectacle en vaut d'ailleurs la peine : grâce à l'utilisation systématique de structures entièrement métalliques, en particulier d'un nouveau système de charpentes à très grande portée, les fermes Polonceau, du nom de leur inventeur, d'immenses surfaces couvertes s'élèvent en un temps record. Un jour viendra où Louis Renault saura s'en souvenir lorsqu'il s'agira d'édifier rapidement et de manière économique de vastes ateliers.

Une chose est claire, en effet : Louis s'affirme très vite comme un passionné de mécanique qui n'a qu'une idée en tête, utiliser le progrès technique pour rendre la vie plus facile. Il est né avec le phonographe d'Edison, le téléphone, les balbutiements de l'aviation, les débuts de l'éclairage électrique, la démocratisation de la photographie. La spéculation intellectuelle, les langues mortes, très peu pour lui : en 1890, à l'âge où les autres enfants se satisfont des récits d'anticipation de Jules Verne — les a-t-il seulement lus ? —, il se plonge dans le *Dictionnaire théorique et pratique d'électricité et de magnétisme*, de Georges Dumont, paru l'année précédente chez Larousse. Vers la même époque, il est également abonné à *L'Électricien*, « revue internationale de l'électricité et de ses applications ». Fasciné par les « bougies électriques » Jablochkoff, le système de lampes à arc qui illumine les « Grands magasins du Printemps », il décide d'installer l'éclairage électrique d'abord dans sa chambre en reliant une série de piles, puis dans tout l'appartement de la place de Laborde grâce à une dynamo actionnée par un moteur à pétrole. Le courant électrique lui sert également à actionner le tour qu'il a installé dans sa chambre, où il passe le plus clair de son temps à usiner des pièces d'acier plutôt que de pâlir sur ses manuels scolaires.

Face à ce gamin renfermé, taciturne, rétif à tout enseignement théorique, mais qui s'illumine dès qu'il est question de mécanique et de travail manuel, l'attitude d'Alfred Renault oscille entre le mécontentement et l'indulgence. Auprès de ses amis, il s'inquiète ouvertement du devenir de « ce bon à rien aux mains graisseuses qui ne deviendra jamais un homme d'affaires ». Mais il n'hésite pas à confier à Louis la responsabilité de l'entretien des machines de la fabrique de boutons, ce qui n'est pas mince : « 10 presses à découper, 9 tours, 3 moutons, 2 balanciers, des étaux, des laminoirs, une meule et un moteur à gaz[*] », de quoi faire ses premières armes en mécanique lourde ! Et lorsqu'il se rend à Roubaix pour visiter certains industriels avec lesquels il est en relation, il emmène son fils : puisque l'enfant est fasciné par les machines, pourquoi le priver de ce plaisir ?

L'enfant fut particulièrement enthousiasmé par l'énorme machine à vapeur de peignage Allard : tellement enthousiasmé que, en sortant de l'usine, il alla chez un marchand de ferrailles et, employant toutes ses économies, acheta pour deux cent cinquante francs une petite chaudière et une machine.

M. Allard, très lié avec la famille Renault, devait se charger de l'expédition ; mais il constata que la chaudière était brûlée et voulant éviter un accident au fils de son grand ami Alfred Renault, il commanda une chaudière neuve à Roubaix et en fit cadeau à Louis Renault.

C'est cette chaudière qui se trouve encore dans le petit atelier de Billancourt, que Louis Renault avait construit dans le jardin de ses parents.

Quant à la machine, comme elle était trop faible et qu'elle marchait mal, Louis Renault la revendit pour en acheter une autre à la maison Fialon, rue de la Roquette, et cette machine existe encore également dans l'atelier de Billancourt[7].

Très tôt, Louis s'est attribué une dépendance au fond du jardin de Billancourt où il a installé un atelier rudimentaire dont il complète progressivement l'équipement : à la chaudière offerte par Léon Allard s'ajouteront un établi, une forge, un tour...

[*] Selon l'inventaire après décès d'Alfred Renault.

Il y construit son premier bateau, *Le Gigolo*, propulsé par une machine à vapeur d'occasion dénichée chez un certain Cochot, établi près du pont d'Austerlitz, accouplée à une chaudière système Serpollet. Comme à son habitude, cet autodidacte travaille au pifomètre, avec l'aide d'un ami et les conseils d'un batelier de Billancourt. Résultat, le bateau, trop lourd ou mal proportionné, flotte au ras de l'eau. Lors du passage devant un ingénieur des Mines pour obtenir le certificat de navigation, l'embarcation, chahutée par les remous d'un bateau-mouche, se remplit d'eau et manque de couler avec Louis Renault et l'ingénieur… Il faudra repasser l'épreuve après modification de la coque, mais c'est cette fois depuis la berge que l'ingénieur, rendu prudent, examinera les évolutions du *Gigolo*, qui sera finalement agréé.

Ce premier engin automoteur signé Renault n'est en réalité, à ses yeux, qu'un pis-aller : il rêve de construire une voiture automobile, comme l'a fait Léon Serpollet, le génial inventeur de la chaudière à vaporisation instantanée. Serpollet a acquis sa notoriété en construisant des chaudières destinées à équiper les tramways (c'est l'époque charnière entre la traction hippomobile et l'électrification des réseaux), avant d'entrer dans le club très fermé des pionniers de l'automobile en réalisant dès 1885 un tricycle à vapeur, qui a fait sensation lors de l'Exposition universelle de 1889. En 1891, il obtient le tout premier permis de libre circulation dans Paris — à condition de ne pas dépasser 16 km/h. Avec son allure de poêle monté sur des roues de charrette, ce tricycle fumant — la chaudière est chauffée au charbon — devient l'attraction numéro un des rues de la capitale, et le jeune Louis Renault ne tarde pas à prendre contact avec le constructeur. Serpollet, qui a laissé le souvenir d'un homme ouvert et sympathique, accueille l'adolescent dans son atelier, rue des Cloys à Montmartre, et finit par lui proposer de l'accompagner dans une de ses expéditions automobiles à travers Paris. Même si le trajet se termine par une embardée dans un tas de sable quai de la Rapée, après la perte d'une roue, Louis a attrapé un virus qui ne le lâchera plus.

Au fond, tout semble pour le mieux dans le meilleur des mondes bourgeois : les affaires d'Alfred Renault prospèrent, ses trois grands fils se montrent tout à fait aptes à prendre sa succession, Marie-Berthe est courtisée par un jeune juriste d'excellente famille, Charles Richardière. Louis peut bien s'obstiner à limer, à tourner et à souder dans sa chambre de la rue de Laborde ou dans son appentis de Billancourt : si c'est tout ce qu'il est capable de faire, la famille Renault a suffisamment de moyens et de relations pour le caser, le jour venu, dans une entreprise amie, ou au pire lui établir une petite rente viagère.

Malheureusement, la vie ne l'entend pas de cette oreille : le frère aîné, Joseph, meurt dès 1886, vraisemblablement victime d'une typhoïde contractée en buvant de l'eau contaminée. Marie-Berthe, toute jeune mariée, décède en 1889. Et quand Alfred Renault disparaît en 1892, Louis n'a que quinze ans. Terrassée par la douleur, la très pieuse Louise-Berthe ne demande alors plus qu'une chose : que Dieu lui fasse la grâce de la rappeler à Lui lors de son pèlerinage annuel à Lourdes. Hélas pour elle, son vœu ne s'accomplira qu'en 1911, après deux autres décès aussi tragiques que pénibles : Marcel en 1903, puis Fernand en 1909.

Pour l'instant, ce sont précisément ces deux aînés qui prennent en main l'éducation d'un benjamin bien décidé à ne pas s'en laisser conter. Fernand a beau lui faire donner des leçons particulières, Louis se refuse à l'étude. Dès 1893, il annonce sa décision définitive : « Vers l'âge de seize ans, j'ai dit à mes frères que le commerce ne m'intéressait pas et que j'avais décidé de me lancer dans la mécanique. » Face à cette déclaration « officielle » — qui ne fait que confirmer ce dont l'entourage se doutait depuis longtemps —, Marcel et Fernand négocient : d'accord pour une carrière technique, mais à condition de suivre une formation spécialisée. Pour finir, Louis met de l'eau dans son vin : « Je ne saurais jamais vendre de drap. Laissez-moi préparer Centrale : je serai ingénieur. » Et d'argumenter : peu causant, peu liant, il n'a aucune des dispositions qui font le bon commerçant… Comme ce sont ses frères, surtout Fernand, qui tiennent les cordons de la bourse, il n'a guère d'autre choix que de trouver un arrangement avec eux. En octobre 1895, il s'inscrit à l'École Monge pour suivre une préparation au concours de Centrale, qu'il décide de passer dès la session de juin 1896. Six mois pour rattraper des années de cancrerie, c'est un peu court...

Si les conditions d'admission à l'École centrale sont alors peu contraignantes — il suffit d'avoir dix-sept ans accomplis au 1er janvier de l'année du concours d'entrée et de produire des certificats de vaccination et de moralité, le baccalauréat n'étant en aucun cas exigé — le programme comporte onze matières obligatoires. C'est là que le bât blesse : Louis ne s'en tire bien qu'en dessin industriel ; pour le reste, mieux vaut ne pas s'appesantir... Il va donc, fort logiquement, échouer à ce concours qu'il ne retentera jamais, pas plus qu'aucun autre examen. A-t-il été réellement mortifié par cet échec, ou en a-t-il pris prétexte pour recouvrer sa liberté tout en donnant à ses frères le sentiment de leur avoir obéi ? La seconde hypothèse semble la bonne, si l'on en juge par les propos rapportés par le « porte-parole de fait » de Louis Renault, Jean Boulogne : « Certes, la préparation de ce concours convenait à ses aptitudes et à ses goûts, car s'il se montrait assez mauvais élève en beaucoup de matières, il aimait beaucoup la mécanique, la physique, la chimie et les mathématiques. Mais on peut concevoir que dès cette époque les méthodes et les rythmes de l'enseignement collectif durent décevoir un esprit si exceptionnellement doué ; déjà pour lui, le mot "science" évoque des idées plus larges que celles qui ont cours à l'Université[8]. » On lit, plus loin, cette autre confidence, moins pompeuse mais tout aussi révélatrice : « il [Louis Renault] évoquait parfois toute sa jeunesse qu'il devait passer à l'École Centrale, toute sa jeunesse pendant laquelle il ne pourrait s'occuper de mécanique[9] ».

La cause est entendue : retour à la case départ, celle que Louis n'avait de toute façon aucune envie de quitter : le petit atelier de Billancourt. Et de forger, limer et river de plus belle, non sans résultats puisqu'il conçoit un générateur de vapeur et de gaz dilatés qui améliore le fonctionnement des chaudières. Très fier de son invention, il en dépose le brevet le 3 avril 1897, mais la famille continue à se faire du souci pour l'avenir de celui que l'on considère de plus en plus comme un fieffé original. Paul Poiret, le grand couturier du temps, familier de la famille Renault, évoquera dans ses mémoires, *En habillant l'Europe*, ce fils Renault qui passait alors son temps dans un atelier envahi de vilebrequins et de pistons et qui, lors de ses rares apparitions, arrivait tout débraillé, couvert d'huile et de graisse, perdu dans ses pensées...

Louis a l'ambition de construire un moteur à pétrole. Si l'automobile est devenue son idée fixe depuis son expédition en compagnie de Serpollet, il a compris que le moteur à vapeur appartient déjà au passé : trop lourd, trop malcommode ; il sait aussi, à travers ses expériences, que l'énergie électrique, aussi séduisante soit-elle, n'est pas adaptée à l'automobile. Seul le pétrole apporte une solution satisfaisante. Et, comme il a plus qu'il n'y paraît les pieds sur terre, qu'il sait que l'intuition ne suffit pas et que rien ne vaut la pratique, il décide d'entrer en usine pour apprendre sur le tas. Il entame une tournée des « grands » constructeurs automobiles de l'époque et commence par Panhard & Levassor, où il est éconduit au motif que « la maison ne forme pas d'apprentis » — il apprécie d'autant moins cette fin de non-recevoir plutôt ironique que sa mère est actionnaire de la société Panhard. Même mésaventure, apparemment, chez De Dion-Bouton. Il semble être parvenu, faute de mieux, à faire un bref séjour chez Barriquant, un fabricant de machines-outils. Mais le salut viendra, comme toujours, de là où on ne l'attend pas : Charles Richardière, qui a gardé les meilleures relations avec les Renault malgré la disparition précoce de Marie-Berthe, et les conservera jusqu'à sa propre mort en 1912, s'intéresse à ce jeune beau-frère un peu brouillon mais nettement plus prometteur que la moyenne de ses contemporains. Avoué, agréé au tribunal de commerce de Paris, Richardière est personnellement en contact avec la plupart des patrons de la grande industrie d'Île-de-France. Il présente Louis Renault à M. Belleville, directeur de la firme Delaunay-Belleville, alors spécialisée dans la construction de chaudières à haut rendement très réputées, dites « chaudières à bouilleurs ». Entre le grand patron et le petit autodidacte, le courant passe et Louis est immédiatement engagé comme dessinateur. Par la suite, il prétendra que M. Belleville, très intéressé par le générateur Renault, s'empressa de prendre une licence pour sa construction, mais les archives ne conservent aucune trace de la transaction.

Le séjour chez Delaunay-Belleville sera bref, à peine quelques mois : le 30 octobre 1897, Louis Renault, appelé sous les drapeaux, rejoint le 106ᵉ régiment d'infanterie, stationné à Châlons-sur-Marne. À l'époque, le service militaire est fixé à trois ans, selon une loi de 1889, mais il est réduit à un an seulement pour les « ouvriers d'art ». Louis Renault, qui avait fait le nécessaire pour obtenir ce titre (une recommandation, en lieu et place d'un examen, pouvait suffire), fait aussitôt valoir sa dispense. Il met également en branle ses relations familiales : après intervention auprès du chef de corps, le commandant Bigot, il est autorisé à résider en ville ; comme il refuse de suivre le peloton des élèves caporaux — ce qui ne lui vaut aucune sanction —, il passe son temps à l'atelier de l'armurerie, son lieu de prédilection, où il parvient apparemment à se faire affecter. Il en profite pour se livrer à son loisir favori du moment, la photographie, et tire le portrait de ses chefs et de ses camarades. Il invente aussi un dispositif de remontée automatique des silhouettes sur le champ de tir, un pont démontable, un projecteur électrique surpuissant monté sur une automobile d'état-major, testé lors de grandes manœuvres... Car ses inventions sont accueillies avec le plus grand intérêt par ses supérieurs qui s'empressent de lui donner les moyens de les mettre en pratique : écouté, chouchouté, pour ne pas dire honteusement pistonné, le soldat Renault obtient sans problème tout ce qu'il demande, y compris de multiples permissions de faveur pour retrouver Paris et, surtout, son cher atelier de Billancourt où il prépare déjà son projet secret : une automobile dotée d'une transmission révolutionnaire. Mais, pour le moment, le prototype de la voiture de l'avenir se résume à un tricycle à pétrole De Dion-Bouton passablement fatigué et plus ou moins désossé...

Dès le 22 septembre 1898, Louis Renault retourne à la vie civile. Il quitte la caserne comme il y était entré : simple soldat de deuxième classe, mais satisfait d'avoir préservé sa précieuse liberté plutôt que de faire du zèle pour prendre du galon. Au lieu de réintégrer sans délai son poste de dessinateur chez Delaunay-Belleville, il préfère mener à bien, en priorité, son projet de voiturette automobile. Pour cela, il lui faut du temps et du matériel, donc de l'argent. C'est là qu'intervient Marcel qui plaide la cause du petit frère auprès de Fernand et lui obtient une allocation mensuelle de 500 francs, officiellement octroyée par l'entreprise Renault fils & Compagnie à compter du 1er octobre 1898.

Fort de ce soutien, Louis se met à travailler d'arrache-pied, c'est-à-dire jour et nuit. Pour ne pas perdre une minute, il s'installe sur place, dans la propriété de Billancourt. Dans la foulée, il demande à un camarade de régiment, Edward Richet, excellent mécanicien probablement déjà croisé chez Barriquant, de le rejoindre, et engage un apprenti. Aussi fou que cela puisse paraître, le projet se concrétise en un temps record, comme s'en souviendra

Louis Renault en 1937 : « Tout a été fait par nous, les dessins, les modèles ; les moyeux ont été tournés ici ; j'ai fait l'essieu avant ; les engrenages ont été taillés chez Durand, rue Oberkampf, où j'ai connu M. Serre ; entre le 2 octobre et le 25 décembre, nous avons sorti une voiture terminée, y compris la carrosserie. »

Moins de trois mois pour construire une voiture automobile, l'exploit est de taille, même si le moteur a été récupéré sur le défunt tricycle De Dion, même si Louis Renault a mis à profit son année de service militaire pour peaufiner la conception et tracer les premières épures de sa nouvelle transmission « à prise directe ». Car c'est là que réside la grande nouveauté de la première Renault, par ailleurs très proche des autres voiturettes à pétrole déjà en circulation : adieu les chaînes et courroies bruyantes et dévoreuses d'énergie, place à un système simple et logique : un arbre de transmission articulé par cardans relie directement la boîte de vitesses au pont arrière. Plus de complexités inutiles ni de pièces fragiles : l'engin circule en souplesse et en silence (relatif !), avale les côtes sans problème, tandis que les vitesses passent en douceur. Certes, pris séparément, tous les composants de la « prise directe » existaient déjà, ce qui vaudra de multiples contestations du brevet, mais la grande idée aura été de les faire fonctionner ensemble. Le dispositif est d'une telle efficacité que tous les véhicules automobiles construits selon une architecture classique — moteur à l'avant, roues motrices à l'arrière — utilisent encore aujourd'hui l'invention de Louis Renault.

Mieux encore : le petit monocylindre de ¾ CV propulse l'engin, bien campé sur quatre roues à rayons métalliques, à un bon 50 km/h, avec d'autant plus d'aisance et de discrétion que l'ensemble de la transmission est monté sur roulements à billes. Le double système de freinage — à rubans, commandé par levier, sur les roues arrière et à pédale sur le mécanisme — fait appel aux techniques les plus modernes du moment, alors que d'autres constructeurs restent fidèles à l'archaïque frein à sabot sur les bandages de roues, tout juste digne d'une charrette à cheval. Conducteur et passager bénéficient, en outre, d'une suspension intégrale par quatre ressorts elliptiques. Certes, la direction se manœuvre par un guidon juché sur une colonne verticale, le passage des vitesses s'effectue par un levier à poignée tournante qui exige une sacrée poigne et l'engin fait un peu bricolé avec son moteur à l'air libre, mais c'est bien la première automobile vraiment moderne qui fait ses premiers tours de roues dans les rues et les environs de Billancourt en ce mois de décembre 1898, avant de se risquer jusqu'aux Champs-Élysées. Chapeau melon vissé sur la tête, Louis Renault conduit lui-même, parfois accompagné d'un passager plus ou moins rassuré : son bras droit Edward Richet, Morel, un copain de longue date qui a déjà participé à l'aventure de la construction du *Gigolo*, Timbert, le concierge de la rue de Laborde. Indiscutablement, malgré son allure un peu frêle — ne pesant que 250 kilos, le véhicule oscille entre les catégories « voiturette » et « quadricycle » —, cette première Renault se montre aussi performante qu'endurante.

En douze semaines à peine, Louis Renault a gagné son pari : réaliser une automobile à pétrole supérieure à tout ce qui existe sur le marché. Un pari bien dans son style d'homme pressé à qui rien ne doit résister, comme il le reconnaissait lui-même : « Tout jeune, par tempérament, je n'avais qu'un plaisir, je n'avais qu'une joie, celle de concevoir, de créer et de produire quelque chose. C'est la raison pour laquelle une de mes premières préoccupations a été d'édifier un petit atelier. Plus tard, lorsque je suis rentré du service militaire, j'ai eu l'idée de construire, pour moi-même, une automobile [...]. J'ai donc par nature le désir de la réalisation, et de la réalisation rapide. En outre, j'ai toujours aimé l'indépendance. Qu'est-ce qui pouvait, plus que l'automobile, répondre à ces deux caractéristiques : vitesse et indépendance[*] ? »

« Construire, pour moi-même, une automobile... » Une seule, vraiment ? Officiellement, oui, avant de retourner comme prévu chez Delaunay-Belleville. Mais de la part d'un homme dont la devise pourrait être « voir grand et faire vite » (dans

[*] Discours prononcé par Louis Renault à l'occasion de son élévation à la dignité de grand officier de la Légion d'honneur le 14 avril 1932.

ses interviews, il affectionne cette formule), difficile d'y croire une seconde. D'ailleurs, les circonstances — plus ou moins organisées ? — ne vont
pas tarder à trancher la question.

Ce 24 décembre 1898, l'ambiance est à la fête.
Marcel et Louis ont prévu de réveillonner dans un
restaurant de la rue du Helder, proche de l'Opéra,
en compagnie d'un groupe d'amis de longue date :
Georges Gruss, Louis Cabarrus, Émile Duc, Paul
Hugé, Jean Perrier, Me Vian, un jeune notaire...
Les deux frères font sensation en arrivant sur place
à bord de la nouvelle invention de Louis. Tout le
monde veut essayer la merveille. Louis embarque
tour à tour chaque réveillonneur pour une promenade nocturne dans Paris et, comme il ne doute de
rien, se lance à chaque fois dans l'ascension de la
redoutable rue Lepic (13 % de pente !). Avec deux
hommes à bord, la Renault ne bronche pas et rejoint à chaque fois la place du Tertre sans effort
apparent.

Coup de publicité magistralement orchestré par
Marcel ou effet d'entraînement entre joyeux lu-
rons assez éméchés et très fortunés ? Toujours est-
il qu'au petit matin de Noël, Louis se retrouve
avec une douzaine de commandes fermes à hono-
rer dans les douze mois qui suivent, tandis que
ses poches débordent de pièces d'or reçues à titre
d'acomptes.

« P'tit Louis »
contre « Monsieur Renault »

Quelles que soient les raisons de l'euphorie de la veille, les lendemains de fête ont tous un point commun : après l'état de grâce, l'état de fait. Certes, avec plus de douze commandes fermes en poche, il y a de quoi se sentir sur un nuage : en 1891, la première série d'automobiles jamais produite par Panhard & Levassor se limitait à cinq véhicules seulement, ce qui n'a pas empêché la firme de s'imposer en moins de sept ans comme le premier constructeur mondial. Et la majorité des quelque soixante constructeurs français d'alors n'achève guère plus d'une voiture par mois. Tous les espoirs sont donc permis, sauf que Renault n'existe pas : pas d'usine, pas d'ouvriers, pas de statut légal ou commercial. Le néant industriel.

Marcel, toujours lui, va monter au créneau : puisque Louis s'est engagé à fabriquer ces voitures, puisqu'une partie de l'argent a déjà été encaissée, il faut lui donner les moyens de ses ambitions. La négociation a dû être serrée : Fernand donne son accord, mais la société Renault Frères ne disposera que de 60 000 francs, alors que le moindre constructeur de province détient, en moyenne, un capital d'au moins 200 000 à 300 000 francs. Et Louis se voit exclu de fait, comme on peut le lire entre les lignes de l'acte notarié de fondation de la société en nom collectif, établi le 25 février 1899 et enregistré le 27 :

Entre les soussignés

M. Fernand Renault, demeurant à Paris, rue de Madrid, numéro 29, d'une part,

M. Marcel Renault, demeurant à Paris, rue d'Aumale, numéro 24, d'autre part,

a été convenu ce qui suit :

ARTICLE I — Par les présentes, M. Fernand Renault et M. Marcel Renault forment entre eux une société en nom collectif pour la construction et la vente de voitures automobiles, moteurs et accessoires se rapportant à cette industrie, sous la raison et la signature sociales « Renault Frères ».

ARTICLE II — Les deux associés seront gérants de la société. Ils auront à ce titre, chacun séparément, la signature sociale dont ils ne pourront cependant faire usage, à moins de dissolution, que pour les besoins de la société.

ARTICLE III — La société est formée pour une durée de dix années à partir du premier octobre 1898 inclusivement. Elle pourra cependant être dissoute par anticipation en cas de perte justifiée des deux tiers du capital social.

ARTICLE IV — Le siège social sera établi à Billancourt (Seine), avenue du Cours, numéro 10.

ARTICLE V — Le capital social est fixé à la somme de soixante mille francs, fournis par moitié par chaque associé, soit en nature, c'est-à-dire en outils, soit en espèces.

Ce capital sera productif au profit de chaque associé d'intérêts au taux de cinq pour cent l'an, exigibles tous les six mois et passés par frais généraux.

ARTICLE VI — Les affaires de la société seront constatées par des écritures en partie double reçues au siège social par un comptable que la maison Renault Fils fournira gratuitement à la société.

Elles seront clôturées le trente septembre de chaque année.

ARTICLE VII — Les bénéfices et les pertes, s'il y en a, seront partagés par moitié.

ARTICLE VIII — À l'expiration de sa durée, ou si elle vient à être dissoute avant son expiration, la société sera liquidée par les soins des deux associés.

ARTICLE IX — En aucun cas et pour quelques motifs que ce soit, il ne pourra être apposé de scellés sur les immeubles et valeurs dépendant de la société.

ARTICLE X — Tous pouvoirs sont donnés au porteur d'un exemplaire des présentes pour remplir les formalités de dépôt et de publication voulues par la loi.

Fait en quatre exemplaires à Paris, le 25 février 1899

(suivent les signatures de Fernand et Marcel Renault, accompagnées chacune de la mention manuscrite « Lu & approuvé[1] »)

C'est très clair : non seulement Louis est le grand absent de l'affaire, mais encore, par un tour de passe-passe juridique, l'acte est rétroactif au 1er octobre 1898, date à laquelle il a commencé la réalisation de son prototype. Par conséquent, la première Renault n'appartient plus à Louis, mais à la société formée par Fernand et Marcel... Brimade ? Non, simple application d'un principe inculqué par Alfred Renault : qu'il soit ou non membre de la famille, ne jamais confier de responsabilités à quelqu'un qui n'a pas fait ses preuves. Ce qui est, aux yeux de ses frères, en particulier de Fernand, le cas de Louis. Qui, de son côté, ne perd pas le nord : il sait que la fortune potentielle de l'entreprise repose sur la fameuse « prise directe » et ça, personne ne peut lui enlever. Alors que les tractations vont bon train entre ses frères, il s'empresse de déposer en son nom, le 9 février 1899, le brevet d'invention d'un « Mécanisme de transmission et de changement de vitesse pour voitures automobiles », qui sera enregistré, pour la France, sous le n° 285753. Désormais, quoi qu'il arrive, ce sera donnant-donnant, argent contre brevet.

Sage précaution, d'ailleurs, puisque, selon l'article III, la société n'est créée que pour dix ans maximum et peut être « dissoute par anticipation ». Disposition prise au nom de l'esprit de prudence inculqué à ses aînés par Alfred Renault : si l'entreprise périclite, cela permettra de limiter les dégâts. Si elle prospère, il sera alors temps d'envisager sa vente à un grand constructeur en réalisant un joli bénéfice au passage — bénéfice dont Louis ne verra pas la couleur, aux termes de l'article VII !

En attendant, il faut donner une forme physique à l'entreprise. Le petit atelier au fond du jardin ne suffit plus, il faut voir plus grand. Première économie, l'emplacement est tout trouvé : à proximité de sa propriété de Billancourt, la famille Renault possède un terrain libre, rue Gustave-Sandoz. Deuxième économie, il existe sur l'île Seguin un vieux hangar en bois à l'abandon, vestige d'un club nautique en déconfiture. Acheté à vil prix, il prend le chemin de la rue Gustave-Sandoz. Louis Renault met la main à la pâte, se faisant à la fois charpentier, couvreur, menuisier, fumiste... Remonté, consolidé, augmenté d'un appentis à usage de bureau d'études, il fera l'affaire pendant de longues années et deviendra d'ailleurs, à terme, le noyau de la future usine de Billancourt, le « bâtiment A ».

Subsiste l'épineux problème de l'outillage et de la main-d'œuvre. Le providentiel Charles Richardière, qui décidément s'intéresse de plus en plus à l'entreprise, négocie pour 20 000 francs une puissante machine à vapeur Weyher & Richmond, destinée à fournir l'énergie aux machines-outils. La dépense représente tout de même le tiers du capital social, mais pas question de lésiner sur la force motrice. Le deuxième tiers du capital sert à équiper l'atelier : « 1 tour Barriquant, 2 tours Prentice, 1 tour Pratt & Whitney à décolleter, 1 rectifieuse Landis, 1 tailleuse d'engrenages Brown & Sharp, 1 forge, 1 établi[2] », si l'on en croit l'inventaire dressé par Jean Boulogne à partir des souvenirs de Louis Renault. À cela s'ajoute un petit four à cémenter, une batterie d'accumulateurs électriques et un assortiment d'outils à main.

Ne restent plus que 20 000 francs de fonds de roulement pour acquérir les matières premières et les fournitures, au premier rang les moteurs De Dion, et payer les employés. C'est un peu maigre pour embaucher des collaborateurs compétents, c'est suffisant si Louis parvient à réunir autour de lui une petite équipe de compagnons passionnés, pour qui le plaisir de se lancer dans l'aventure de la construction automobile compte plus que la fiche de paye. Il sait qu'il peut compter sur Edward Richet, « premier ouvrier de la maison », qui prend le titre de chef d'atelier. Il se souvient aussi d'avoir rencontré chez Durand, le tailleur d'engrenages de la rue Oberkampf, un jeune apprenti dessinateur industriel de dix-sept ans, fraîchement débarqué de sa Corrèze natale, Charles Serre, un dégourdi débordant d'énergie, à qui il propose de devenir chef du bureau d'études. Serre accepte d'enthousiasme, sans imaginer que plus de quarante ans plus tard et toujours au même poste, il sera l'un des pères de la 4 CV... Autour d'eux, d'autres ouvriers dont seules les photos d'époque conservent le souvenir : Desmurs, Huillé, Vézien, Régnier, Noël... En tout dix gaillards en vêtements de travail, qui prennent des poses avantageuses devant une enclume pour une carte postale d'époque consacrée à la « Maison Renault ».

Maintenant, il ne reste plus qu'à retrousser les manches. Habillé comme ses ouvriers, la tignasse plus en bataille que jamais — le coiffeur ? pas le temps ! — Louis Renault montre l'exemple, levé à six heures, encore au travail à vingt-trois heures — les repas ? le repos ? pas le temps ! « Louis Renault, robuste, musclé, sportif, infatigable, attache peu de mérite à la table. Il est frugal, boit souvent de l'eau, parfois un peu de vin, jamais de l'alcool et ne fume pas. Il se couche tard, se lève tôt, ayant noté pendant la nuit des idées dont il veut tirer profit, le matin même, à Billancourt[3] », écrit Lucien Dauvergne. Cet ascète n'a semble-t-il qu'un péché mignon : à l'occasion, un verre de Cordial-

Médoc, « la liqueur qui réjouit le cœur », selon la réclame de l'époque.

Les résultats d'un travail aussi acharné ne se font pas attendre : en moins de six mois, Louis Renault construit vingt-neuf voiturettes — le vingt-neuvième exemplaire sera réceptionné par le Service des mines sous le vocable « Type A » le 13 juillet 1899. Pourtant, au deuxième Salon de l'Automobile, qui s'est tenu du 15 juin au 9 juillet 1899 sur l'esplanade des Tuileries, la petite Renault est passée inaperçue, noyée parmi quatre cent quarante autres stands dont quelques-uns seulement attirent les foules : ceux des grands constructeurs de grosses voitures, Darracq, Panhard & Levassor, De Dion-Bouton... On se précipite, aussi, pour admirer la *Jamais-Contente* de l'ingénieur Jenatzy, premier véhicule automobile à avoir franchi le cap des 100 km/h, le 1er mai 1899, grâce à une motorisation électrique. Avec sa carrosserie profilée en forme d'obus, réalisée en patinium (un alliage rarissime d'aluminium, de tungstène et de magnésium), l'engin fait sensation et chacun d'y voir la vraie voiture du futur. Oubliée dans son coin, la Renault fait pâle figure. Pourtant, cette voiturette moderne, bien construite, qui ne coûte que 3 500 francs, carrosserie comprise alors que la plupart des constructeurs livrent des châssis nus, a tous les atouts pour devenir la première voiture populaire.

Un homme, un seul, a compris l'intérêt de la Type A : Georges Prade, journaliste à l'hebdomadaire *La Vie au grand air*, l'un des magazines sportifs les plus dynamiques de l'époque, fondé l'année précédente. Prade croit en Renault, au point de lui rendre visite à Billancourt, et l'engage vivement à se faire connaître en participant à des compétitions, comme l'ont fait précédemment, et avec succès, Peugeot et Panhard & Levassor. Louis Renault se montre sensible aux arguments choc de ce connaisseur qui affirme que « la course de vitesse constitue l'aristocratie du mouvement », et, dès le 27 août 1899, engage deux voiturettes dans le Paris-Trouville — on ne peut guère parler de course automobile, puisque la ligne de départ accueille indifféremment des chauffeurs de voitures légères ou de voiturettes, des motocyclistes, des cyclistes, des cavaliers et des coureurs à pied... Les frères Renault, chacun au volant, ou plutôt au guidon, d'une Type A, n'ont aucun mal à s'imposer dans cette joyeuse pagaille et remportent la coupe des chauffeurs amateurs.

Ce jour-là, Marcel dévoile enfin sa vraie nature. À vingt-sept ans, il se voit de plus en plus mal passer son existence dans la peau d'un respectable homme d'affaires portant redingote stricte et longue barbe noire pour cacher des traits encore juvéniles. Fernand, qui à trente-quatre ans semble accablé de soucis, l'œil cerné et le visage tendu, représente l'exemple parfait de ce qu'il ne veut pas devenir. Cette vie bourgeoise et conventionnelle lui pèse. Certes, le calme Marcel n'aurait jamais osé entreprendre ce qu'est en train de réussir son petit frère, même s'il l'a toujours soutenu, y compris contre l'avis de Fernand. En franchissant le pas, en décidant de participer à cette course, en acceptant de payer de sa personne, il prend enfin sa vraie place dans l'aventure Renault Frères.

Quatre jours plus tard, le 31 août, les deux frères se retrouvent sur les routes, cette fois pour un Paris-Ostende, qu'ils remportent, tout comme le Paris-Rambouillet le 19 octobre, deux courses autrement sérieuses que le folklorique Paris-Trouville. La presse se fait l'écho de ces victoires en série où Louis est systématiquement premier et Marcel deuxième, et la jeune marque en profite pour faire paraître sa toute première annonce publicitaire (« Les voiturettes Renault Frères sont gagnantes de toutes les courses importantes ») dans *La Nature*, le 9 septembre, suivie de bien d'autres dans *L'Auto* et, naturellement, dans *La Vie au grand air* de l'avisé Georges Prade. La notoriété devient telle que, à la fin de l'année, Renault Frères aura livré soixante et onze voitures au lieu des douze prévues, emploie près de soixante ouvriers et réalise un bénéfice brut de plus de 35 % du chiffre d'affaires. Alors que pas moins de sept cents firmes produisant des automobiles viennent de se créer au cours de l'année, Renault fait partie des très rares marques à s'imposer. Le pari fou de « P'tit Louis, le mécano de Billancourt » semble en passe d'être gagné.

Mais derrière la figure sympathique du petit mécano bosseur et débrouillard commence déjà à se profiler la haute silhouette autoritaire de « Monsieur Renault », patron omniprésent. Deux photographies à peu près contemporaines attestent cette dualité : la première, prise en 1902, montre Louis Renault version « P'tit Louis » : en tenue de travail de grosse toile, un chiffon dans la main gauche, les traits tirés. Sur la seconde, non datée mais antérieure au 24 mai 1903 comme l'indique la présence de Marcel, les trois frères posent devant une machine-outil, à l'intérieur des ateliers ; à droite, Fernand, en costume trois-pièces, l'air préoccupé ; à gauche, le massif Marcel, engoncé dans un lourd pardessus sombre, tient en main ce qui semble être un rouleau de plans ; au centre, nonchalamment accoudé au bâti de la machine, un parfait dandy en manteau trois-quarts à col de fourrure, chaussures cirées miroir, pli du pantalon au rasoir, coiffé d'un melon qui lui va impeccablement, alors que les chapeaux de ses frères semblent posés par mégarde sur leurs crânes, et, naturellement, le regard perdu dans le vague : « Monsieur Renault ». Lorsque l'image a été prise, il n'est encore, officiellement, qu'un débutant placé sous l'autorité de ses aînés, mais tout indique, dans le vêtement et l'attitude, qu'il est bel et bien le patron, celui qui dicte aux deux autres ce qu'ils ont à faire. À vingt-cinq ans, il s'est emparé d'un pouvoir qu'il ne lâchera plus.

Les exploits d'un trompe-la-mort

Le XIXe siècle aura été le dernier siècle hippomobile, ce tout début de XXe siècle ouvre l'ère de l'automobile. Comme le remarque Paul Morand, on abandonne alors « le cheval aux nationalistes, le crottin aux réactionnaires », et les cochers s'empressent de se reconvertir en chauffeurs. Sur ce terrain de la substitution rapide « du cheval de fonte au cheval de chair[1] », selon l'expression de Baudry de Saunier, rien ni personne ne semble pouvoir résister à Louis Renault. La progression de l'entreprise est vertigineuse : des 6 ouvriers du début, l'effectif grimpe à 110 en 1900, puis à 500 en 1902, et la superficie des usines s'accroît dans les mêmes proportions, de 300 à 7 000 mètres carrés. Dans le même temps, la production atteint 179 voitures en 1900, 509 en 1902, tandis que les bénéfices bruts explosent, de 42 879 francs en 1899 à 1 170 959 francs en 1902. Alors que le secteur de l'automobile est, malgré son apparente dispersion, déjà verrouillé par une poignée de grands constructeurs — en tête, et de loin, Peugeot, Panhard & Levassor, Darracq et De Dion-Bouton — bien décidés à préserver leur position dominante, la croissance exponentielle de Renault apparaît comme du jamais-vu dans l'industrie française.

Devant ces résultats inespérés, Louis sait qu'il a franchi une étape : il n'est plus question d'envisager la vente de l'entreprise à un autre constructeur, comme le prévoyait implicitement l'acte de fondation de Renault Frères. À lui, maintenant, de convaincre ses deux aînés d'accepter de renégocier sa position et de lui accorder un statut plus favorable. Mais, dans l'intervalle, il se livre à fond à sa nouvelle passion : piloter en course, au volant de machines toujours plus rapides et puissantes — et toujours plus dangereuses.

Précisément, en cette année 1900, il se comporte en parfait trompe-la-mort dans un Paris-Toulouse-Paris d'anthologie, dont le départ fut donné au matin du 25 juillet :

Louis Renault courait avec une voiture comprenant un moteur surcomprimé et il était parti seul, sans mécanicien. À Bouron, près de Fontainebleau, le graisseur de sa voiture, composé d'une pompe avec un tube de verre, fut mis hors de service à la suite de l'éclatement du tube. Il était impossible de réparer. Alors Renault achète chez un ferblantier de Fontainebleau un entonnoir et une cuillère ; et le tuyau de graissage étant par bonheur placé à côté de son siège, il put accomplir le parcours Fontainebleau-Toulouse en graissant le moteur à la cuillère.

Ce fut une journée d'autant plus pénible que la température était accablante ; il eut huit éclatements de pneus ; les ravitaillements en essence étaient également fort difficiles, car rien n'était prévu et les dépôts d'essence ne jalonnaient pas la route comme à notre époque.

Enfin, pour éviter un cycliste, Louis Renault dut passer sur un tas de cailloux et faussa son essieu. Il fallut démonter, aller chez le forgeron du village voisin, si bien qu'il n'arriva à Toulouse qu'à 9 heures du soir.

Ne pensant pas arriver si tard, il n'avait pas prévu d'éclairage et la nuit était obscure. Il heurta une charrette transportant des barriques, mit sa voiture hors de service, tomba sur la tête et perdit connaissance.

Le charretier ne s'était pas arrêté ; peut-être dormait-il ; il continua son chemin pendant que Renault restait étendu au milieu de la route.

Heureusement, aucune voiture ne passa et il ne fut pas écrasé ; après une heure environ, il reprit connaissance et entra à pied dans Toulouse. Le lendemain, il repartit sur la voiture de son frère Marcel[*] pour l'étape Toulouse-Limoges et le surlendemain il arrivait à Paris premier de sa catégorie[2].

Cette succession d'incidents qui auraient pu tourner à la tragédie n'a pas entamé la détermination de Louis, détermination renforcée par un afflux de trois cent cinquante commandes au lendemain de cet exploit, soit près du double de la production de l'année précédente ! L'année suivante, Louis dispute, toujours dans la catégorie « voiturettes », la première course automobile internationale, Paris-Berlin. Mais, cette fois, il se plaint d'avoir été trahi par la mécanique, plus précisément par le moteur monocylindre De Dion-Bouton qui équipe toutes les Renault depuis le premier prototype. Il estime

[*] Le règlement de l'épreuve ne prévoyait ni la mise hors course d'un concurrent franchissant à pied la ligne d'arrivée, ni l'interdiction d'échanger son véhicule contre un autre de même type.

que sans la cascade de pannes idiotes qu'il a subies, il aurait pu figurer parmi les premiers — peut-être même premier — au classement général, alors qu'il n'est que onzième. En réalité, il tient enfin le prétexte qu'il cherchait depuis plusieurs mois pour se séparer d'un fournisseur un peu trop envahissant à son gré. Non seulement la maison De Dion-Bouton lui impose des conditions commerciales qu'il juge de moins en moins intéressantes, mais ses tout derniers modèles s'inspirent un peu trop ouvertement des productions Renault... Louis a compris que s'il ne se dégageait pas rapidement de cette emprise, il risquait un jour ou l'autre de tomber dans l'escarcelle de celui qui est alors considéré comme le premier constructeur du monde. Il vient d'ailleurs de décider de diversifier ses approvisionnements, en achetant des moteurs à la toute jeune firme Aster de Charles Petiet, également fondateur des automobiles Ariès — une marque confidentielle qui ne risque pas de faire d'ombre à Renault.

Montés en épingle, les déboires du Paris-Berlin seront donc l'occasion rêvée de faire un coup d'éclat. D'abord, par une campagne de contre-publicité, en accusant les mécaniques De Dion de manquer de fiabilité. Ensuite, en faisant savoir haut et fort que, dorénavant, les Renault seront équipées de moteurs maison, à la hauteur des qualités de leurs transmissions.

Pour réaliser sans délai ce programme, Louis Renault ne s'embarrasse d'aucun scrupule : il s'empresse de débaucher le meilleur motoriste des usines De Dion, l'ingénieur Paul Viet, et lui donne carte blanche pour créer une gamme complète de moteurs entièrement nouveaux. Dès le début de l'année 1902, Viet rejoint Billancourt et se met à l'œuvre avec un enthousiasme certain, puisqu'il réalise en deux mois à peine le tout premier moteur Renault, un bicylindre de 14 CV, puis, un mois plus tard, un quatre-cylindres de 25 CV, capable de propulser les nouvelles Renault de compétition, les « Type K », à plus de 130 km/h.

Après des essais intensifs et concluants, effectués par Louis Renault lui-même en mai-juin 1902, ces monstres au long capot en pente douce — vite surnommé « capot alligator » — sont engagés dans la course du Paris-Vienne, qui prend le départ de Champigny-sur-Marne le 24 juin au matin. Pour une fois, c'est Marcel qui triomphe à plus de 63 km/h de moyenne, avec une telle avance que personne ne l'attend sur la ligne d'arrivée à Vienne — seul le service d'ordre est présent et, le prenant pour un resquilleur qui a emprunté le parcours de la course malgré les interdictions, s'apprête à lui dresser contravention avant de réaliser sa méprise. Louis, de son côté, a joué de malchance dans l'avant-dernière étape Bregenz-Salzbourg : d'abord une sortie de route brutale pour éviter un concurrent en difficulté — essieu avant faussé, une roue brisée, radiateur percé — puis, lors de l'arrêt au contrôle d'Innsbruck, un violent abordage par la Mors n° 15 du baron de Caters. Cette fois, c'est l'essieu arrière de la Renault qui est tordu : le pont et le différentiel sont touchés. Louis Renault ne baisse pas les bras, déploie tous ses talents de bricoleur — il aurait remplacé les rayons cassés de sa roue en bois par des barreaux de chaise ! — et, avec le concours dévoué de son mécanicien Szisz, parvient à terminer l'étape. Il finira à la vingt-huitième place du classement général, alors que tout le monde le voyait abandonner.

Maintenant, après cette course haletante où les Alpes, surtout le terrible col de l'Arlberg, sont venues à bout des mécaniques les plus réputées, il s'agit de clamer les mérites du nouveau moteur Renault. Ce sera bientôt chose faite, en grandes lettres noires sur fond rouge :

Tous les Véhicules, gros et petits
de la Course
Paris-Vienne
sont battus par la
VOITURE LÉGÈRE
RENAULT Frères
montée par
Marcel RENAULT
1er du Classement Général
1er de toutes les Catégories
grâce à sa Voiture Légère RENAULT Frères à
Moteur 4 Cylindres
RENAULT Frères
qui pour ses débuts s'affirme SUPÉRIEUR
à tout ce qui s'est fait à ce jour[3] !

Louis peut être satisfait : la page De Dion est définitivement tournée. Et tant pis si la victoire lui a échappé pour venir couronner Marcel : après tout, c'était bien son tour. Et Louis le prend avec d'autant plus de philosophie qu'il a d'autres préoccupations : il est amoureux.

Certes, Louis Renault aime les femmes — presque autant que la mécanique, dit-on ! — mais jusqu'à présent ses relations avec elles se sont généralement résumées, semble-t-il, à de plus ou moins brèves rencontres, lorsque l'usine lui en laissait le temps. Aujourd'hui, il paraît amoureux au point d'envisager une liaison durable, peut-être même le mariage, d'autant plus qu'il est, pour la première fois, payé de retour.

Cette heureuse rencontre s'appelle Jeanne Hatto de son nom de scène, Jeanne-Marguerite Frère pour l'état civil. Cette fille de la campagne est née le 30 janvier 1879 à Andelot-Morval, près de Saint-Amour, aux confins du Jura, de l'Ain et de la Saône-et-Loire. Très tôt, elle montre des dispositions exceptionnelles pour le chant et ses parents, de modestes cultivateurs pourtant, l'envoient au conservatoire de Lyon, d'où elle passe au conservatoire de Paris. En 1899, à seulement vingt ans, cette soprano remporte simultanément le premier prix d'Opéra, le second prix d'Opéra-Comique et le premier prix de chant. Elle débute à l'Opéra de Paris le 29 décembre de la même année en Brunehaut dans *Sigurd*, opéra d'Ernest Reyer, chante ensuite le rôle-titre de *Salammbô*, autre œuvre de Reyer, avant de s'attaquer à l'univers wagnérien avec Élisabeth de *Tannhäuser* et Éva des *Maîtres chanteurs*. Elle compte rapidement parmi les chanteuses favorites des compositeurs d'opéra de l'époque et crée le rôle de Iole dans *Astarté*, de Xavier Leroux, puis celui de Floris dans *Les Barbares* de Saint-Saëns. Sa réputation est telle qu'elle est sollicitée dès 1901 par la société Pathé-Céleste-Phono-Cinéma pour enregistrer sur cylindre quelques grands airs célèbres comme « Ô toi qui prolongeas mes jours », extrait d'*Iphigénie en Tauride*, de Gluck.

Mais ce n'est peut-être pas tant cette voix qui fait courir le Tout-Paris qui a séduit Louis Renault que le physique fort agréable de Jeanne, dont *La Revue mondaine* vante « le buste harmonieusement long, la poitrine d'une cambrure fort appétissante et terminée par une taille fine et bien ronde. L'ensemble est d'un charme auquel on ne peut résister et bien rares sont ceux qui ne se sont pas laissés prendre ». Pourtant, à une époque où tout notable digne de ce nom se doit d'avoir sa danseuse, Jeanne Hatto n'a rien d'une demi-mondaine. Intelligente, cultivée, elle ne vit que pour la musique et le chant, entourée de grands compositeurs tels Maurice Ravel ou Gabriel Fauré, de musiciens dont le pianiste et chef d'orchestre Alfred Cortot, aussi passionnément wagnérien qu'elle, d'artistes comme le peintre et caricaturiste Abel Faivre, le sculpteur Pierre Félix Fix-Masseau...

Comment les trajectoires de deux êtres aussi dissemblables ont-elles pu se croiser ? À la faveur, prétend la légende, d'un de ces embouteillages qui paralysaient déjà la circulation parisienne. Louis, au volant d'un prototype de 8 CV, se retrouve immobilisé à la hauteur d'une calèche où une ravissante jeune femme émerge littéralement d'un buisson de lis et de roses. Charmé par cette vision romantique, il suit la calèche qui se dirige vers la gare de l'Est, et là, en compagnie d'une foule d'admirateurs massés dans la salle des pas perdus, escorte sa passagère jusque sur le quai où, sous les vivats, elle monte à bord d'un train à destination de Spa. Avisant dans la foule le directeur de l'Opéra de Paris, Gaillard, qui compte parmi ses premiers clients, Louis Renault a tôt fait d'obtenir non seulement le nom de la belle inconnue, mais aussi son adresse personnelle. Dès que Jeanne Hatto rentre de sa tournée en Belgique, il lui fait livrer chaque matin, de manière anonyme, des montagnes de fleurs, se doutant bien que tôt ou tard la curiosité l'emportera et qu'elle finira par s'enquérir auprès du fleuriste de l'identité de ce soupirant aussi discret que généreux... Ce qui ne manqua pas de se passer.

En fait, selon certains témoignages de proches, la réalité serait plus prosaïque : Madame Renault mère, grande amatrice de musique, organisait place de Laborde des récitals privés. Elle aurait invité, à l'une de ces occasions, cette étoile montante qu'était alors Jeanne Hatto. Louis Renault aurait donc tout simplement rencontré Jeanne sous le toit familial. Comme elle lui avait plu, il chercha à la revoir, avec le succès que l'on sait.

L'irruption de Jeanne Hatto dans l'existence de Louis Renault ne modifie guère son comportement : l'usine d'abord, la vie privée après... s'il lui reste du temps. Cependant, il va fréquenter plus assidûment, en compagnie de Jeanne, sa propriété de campagne à Villiers-le-Bâcle, entre Saclay et Saint-Rémy-lès-Chevreuse, à une vingtaine de kilomètres de Billancourt — autant dire, à l'époque, en pleine campagne. Là, Louis Renault s'est entiché du château de la Barrerie, demeure extravagante de la fin du XIXe siècle, que les guides décrivent comme « un mélange de meulière, silex, moellons et enduit. Il est né des influences néo-gothiques, néo-mauresques et néo-Louis XVI ». Un éclectisme qui, loin de déranger l'occupant des lieux, va l'inspirer pour ses futures résidences, qui seront toutes placées sous le signe du « néo » : néo-normand, néo-médiéval, néo-provençal... De toute façon, l'intérêt qu'il porte à la Barrerie ne réside pas dans ce décor de théâtre, mais dans la vaste propriété qui l'entoure : un étang, une forêt avec droit de chasse, des champs immenses que l'industriel se plaît à arpenter, attentif à la maturation des blés. Car Louis, au-delà de la mécanique et des femmes, est en proie à une troisième passion, plus discrète mais probablement plus profonde, celle de la terre. Derrière l'explication rationnelle du bien-fondé de ses investissements fonciers — disposer d'un patrimoine capable de garantir ses engagements financiers —, il cache le besoin impérieux d'être maître d'un territoire qu'il peut modeler et administrer à sa guise : ce pionnier d'un monde nouveau, celui du progrès technique, possède en fait la mentalité — et parfois les manières — d'un grand féodal.

Mais Louis Renault n'a pour le moment ni le goût ni le temps de se livrer à ce genre d'introspection, d'autant plus que 1903 s'annonce sous les meilleurs auspices et qu'il a tout pour être heureux : succès, célébrité, amour, argent... L'entreprise poursuit sa progression fulgurante, la marque s'impose sur le marché, et Louis a maintenant à ses côtés l'une des plus jolies femmes de Paris, qui va lui faire découvrir le monde, nouveau pour lui, de l'art et des artistes. Ainsi, à Villiers-le-Bâcle se retrouvent désormais, autour des trois frères Renault et des amis de toujours, les Duc, Gruss, Cabarrus, Richardière, Vian, Hugé et quelques autres, de nouveaux venus, musiciens, comédiens, peintres, sculpteurs, invités par Jeanne Hatto. Enfin, la seule ombre au tableau, le rôle mineur dévolu à Louis par les statuts de la société Renault Frères, est en passe d'être gommée : un acte modificatif vient de consacrer la primauté du petit frère dans l'entreprise, qui doit devenir la « Société des automobiles Renault et Cie, Louis Renault gérant ». L'acte est signé, ne reste plus qu'à l'enregistrer.

Pour Louis, en cet après-midi du samedi 23 mai

1903, tout va pour le mieux dans le meilleur des mondes : dans quelques heures, huit Renault vont s'élancer dans la course des courses, la prestigieuse Paris-Madrid, avec la quasi-certitude d'un nouveau triomphe à l'arrivée. Dans quelques heures de plus, le virage de Couhé-Vérac va tout bouleverser.

La croisée des chemins

Une fois retombé le tumulte soulevé par le drame du Paris-Madrid — interpellation du gouvernement à la Chambre, fulminations du polémiste Léon Bloy : « tout automobiliste ambitieux est *un assassin avec préméditation*[1]... » —, les esprits les plus lucides ne tardent pas à mesurer l'ampleur des dégâts. Ainsi Henri Desgrange, directeur et rédacteur en chef du quotidien sportif *L'Auto*, écrit dans son journal dès le 26 mai 1903 : « Quoi qu'il en soit, il n'est pas douteux que notre industrie automobile vient de rencontrer, dans la course Paris-Madrid, le plus gros obstacle à son développement qu'elle ait jamais connu. Il lui va falloir s'orienter désormais dans une autre direction, chercher ailleurs un mode nouveau d'expansion. » Le même jour, Henri Farman, victime d'un accident mineur pendant la course, déclare à un journaliste du *Petit Parisien* : « Pour mon frère et moi, c'est bien fini ! Nous avons pris la décision de ne pas risquer inutilement notre vie et celle des autres. » Il se consacrera dès lors au pilotage aérien qu'il juge, c'est dire, beaucoup moins dangereux que l'automobilisme.

Avec le choc de la mort de Marcel, Louis Renault, jusque-là encore assez « chien fou », bascule dans l'âge adulte. Il prend la mesure de ses responsabilités de chef d'entreprise, tirant pour lui-même les mêmes conclusions que Desgrange et Farman. Il comprend qu'il n'est plus question, pour un patron, de piloter en course au risque de décapiter l'entreprise, d'autant qu'il a sous les yeux le triste exemple de Georges Richard, fondateur de la firme Richard-Brasier, gravement blessé à la hanche dans l'étape Paris-Bordeaux. Son associé, Henri Brasier, en profite pour évincer le malheureux cloué sur son lit d'hôpital, et ne tarde pas à le mettre à la porte pour... absences répétées ! Et, confronté à l'interdiction totale des courses automobiles édictée par le gouvernement, qui signe la fin de la multiplication miraculeuse des commandes au lendemain des victoires, il sait qu'il lui faut d'urgence réorienter son action commerciale. Sinon, Renault, qui a prospéré exclusivement grâce à la compétition, risque de disparaître avec elle.

La première mesure à prendre pour remettre de l'ordre dans les affaires concerne les brevets. Depuis la « prise directe » de 1899, Louis en a déposé plusieurs dizaines, pour la plupart destinés à augmenter les performances des moteurs en course et concernant notamment la suralimentation, l'amélioration du refroidissement, de l'allumage et de la carburation. Or nombre de ces brevets, à commencer par la prise directe, sont largement pillés par la concurrence, d'autant plus que personne, chez Renault, ne s'est soucié d'y mettre le holà. Pourtant, il y a là des millions à récupérer au titre des droits de licence.

Louis Renault décide de porter le fer sans plus attendre. Ce n'est pas si facile : il va falloir justifier de plusieurs années d'inaction, et les grands constructeurs — De Dion-Bouton, Peugeot, Darracq... — qui montent sans vergogne des transmissions copiant à l'identique le système Renault ne manqueront pas d'exploiter cette faille. Après réflexion, il décide de s'attaquer à un petit constructeur dont la production est négligeable, mais les prétentions immenses. Il s'agit d'un certain Jean-Marie Corre, un des tout premiers agents Renault, qui a tourné le dos à la marque pour devenir constructeur en 1901. Non seulement il se livre à une contrefaçon éhontée, mais en plus il s'en vante depuis longtemps, voire par écrit à l'occasion : « En réponse à votre lettre, je ne m'occupe plus de la voiturette Renault, mais je puis vous offrir la mienne qui lui ressemble en tous points et qui a les mêmes avantages » (lettre du 12 juillet 1901 à un agent anglais de Renault, M. Burnes). Et il n'hésite pas, sinon à parler, du moins à laisser parler des « voiturettes Corre-Renault ». C'est évidemment sur lui que les foudres de Louis Renault vont s'abattre : attaquer ce fanfaron sans grands moyens devrait permettre d'obtenir un jugement qui fera jurisprudence. Et c'est exactement ce qui se passe : pour commencer, Louis Renault obtient sans difficulté du tribunal civil de la Seine une autorisation de saisie descriptive. Le 22 juillet 1903, les huissiers débarquent dans l'atelier de Corre, à Levallois. Desservi par ses antécédents et par un avocat maladroit qui a commis l'imprudence de s'aventurer sur le terrain technique, où il n'entend pas grand-chose, Corre est condamné le 31 mars 1904. Mécontent, il change d'avocat et fait appel. Le 8 novembre 1905, l'affaire revient devant la 4e chambre de la cour d'appel de Paris. Nouvelle bataille d'arguments techniques embrouillés, au cours de laquelle l'avocat de Renault, Me Allart, se montre brillant, déclarant « je vous montrerai que l'affaire qui vous est soumise est extrêmement simple, que vous en avez jugé *de plano* de bien plus difficiles ». Et, en quelques mots, il fait comprendre au tribunal le trait de génie de Louis Renault, ce à quoi personne n'avait pensé avant lui : l'arbre de transmission coupé en deux. Soulagée d'y voir enfin clair dans une affaire qui menaçait à nouveau de s'enliser dans une querelle d'experts, la cour s'estime convaincue et confirme la condamnation de Corre le 23 novembre 1905. Il se voit obligé de payer non seulement les frais de procédure, mais aussi le préjudice causé à Renault, que les experts fixent à 25 000 francs. Bon prince en apparence, mais inflexible en réalité, Louis Renault concède à Corre une licence d'exploitation pour une année, mais que Corre doit garantir par une traite acceptée : non seulement

Corre a perdu son procès, mais il se retrouve de fait obligé de manger dans la main de Renault. Le message est reçu cinq sur cinq par l'ensemble des constructeurs utilisant sans autorisation le dispositif de prise directe, comme le note le journal *L'Auto*, toujours clairvoyant : « La maison Renault a devant elle la faculté d'engager d'autres instances à la suite desquelles, si le jugement était confirmé, elle toucherait des droits de licence d'une importance considérable[2]. »

Bien conseillé, Louis va avoir la finesse de ne pas se lancer dans une kyrielle de procédures, préférant proposer à la quinzaine d'industriels concernés une transaction à l'amiable sur la base d'« une redevance de 1 % sur le prix de détail des châssis au catalogue pour chaque châssis vendu[3] ». Cet accord est effectif dès le 22 décembre 1905, un mois à peine après le verdict de la cour d'appel, ce qui montre à quel point les signataires ont senti passer le vent du boulet. Dans la foulée de ce premier accord, des contrats particuliers sont conclus entre chacun des constructeurs et Renault Frères. Les redevances seront ensuite versées sans (trop) sourciller par les industriels, à l'exception notable de Peugeot, Brasier, Delage et Rossel, qui intenteront en 1911 une action en annulation. Ils seront déboutés le 20 février 1912. L'escarcelle de Renault va donc continuer à se remplir jusqu'à ce que le brevet de la prise directe tombe dans le domaine public le 9 février 1914. Entre-temps, le procès Corre, qui n'avait à peu près rien coûté à Renault, lui aura rapporté 3 473 509,50 francs en huit ans, soit 2,5 % des bénéfices bruts sur la même période, ce qui a largement contribué au financement de l'entreprise.

Dans cette affaire, Louis a été puissamment soutenu par Fernand et par Charles Richardière, qui ont fait valoir leurs talents respectifs de commercial et de juriste. Des trois frères, Fernand restera l'« homme de l'ombre », l'organisateur aussi discret qu'indispensable. Depuis la mort de Marcel, il se consacre à plein temps à Renault Frères, exerçant la direction administrative et financière de l'entreprise tandis que Louis se réserve la direction technique. Il décide, dans la foulée, de se débarrasser de Renault Fils & Cie, l'affaire familiale de boutons, soieries, mercerie et fournitures pour tailleurs, dissoute au 31 octobre 1904 et (bien) vendue quelques mois plus tard à un certain Chéret.

Fernand, paisible père de trois jeunes enfants — la dernière, Françoise, naît en 1904 —, ne s'est jamais permis de risquer sa vie sur les routes, à la différence de Marcel et de Louis. Savait-il conduire, d'ailleurs ? Rien ne l'indique. En revanche, cet homme « d'une nature tout en dehors, très enjouée, remarquablement active », selon le témoignage du journaliste de *L'Auto,* Géo Lefèvre, possède l'art de piloter une entreprise avec énergie et fermeté, tout en prenant des risques calculés. Très tôt, il s'était préoccupé de mettre en place un réseau de vente en France et à l'étranger, avec un système de rémunération des représentants inspiré du modèle du réseau commercial de la draperie paternelle. En 1900, la marque comptait seulement sept agents en France métropolitaine : Bordeaux, Toulouse, Perpignan, Marseille, Saint-Brieuc, Paris (deux agents). En 1903, on recense environ cent vingt agents en métropole. En 1905, le réseau d'agents est tel que Renault renonce à la vente directe et n'envisage pas d'ouverture de filiales ou de succursales directes. Mais le plus gros effort de Fernand porte sur l'exportation et les implantations Renault à l'étranger, en n'hésitant pas, en revanche, à y implanter des filiales. Ainsi, en 1906, la marque est présente en Angleterre via la Renault Frères Ltd, aux États-Unis avec la Renault Selling Branch, en Allemagne avec la Renault Automobil A.G. ; en Belgique, les voitures sont assemblées sous licence par Loppart ; Renault exporte également en Suisse, en Autriche-Hongrie, en Espagne et jusqu'en Argentine. Ce travail de fond colossal doublé d'une politique commerciale agressive ne tarde pas à porter ses fruits... et au-delà. Très vite, l'usine a du mal à fournir, comme le révèle cette note interne du 16 août 1906 : « Nous avons à Vienne un agent qui est dans le cas de beaucoup d'autres : comme nous ne pouvons pas lui donner beaucoup de voitures — six ou sept maximum par an —, il ne peut nécessairement pas répandre la marque. » En moins de trois ans, le coup d'arrêt porté à l'essor de la marque par l'interdiction des courses automobiles, aisément surmonté, n'est plus qu'un mauvais souvenir.

C'est également Fernand qui forme Louis à la gestion, en lui transmettant les astuces qui ont fait la fortune de leur père, Alfred : toujours éponger en priorité les frais engagés grâce aux recettes ; ne jamais anticiper les bénéfices, mais les constater ; ne jamais rogner les marges au point de compromettre la rentabilité ; si une baisse des prix est nécessaire, l'obtenir impérativement par l'accroissement du rendement des installations. Ce dernier point, essentiel, implique le perfectionnement constant de l'outil de travail : aux yeux de Louis Renault, l'usine compte plus que ce qu'elle produit.

En outre, ces principes de gestion procurent un avantage décisif : permettre le développement de l'entreprise sur ses fonds propres, évitant ainsi de faire appel à l'emprunt. À l'inverse, dans les périodes fastes, les sommes excédentaires, comme les avances reçues au titre des commandes, sont immédiatement placées. Avec ce système, Renault engrange de confortables revenus financiers là où ses concurrents voient leurs bénéfices torpillés par les intérêts des remboursements bancaires. Ce matelas lui permettra de traverser sans dommages majeurs les nombreuses crises économiques qui se succéderont jusqu'à la Seconde Guerre mondiale.

Tandis que Fernand établit les structures commerciales et financières de la société, Louis, fidèle à son rôle de directeur technique, travaille à la définition de la nouvelle gamme Renault. Tournant le dos à son récent passé de sportif avide de performances, il met en application les principes qu'il avait lui-même énoncés dès mars 1901 : créer des « véhicules légers, de prix modeste tant réclamés des voyageurs de commerce, des médecins de campagne, des courtiers d'assurance, etc., et du public en général[4] » ; il est même allé, dans une lettre du 30 novembre 1903 au président de la Chambre syndicale de l'automobile, jusqu'à nier l'intérêt de la performance pure : « Je ne crois pas qu'il soit utile d'engager les constructeurs à augmenter la vitesse des moteurs, car une trop grande vitesse est au détriment de la durée et de la consommation et les chances de grippage et de rupture sont augmentées », et il précise : « Il est certain que l'on ne peut espérer fabriquer des véhicules atteignant des vitesses sensiblement supérieures à celles obtenues à l'heure actuelle[5]. »

Aveuglement, ou plutôt sens des affaires ? Car Louis Renault pense que l'avenir des véhicules automobiles réside surtout dans le transport routier de marchandises et les transports en commun, activités qui exigent par définition des véhicules puissants et endurants, qu'il entend réaliser selon son credo de constructeur : une mécanique qui tourne lentement est une mécanique qui dure. Dès 1900, il a réalisé un premier prototype d'utilitaire léger, offrant 250 kilos de charge utile, en greffant une carrosserie de fourgon sur un châssis de voiturette. En 1903, il est approché par une société proche de la banque Mirabaud, la Société française d'études et d'entreprises, très intéressée par

le succès rencontré à Berlin par les « fiacres automobiles » AEG et désireuse de développer une entreprise similaire à Paris. Ce contact semble avoir
été établi par l'entremise du fidèle Cabarrus, déjà
présent au fameux réveillon du 24 décembre 1898
et devenu depuis agent Renault à Paris. Après une
année d'essais, c'est Renault qui emporte le marché, précisément pour la simplicité et la fiabilité
de ses voitures, comme le note un rapport de la
banque Duval, partenaire suisse de la banque Mirabaud : « Nous avons choisi des châssis Renault
2 cylindres, d'une puissance de 8 à 9 chevaux. Le
nombre des organes a été, sur notre insistance,
réduit au minimum, la suppression de certains
d'entre eux, tels que le régulateur, les manettes de
commande, a contribué pour une large part à la
facilité de conduite et à l'économie d'entretien. »
Et de préciser : « Quant au moteur, nous avons
fait supprimer tous les organes qui n'étaient pas
strictement indispensables : ni régulateur, ni réglage d'allumage, ni réglage d'air ou d'essence[6]. »

De 1905 à 1909, la toute nouvelle Compagnie
française des automobiles de place va commander
à Renault 2 800 taxis, auxquels s'ajoutent 1 100
autres vendus à Londres à la General Motor Cab
C° et un bon millier d'exemplaires supplémentaires
en circulation dans d'autres grandes villes étrangè-
res, en particulier New York. Produisant ainsi en
grande série un modèle simple, économique et surtout extrêmement rentable (environ 110 % de
marge sur chaque voiture !), Louis Renault a tous
les atouts en main pour devenir le Ford français.

Mais il ne saisira pas cette occasion unique de se lancer dans la production de masse (qui se révélera une mine d'or pour Henry Ford) : bien au contraire, c'est le moment qu'il choisit pour se lancer dans une diversification tous azimuts. Il élargit encore sa gamme de modèles, alors que trois ou quatre seulement se vendent bien, se lance dans la construction d'autobus, de camionnettes, de camions, de véhicules sanitaires, et même de moteurs d'avion et de moteurs marins. D'ailleurs, un canot automobile en bois, à moteur Renault, figure en bonne place sur le stand Renault Frères lors du Salon de l'automobile 1908. Au même moment, Louis Renault commence également à réfléchir à l'application des techniques automobiles à la construction ferroviaire. Pour lui, l'usine doit produire tout ce qu'elle est capable de fabriquer : automatiquement, la demande suivra l'offre. C'est l'exact inverse de la position de Ford, qui estime que l'offre doit avant tout répondre à la demande et va inonder le monde, de 1908 à 1927, d'un modèle unique répondant aux attentes de millions de clients : la Ford T.

Louis Renault a-t-il manqué de flair, d'audace ou de clairvoyance ? A-t-il estimé que dans les périodes de mévente, comme la crise économique de 1907, mieux vaut la sécurité de grands marchés passés en direct avec l'État et les entreprises que la chasse au client individuel, aléatoire et d'autant moins rémunératrice qu'il faut commissionner les intermédiaires, c'est-à-dire les agents ? Probablement un peu de tout cela. Mais il s'agit surtout de la manifestation éclatante d'un trait de caractère essentiel du personnage : sa tendance naturelle à l'hégémonie. Louis Renault a le désir profond que tout engin roulant, volant ou flottant porte d'une manière ou d'une autre sa signature. S'il n'ignore pas que la concurrence est inévitable, il veut être le premier partout et en tout, l'entrepreneur audacieux qui montre la voie. Et il exige de son cercle rapproché de fidèles entre les fidèles, les Serre, Richet, Duc, Hugé, qu'ils consacrent toute leur énergie à instaurer et maintenir cette prééminence. D'ailleurs, le terme de « fidèles » s'impose dans la mesure où, pour suivre le Patron, « il faut y croire » — bien plus qu'une question de compétences techniques, c'est un acte de foi.

L'autre aspect fondamental du comportement hégémonique de Louis Renault s'exprime dans son goût pour l'autarcie. Si les méthodes comptables et financières en vigueur dans la famille visent à s'affranchir des banques, Louis veut aller beaucoup plus loin dans l'indépendance et, à terme, ne dépendre de personne pour quoi que ce soit. Dans les premiers temps, la marque fabrique peu par elle-même : « les pièces détachées du volant d'embrayage, l'arbre de transmission, les pièces détachées entrant dans la fabrication de l'axe arrière, les raccords du cadre, les pièces entrant dans la construction de l'essieu avant » (courrier du 15 novembre 1900). Tout le reste est acheté à l'extérieur, et Louis Renault fait de la qualité de ses fournitures un argument de vente : « Il n'y a pas une maison sur la place de Paris qui emploie des matériaux de meilleure qualité que nous » (lettre à un client, 9 janvier 1904). En fait, cette situation ne le satisfait pas, c'est le moins qu'on puisse dire : de même qu'il s'est lancé en 1902 dans la réalisation de ses propres moteurs au lieu de continuer à se fournir chez De Dion-Bouton, il achète en mai 1905 la fonderie Piat, puis, en décembre de la même année, tout le matériel de fabrication de roues en bois mis en vente par Michelin. Ce n'est que le début d'un long processus d'intégration qui vise à l'élimination totale de la sous-traitance. Pour autant, Louis Renault n'est pas fou : l'autonomie, oui, mais pas à n'importe quel prix. Pour parvenir à des prix de revient compétitifs par rapport aux fournisseurs spécialisés, il faut impérativement améliorer le rendement de l'outil de travail, ce qui implique l'extension et la modernisation constantes des usines d'une part et l'accroissement de la productivité par ouvrier d'autre part. Et qui dit plus de travail à salaire constant dit, inévitablement, conflit social à court terme.

Le premier coup de semonce dans une usine qui n'a pas jusqu'à présent de véritables grèves, à l'exception, en 1905, d'un bref mouvement limité aux ouvriers carrossiers, se produit au matin du lundi 9 avril 1906. La quasi-totalité de l'effectif de Billancourt, soit 1 400 ouvriers sur 1 500, cesse le travail pour réclamer une augmentation de salaire de 5 % pour tous. Trois jours plus tard, l'affaire se termine en douceur, si l'on en croit une note interne des plus lénifiantes :

Nous avons eu, il y a quelque temps, une grève de trois jours qui s'est terminée après entente parfaite entre nos ouvriers et nous ; la reprise du travail s'est très bien effectuée, nos ouvriers étant tous satisfaits, et ils nous l'ont prouvé, en continuant à travailler toute la journée du 1er mai* et les jours suivants, sans qu'il se produise, parmi eux, aucun mouvement. Tous les indices nous ont montré que nos ouvriers ne désiraient qu'une chose : continuer le travail, sans aucune revendication[7].

Dans une lettre de Fernand Renault au président de la Chambre syndicale de l'automobile, le marquis de Dion, le propos diffère quelque peu :

Les ouvriers avaient dans notre maison des conditions sensiblement égales à celles accordées par les autres maisons. Nous nous sommes donc mis facilement d'accord et la majorité des ouvriers ont repris le travail, sans que nous ayons besoin de faire des augmentations de salaire, sauf sur de très petits points[8].

Louis Renault, en effet, s'est fait communiquer les salaires pratiqués par ses collègues constructeurs. Après comparaison de cette grille avec les salaires pratiqués à Billancourt, il a partiellement accepté de revaloriser les salaires des ajusteurs, manœuvres et conducteurs de machine, et catégorique-

---

* Le 1er mai est alors jour travaillé, mais beaucoup d'ouvriers manifestent ce jour-là pour la « journée de huit heures », suivant le mot d'ordre de la IIe Internationale socialiste ; il ne deviendra fête du Travail et jour chômé qu'en 1941, par décision du gouvernement de Vichy sur proposition de François Lehideux.

ment refusé toute augmentation pour les tourneurs. Au total, il n'a pas lâché grand-chose, et les ouvriers sont bien loin du 5 % pour tous.

La colère gronde, d'autant plus que le climat social est mauvais : si le 1er mai a été calme chez Renault, des heurts violents entre police et manifestants ouvriers au cœur de Paris ont abouti à près de neuf cents arrestations. Une décision de la maison Delaunay-Belleville va mettre le feu aux poudres : passant outre aux recommandations de la Chambre syndicale, l'entreprise accorde à son personnel la semaine de 54 heures payées 60, le samedi après-midi étant chômé. C'est sur ces bases revendicatives que démarre la grève, d'abord chez Darracq et De Dion, avant de s'étendre à la majorité des grandes entreprises de construction automobiles et mécaniques, dont Renault.

Devant ce mouvement, l'attitude du patronat est unanime et tient en un mot : « Non. » Non à tout : à la limitation de la journée de travail à huit ou neuf heures, au principe de la « semaine anglaise » pourtant acquis chez Delaunay-Belleville, à toute révision de l'échelle des salaires, à l'abandon du travail aux pièces... D'ailleurs, comme le rapporte la revue *L'Automobile*, les patrons ne voient pas de quoi les ouvriers se plaignent : « Dans l'automobile la journée de travail est généralement de 10 heures par jour et la plupart des ouvriers gagnent de 80 centimes à 1 F l'heure. Dans beaucoup de métiers l'ouvrier, qui fatigue au moins autant, n'est souvent payé que 65 à 70 centimes l'heure. Par conséquent, l'ouvrier-mécanicien des usines d'automobiles n'est pas malheureux. S'il est sérieux et qu'il ne boive pas, il peut vivre, lui et sa famille[9]. » Fermez le ban ! Autant dire que les positions des deux camps sont inconciliables.

Louis Renault choisit de fermer l'usine et de la faire garder militairement (Clemenceau, alors ministre de l'Intérieur, a en effet accordé aux constructeurs l'appui de l'armée afin, a-t-il dit, « de protéger vos ouvriers désireux de travailler[10] »). Les habitants de Billancourt découvrent avec surprise les silhouettes des sentinelles placées sur les toits qui se découpent sur le ciel : c'est la première fois qu'ils voient les uniformes remplacer les bleus de travail dans les ateliers, ce ne sera pas la dernière... Puis il monte de toutes pièces un « Comité pour la reprise du travail » censé rassembler les non-grévistes. Chaque ouvrier reçoit alors une carte-lettre ainsi libellée :

Camarades,
Les ouvriers non grévistes désirant la reprise du travail viennent de décider d'adresser à la Maison Renault frères une demande pour le prier de fixer la rentrée au jour le plus prochain.
Dites-nous si vous voulez vous rallier à cette démarche en nous retournant cette carte à l'adresse ci-dessous avec vos signature et adresse dans le plus bref délai possible sous pli cacheté et affranchi à 0,10 F ou remettre personnellement[11].

« L'adresse ci-dessous », le 173, rue de Billancourt, est en fait celle d'un local de l'usine. À peine un tiers des ouvriers (480 sur environ 1 500) répond favorablement. Au jour fixé pour la reprise du travail, le 15 mai, près d'un quart du personnel

ne se présente pas malgré les convocations individuelles. Pas de pitié pour les absents : licenciement
immédiat. Mais ce qui peut paraître une sanction
extrême ne diffère guère du règlement général des
usines en vigueur depuis le 10 avril 1906 : « Article 7 : Débauchage. Les ouvriers pourront quitter la
maison une heure après avoir prévenu le contremaître. Réciproquement la maison se réserve le droit
de remercier sans indemnité les ouvriers en les faisant prévenir par le contremaître une heure
d'avance. »

Tout au long de la grève, Louis Renault s'est
strictement conformé à la ligne de conduite dictée
par la Chambre syndicale dont le président, le
marquis Jules-Albert de Dion, à la fois industriel,
aristocrate de vieille lignée et bouillant politicien
connu pour ses opinions réactionnaires, considère
que la plus minime concession faite aux grévistes
serait une reculade devant les « meneurs », qu'il
considère comme des individus louches et prêts à
tout. Pour lui — et avec lui une bonne partie du
patronat —, il faut purger sinon la société, du
moins les entreprises de ces révolutionnaires « se-
condés par des bandes d'apaches et de gens sans
aveu », bien décidés à semer la destruction et
l'anarchie et à terroriser les honnêtes travailleurs.
Parmi ceux que la présence de meneurs terrorise
figure précisément Louis Renault en personne. Son
angoisse se révèle dans la condamnation violente,

presque outrancière, qu'il en fait dans un mémo relatif aux grèves de mai 1906 : « La cessation du travail qui a eu lieu dans notre maison ne s'est produite que par suite de la terreur qui a été provoquée par des ouvriers meneurs complètement étrangers à l'usine. » Ou encore : « L'usine était suffisamment gardée pour éviter les bagarres aux portes des ateliers ; mais les meneurs étrangers ont fait savoir à nos hommes qu'ils étaient décidés à venir les attaquer individuellement lorsqu'ils seraient séparés, et chacun aux abords de leur maison ; ils les ont même menacés de saccager leur domicile particulier s'ils ne pouvaient pas les attaquer eux-mêmes. » Plus loin, il parle de « 5 ou 600 ouvriers étrangers à la maison », « aux aguets dans toutes les rues »... « Meneurs étrangers » menaçant « nos hommes », « notre maison » : ce n'est pas encore la guerre, c'est déjà l'état de siège.

Car Louis Renault — parfois décrit comme agoraphobe, ce qui est peut-être excessif — éprouve indiscutablement une peur irraisonnée des foules et des meneurs — au point qu'il lui arrivera, à la suite d'un très banal accrochage dans les rues de Paris, d'abandonner sa voiture et de fuir à pied, se sentant menacé par l'attroupement des badauds. Pour l'aider à mieux comprendre la psychologie des masses, Jeanne Hatto lui conseille de lire l'un des premiers ouvrages publiés sur le sujet, *La Psychologie des foules*, du sociologue Gustave Le Bon — ce livre de 1895 servira de base à l'ouvrage de Freud *Psychologie collective et analyse du moi* (1921). Louis, fasciné, en fait son livre de chevet. Mais Le Bon, qui de toute façon déteste les foules et éprouve envers elles « le mépris du bourgeois pour la populace, et du socialiste pour le sous-prolétaire[12] », s'intéresse surtout aux foules révolutionnaires et insurrectionnelles. Il y a dans ces pages bien plus de quoi être inquiet que rassuré, comme en témoignent les passages soulignés par l'industriel dans son exemplaire personnel. Ainsi :

Aussi, par le fait seul qu'il fait partie d'une foule organisée, l'homme descend de plusieurs degrés sur l'échelle de la civilisation. Isolé, c'était peut-être un individu cultivé, en foule c'est un barbare, c'est-à-dire un instinctif.

On remarquera que, parmi les caractères spéciaux des foules, il en est plusieurs, tels que l'impulsivité, l'irritabilité, l'incapacité de raisonner, l'absence de jugement et d'esprit critique, l'exagération des sentiments, et d'autres encore, que l'on observe également chez les êtres appartenant à des formes inférieures d'évolution, tels que la femme, le sauvage et l'enfant [...].

Les foules sont partout féminines, mais les plus féminines de toutes sont les foules latines. Qui s'appuie sur elles peut monter très haut et très vite, mais en côtoyant sans cesse la roche Tarpéienne et avec la certitude d'en être précipité un jour.

Les foules respectent docilement la force et sont médiocrement impressionnées par la bonté, qui n'est guère pour elles qu'une forme de la faiblesse. Leurs sympathies n'ont jamais été aux maîtres débonnaires, mais aux tyrans qui les ont vigoureusement écrasées[13].

Mis bout à bout, les passages relevés par Louis Renault finissent par former un « livre dans le livre » plutôt apocalyptique. De cette analyse qu'il ne remettra jamais en question, il déduit une solution simple, comme il les aime : pas de meneurs, pas de foules. Il faut donc identifier les meneurs et les neutraliser avant qu'ils n'exercent leur capacité de nuisance. Attitude qui, sur le terrain, implique une conception quasi policière de la gestion du personnel et finira par pourrir définitivement le climat social dans l'entreprise.

Dans ce premier conflit marquant, l'absence de Marcel se sera faite cruellement sentir : cet homme calme et pondéré avait toutes les qualités pour mener à bien des négociations délicates sans faire perdre la face à la partie adverse, à la différence de Louis, impatient, cassant et autoritaire.

Année difficile, 1906 apporte au moins une grande satisfaction à Louis Renault : la première victoire en course de la marque depuis 1903, en France qui plus est. L'Automobile-Club de France a obtenu des autorités la levée de l'interdiction totale des compétitions automobiles sur le territoire national, à une condition : les épreuves devront impérativement avoir lieu sur circuit fermé. Clemenceau s'est d'ailleurs fait sérieusement tirer l'oreille : il n'a donné son accord que cinq semaines à peine avant le début de l'épreuve, alors que tout était prêt et que des investissements considérables avaient été consentis. Ce premier Grand Prix de l'ACF, disputé au Mans, préfigure sans le savoir les célèbres 24 Heures : il se court en effet sur deux jours, les 26 et 27 juin 1906, avec six tours d'un circuit de 103 kilomètres au programme de chaque journée. L'ACF a bien fait les choses : goudronnage intégral des chaussées, routes provisoires en planches pour éviter les points noirs comme les traversées de villages et les passages à niveau, clôture du circuit, service d'ordre de 7 000 hommes de troupe et 500 gendarmes, tribunes pour les spectateurs de marque. Ces efforts seront payants, puisque la course se déroulera sans incident majeur. Louis Renault a engagé trois voitures — le maximum autorisé par le règlement — mais, fidèle à la promesse faite au chevet de Marcel mourant, se refuse à prendre le volant ; l'une des voitures est confiée à son fidèle mécanicien d'antan et toujours chauffeur, Ferenc Szisz, les deux autres à deux collaborateurs de longue date, Edmond et Richet. Szisz et son mécanicien Marteau (*sic*) vont l'emporter en un temps record — plus de 101 km/h de moyenne —, servis par la toute nouvelle invention de Michelin, la jante amovible, qui permet de changer de pneumatiques trois fois plus vite qu'avec les jantes traditionnelles.

Cette victoire éclatante, qui remet la marque au premier plan de l'actualité, comble Louis Renault qui décide, dans la foulée, de remplacer le logo de la firme — les initiales entrelacées des trois frères — qui n'a désormais plus guère de sens, par un nouveau, nettement plus dynamique : s'inscrivant dans le cercle d'un engrenage, la Renault victorieuse au Mans, vue de face, semble bondir vers le spectateur.

Mais l'embellie est de courte durée. L'horizon ne tarde pas à s'assombrir de nouveau, il s'agit cette fois de Fernand. Dès le début de 1907, il informe Louis de sa décision de se retirer de l'affaire au 1er octobre suivant, comme les statuts de Renault Frères en prévoient l'éventualité. La retraite à quarante-deux ans ? Fernand a une bonne raison pour cela : sa santé défaillante. De quoi souffre-t-il au juste ? Les médecins n'arrivent pas à se prononcer, parlent d'abcès au foie, lui conseillent le repos... Louis ne l'entend pas de cette oreille : l'entreprise, en pleine expansion, a plus que jamais besoin de Fernand ; il le prie de rester au moins jusqu'à la prochaine date limite statutaire, le 1er octobre 1911 : après tout, qu'est-ce que quatre ans ? Fernand accepte seulement de retarder son départ d'un an et, le moment venu, le signifiera par écrit : « Je me retirerai donc de façon définitive le 1er octobre 1908 ; je tiens dès maintenant à t'en prévenir ; je considère en effet que la bonne harmonie qui a toujours existé entre nous me fait un devoir de te faire connaître ma résolution suffisamment tôt pour que tu puisses prendre les mesures que comportera ma retraite » (lettre à Louis du 20 février 1908).

Commence alors une longue négociation entre les deux frères afin que, comme l'écrit Fernand, « la valeur de l'affaire et de tout ce qui la compose passe sur ta tête avec le moins de frais possibles ». De son côté, Louis s'engage, au-delà des questions financières, à « prendre avec moi ton fils Jean lorsqu'il sera en état de me rendre service ». Jean — Marie-Jean pour l'état civil, mais toute la famille l'appelle Jean —, l'aîné des enfants de Fernand, n'a alors que seize ans. Pourtant, Louis voit déjà en lui un futur bras droit, peut-être même un successeur.

Le 29 janvier 1909, devant Mes Bachelez et Couturier, les deux frères signent un acte de dissolution anticipée de la Société Renault Frères avec effet au 1er octobre 1908, complété le même jour par un acte de partage des actifs : Renault Frères, c'est fini, place à « Automobiles Renault. Louis Renault constructeur ». Louis a enfin la place qu'il ambitionnait depuis si longtemps : seul maître de son destin et du destin de l'entreprise. Lorsque Fernand décède des suites d'un cancer du foie le 22 mars 1909, sa mort, d'une certaine manière, est un non-événement.

La conquête d'Herqueville

Aux premiers beaux jours de 1909, Louis Renault réalise enfin l'un des rêves de sa vie : se glisser dans la peau d'un grand propriétaire terrien.
Après quatre années de tractations, de démolitions
et de reconstructions, il prend possession de son
nouveau domaine, la Batellerie à Herqueville, village des bords de Seine à une trentaine de kilomètres
en amont de Rouen par la route, près du double par
les méandres du fleuve. Le territoire d'Herqueville
s'inscrit dans le site pittoresque d'une de ces bou-
cles de la Seine qui s'égrènent de Mantes-la-Jolie à
Caudebec-en-Caux. Giverny, cher aux impressionnistes, n'est pas loin, et les ruines du fameux
Château-Gaillard, aux Andelys, se dressent à moins
de dix kilomètres à vol d'oiseau du domaine Renault.

Selon l'histoire qu'aimait raconter Louis Renault,
la découverte d'Herqueville procédait à la fois d'un
coup de foudre et d'un coup de bluff. Le coup de
foudre, c'est celui qu'il éprouve en compagnie de
Jeanne Hatto, alors qu'ils remontent paisiblement
la Seine par une belle journée d'été, à bord du

yacht de Louis, le *Chryséis*, et qu'ils découvrent soudain, au détour de la courbe du fleuve, le château de la Batellerie juché sur une falaise boisée. Le site est tellement idyllique que Louis et Jeanne décident de débarquer et, une fois sur place, découvrent que le domaine est à vendre. Le coup de bluff, c'est celui qui lui permet d'acheter à bas prix, dans l'après-midi même, non seulement le château, mais aussi la ferme attenante[*] :

— Je vous achète votre ferme, dit le constructeur d'automobiles.

— Elle n'est pas à vendre ! répond le paysan.

Jeanne assiste alors, fascinée, à l'une de ces confrontations dont Louis Renault sort toujours vainqueur. Il entraîne le paysan sur ses propres champs, parcourt inlassablement les quarante hectares de pâtures et de bois, s'intéresse au cheptel, loue avec un art consommé de la flatterie l'homme et ses méthodes, mais décrie le site, le sol, l'exposition des pièces, la vigueur des arbres ; oppose la productivité des vaches laitières du pays à celle des normandes, sans jamais commettre une erreur de chiffres, se tromper sur la qualité des pommes de terre, le nom des semences... Le pays est trop sec, trop froid, trop venté, mal desservi, mal peuplé... L'homme perd pied et, sous ces flots d'éloquence, voit Herqueville se transformer en désert ! Un chiffre est lancé dans la conversation. Le paysan est perdu puisqu'il accepte de discuter :

— Mais pourquoi que vous voulez acheter ma terre ?

Avec un aplomb formidable, Louis répond :

— Je suis chargé de construire ici une usine pour le compte du gouvernement... Oui, une usine de produits chimiques dont les vapeurs brûlent toute la végétation à cinq kilomètres à la ronde... Si vous ne traitez pas à l'amiable,

[*] Saint Loup reprend l'histoire telle qu'elle lui a été rapportée par Christiane Renault, qui la tenait elle-même de Louis.

vous serez exproprié pour la moitié de ce que je viens de vous offrir[1] !

La réalité, plus prosaïque, est aussi plus conforme au comportement d'un grand patron brasseur d'affaires. En fait, il a chargé, courant 1905, un certain Canat, qui dirige une entreprise de menuiserie-charpente installée à Rouen et a déjà travaillé pour lui, de prospecter la région de Louviers. Canat passe une bonne partie de son temps en déplacements pour visiter ses clients et ses chantiers : ses va-et-vient ne risquent donc pas d'exciter la méfiance des gens du pays, toujours prompts à flairer l'agent d'affaires. Vers la fin de l'année, il repère le domaine de la Batellerie, qui s'étend sur « 428 hectares dont 150 de bois », prend tous les renseignements sur la propriété — montant des impôts, loyers des terres... — et en informe son commanditaire dans une lettre très détaillée du 3 janvier 1906, précisant notamment que « la chasse est très giboyeuse et il n'est pas rare, un jour d'ouverture, d'avoir une centaine de perdrix avec lièvres en rapport ; il y a de gros gibiers, vu la proximité de la forêt de Bord[2] ». Pour une fine gâchette comme Renault, l'argument est décisif. Mieux encore, la situation d'Herqueville en bord de Seine comble son goût pour la navigation — il n'a pas oublié *Le Gigolo* de son adolescence. Affaire conclue : ce n'est pas une propriété, mais trois domaines mitoyens que Louis Renault acquiert dans le courant de l'année 1906 : le château de la Batellerie, la ferme Marinel et le chalet Laureau.

Dès la vente signée, Louis Renault, qui a de grandes ambitions pour son nouveau domaine, fait appel aux talents de l'architecte André-Louis Arfvidson, auteur du pavillon de l'Art nouveau à l'Exposition universelle de 1900 et dont le style va très vite s'infléchir vers l'Art déco. Les directives sont précises : conserver et réhabiliter deux bâtiments que le nouveau propriétaire — et certainement Jeanne Hatto avec lui — juge pittoresques avec leurs colombages, le chalet Laureau et une construction annexe de la Batellerie, rebaptisée « La Chaumière ». Tout le reste sera rasé et reconstruit selon les plans d'Arfvidson, également chargé de concevoir une villa en bord de Seine, au pied du château, la « Maison des Matelots » effectivement destinée au logement des équipages, car Louis Renault a bien l'intention de faire d'Herqueville le port d'attache de sa future flotte personnelle.

L'ensemble des travaux de gros œuvre est confié à l'entreprise Chouard de Bihorel-les-Rouen par contrat du 4 janvier 1907, « moyennant un prix ferme et à forfait de 137 000 F », la date d'achèvement étant fixée au 15 avril 1907. Autant dire mission impossible, mais Louis compte bien sur les inévitables retards et les indemnités prévues en ce cas au contrat pour diminuer considérablement le prix de départ... Ce qui ne va pas manquer de se produire : la réception provisoire des travaux aura lieu avec un an de retard, le 27 mars 1908. Le malheureux Chouard n'est pourtant pas au bout de ses peines, pas plus que Canat qui avait obtenu le marché de la menuiserie-charpente. Sur ordre de son client, Arfvidson va tout passer au crible, notant la plus infime malfaçon : au total, quatre pages de réserves et une réduction, pour Chouard, de 78 000 francs, soit plus de 55 % du prix convenu ! S'y ajoute une menace de procès : Louis Renault avait souhaité des « tuiles anciennes » pour mieux intégrer le bâtiment au paysage, l'entrepreneur a posé de « vieilles tuiles ». Résultat, les toitures fuient et les tuiles s'envolent au moindre coup de vent, selon le constat de Me Rulof, huissier de justice à Louviers, assisté de Me Dupart, « architecte arbitre près le tribunal de commerce de la Seine ». Entre le délai nécessaire pour trouver des arrangements avec les entrepreneurs et la réalisation de l'intégralité des révisions exigées, une autre année va s'écouler avant que la nouvelle Batellerie ne soit habitable, au printemps 1909.

Arfvidson a tiré profit de la pente raide du terrain pour organiser l'édifice sur cinq niveaux. La vaste terrasse maçonnée surplombant la Seine abrite deux niveaux de sous-sols : au premier, les cuisines, au second, une vaste cave à vin. Le rez-de-chaussée accueille, de part et d'autre du hall d'entrée, les pièces de réception — un salon Renaissance, un salon Louis XV — et la salle à manger, reliée aux cuisines par un monte-plat perfectionné. En 1912, Louis Renault engage un maître ébéniste, Émile Boulangeot, qui réalise l'ensemble de la décoration du château.

Le résultat est à la hauteur des espoirs et des exigences du maître des lieux : hall d'entrée pavé de marbre, d'où s'élève un escalier monumental en bois précieux, boiseries et lambris sculptés, lustres en cristal... Tout cela, naturellement, négocié jusqu'au dernier centime par Louis Renault, chez qui pressurer les fournisseurs est une seconde nature. En revanche, il ne se séparera jamais d'Émile Boulangeot, pour qui il éprouve le plus grand respect.

Une longue véranda vitrée, qui court sur quasiment toute la longueur de la façade ouest, permet de profiter en toute saison de l'immense panorama sur la vaste plaine, encore très rurale, qui s'étend entre la Seine et le cours de l'Eure, tandis qu'au loin la forêt de Louviers ferme la perspective. L'un des corbeaux de bois soutenant les poutres de la véranda, sculpté par Boulangeot, représente un personnage équipé d'un casque de cuir et de lunettes anti-poussière, les mains calées sur un volant primitif : il s'agirait de Marcel, en course pour l'éternité.

Boulangeot réalise également l'aménagement du vaste bureau que l'industriel s'est réservé, un bureau comme il les aime, qui peut se transformer comme par magie en atelier de mécanique. Ainsi, un mur entier est occupé par un vaste meuble de rangement dont les multiples petits tiroirs et les panneaux sont remplis d'outillage, tandis qu'un luxueux secrétaire d'acajou révèle un tour de précision mû par un moteur électrique.

Les deux étages sont réservés aux logements privés. Au deuxième étage, les domestiques. Au premier, la « chambre de Monsieur Louis », toute proche de la chambre de Jeanne Hatto, la « chambre de Mademoiselle ».

« Chambre de Mademoiselle », et non « de Madame », car Louis n'a toujours pas réussi à persuader Jeanne de l'épouser. Il faut reconnaître que, malgré toute l'affection qu'elle lui porte, il ne fait rien pour lui faciliter les choses. D'abord, il exige que Jeanne abandonne le chant et, surtout, quitte la scène : il estime que « la femme d'un grand industriel ne peut pas s'exhiber sur les planches », fussent-elles celles de l'Opéra. Pour Jeanne, qui ne vit que pour et par la musique, il ne peut en être question. Ensuite, il a vraiment un caractère impossible : il peut se montrer le plus charmant, le plus prévenant, le plus généreux des hommes et, la minute suivante, le plus mesquin, le plus odieux, le plus jaloux et colérique. Sans parler de ces « notes de reproches » qu'il accumule à plaisir dans ses carnets avant de les recopier dans d'interminables lettres adressées à sa maîtresse, à l'exemple de ce réquisitoire de vingt pages qu'elle reçoit en 1911 :

— Absente d'Herqueville le dimanche 18 mai 1911. Rentrée le lundi sans fournir d'emploi du temps.

— Partie chanter à Strasbourg au lieu de passer le dimanche 19 septembre à Herqueville, comme tous les amis qui tiennent à moi.

— Reçu dans sa loge un tel et un tel, sans ma permission.

— M'a interrompu pour parler théâtre avec Briand quand je racontais les débuts de mon petit atelier.

— Est venue à l'usine sans ma permission le 14 décembre. Je ne veux pas de femmes à l'usine.

— Pourquoi t'être fait prêter une Brasier pour aller à l'Opéra, trois jours après avoir reçu ta 20 CV neuve dont la carrosserie spéciale m'a coûté quinze mille francs, avec cette coiffeuse de voyage dont l'utilité n'est pas évidente ? Ma maîtresse, pas plus que mes amis, ne doit rouler dans une voiture étrangère à ma marque[3].

Et ainsi de suite, interminablement… Aux yeux de Louis, le plus impardonnable est certainement de « rouler dans une voiture étrangère à ma marque » : le geste confine au crime de lèse-majesté ! Louis a beau couvrir Jeanne de cadeaux somptueux — dont un merveilleux hôtel particulier dans le XVIIe arrondissement, également conçu par Arfvidson, et une résidence d'été à Roquemaure, dans le Gard —, cela ne suffit pas à contrebalancer ses exigences démesurées. Difficile d'imaginer passer le reste de son existence avec un tel tyran… Jeanne, lucide, confie : « Tant que je ne suis que sa maîtresse, je conserve une certaine indépendance. »

Elle ne refuse pas pour autant sa tendresse à ce grand enfant sensible et maladroit, et fait tout ce qu'elle peut pour l'aider à se sentir plus à l'aise en société. Louis, qui se montre précis, passionné et passionnant lorsqu'il parle de mécanique, se ferme comme une huître dès que la conversation dévie vers d'autres sujets. Jeanne souffre de le voir ainsi à l'écart et décide de parfaire sa culture, musicale pour commencer. Comme à l'époque de Villiers-le-Bâcle, elle invite régulièrement à Herqueville Maurice Ravel et Gabriel Fauré, conseille à Louis d'oser le mécénat en achetant les partitions originales des grands compositeurs de l'époque, ce qu'il fera. Avec l'aide du sculpteur Fix-Masseau, elle poursuit son initiation aux arts plastiques. Après lui avoir fait découvrir l'ouvrage de Gustave Le Bon, *La Psychologie des foules*, elle le pousse à rencontrer son auteur et à participer aux « déjeuners du mercredi » qu'organise ce dernier. Louis y fera la connaissance de personnalités importantes du moment, comme le chimiste Daniel Berthelot, le général Mangin, l'amiral Fournier, le prince Bonaparte, le professeur Samuel Pozzi, médecin de l'aristocratie, le mathématicien Henri Poincaré et son cousin Raymond, futur président de la République... Jeanne veut faire de Louis un homme bien dans sa peau et dans son époque, cultivé, doté d'un solide carnet d'adresses.

Malgré de réels progrès, cette éducation restera inachevée, mais Louis aura gagné au passage quelques amis fidèles comme Fix-Masseau. Car cet homme au caractère réputé impossible saura, tout au long de sa vie, établir de profondes et durables amitiés avec les gens les plus dissemblables, issus des milieux les plus divers.

Précisément, depuis son installation à Herque-ville, Louis Renault reçoit régulièrement l'un de ses grands amis et proche voisin, Aristide Briand, alors ministre de l'Instruction publique, des Beaux-Arts et des Cultes. Briand, propriétaire d'un domaine à Cocherel, petit hameau de la vallée de l'Eure, aime à venir s'y reposer, loin des soucis de la vie politique et des obligations du protocole, en compagnie de sa maîtresse du moment, Berthe Cerny de la Comédie-Française. Comment les deux hommes se sont-ils connus ? Mystère. Le fait est qu'ils s'entendent à merveille et passent ensemble des heures à refaire le monde, malgré la différence d'âge — Briand a quinze ans de plus que Renault. Ils partagent les mêmes idéaux : la République, la laïcité, le réformisme, le pacifisme. Ils ont un peu le même caractère, partagés entre le besoin de créer, d'agir, de se mettre en avant, et un goût bien réel pour la solitude. Et le même amour de la navigation. Mais là où Briand, propriétaire à une époque d'un petit voilier, avait dû s'en séparer faute d'argent pour le faire entretenir, Renault peut dépenser sans compter pour satisfaire sa passion, au point qu'il deviendra, au fil des ans, propriétaire d'une véritable armada, longtemps placée sous les ordres du capitaine Thomas.

Bien entendu, le navire amiral n'est autre que le yacht du Patron, le *Chryséis*, baptisé du nom d'une jeune Troyenne capturée par les Grecs et offerte à Agamemnon, qui en fit sa concubine. Un nom très probablement suggéré par Jeanne Hatto, interprète du rôle de la fille d'Agamemnon dans l'opéra de Gluck *Iphigénie en Tauride*. En fait, Renault possédera deux *Chryséis* successifs[*] : au premier, un soixante-pieds (18 m) à coque bois, succède en 1906 un cent vingt-pieds (36 m) à coque d'acier, construit aux chantiers Dubigeon de Nantes, équipé de deux moteurs auxiliaires Renault de 50 CV et gréé en goélette. Taillé pour de longues croisières en haute mer, ce second *Chryséis* se montre malheureusement un peu trop encombrant pour évoluer sur la Seine, ce qui poussera par la suite Louis Renault à faire construire d'autres unités plus maniables. Dont *Cypris*, un superbe petit yacht classique, qui restera longtemps son bateau préféré lors de ses séjours à Herqueville.

Les hangars à bateaux du domaine abritent également toute une flottille de plaisance, petits voiliers, canots et canoës, et Louis, qui adore l'aviron et s'entraîne régulièrement, aime défier ses invités pour des courses de skiffs ou de périssoires — plus encore que de gagner, son grand plaisir est de voir les maladroits boire la tasse. Car il adore les plaisanteries un peu lourdes dans l'esprit farces et attrapes : il invente un nouveau système de verre baveur et met au point, dit-on, un « billard à bande effaçable » qui laisse échapper la boule quand on appuie sur certain petit bouton bien dissimulé, au

---

[*] Contrairement à la coutume, les *Chryséis* successifs ne sont pas distingués par un numéro.

grand désappointement du joueur lancé dans une belle série...

Autant dire que règne à Herqueville, aux alentours de 1910, une joyeuse ambiance du plus pur style « Belle Époque ». Ambiance exaltante, aussi, car ces privilégiés riches et brillants ont le sentiment d'être, chacun dans son domaine, les bâtisseurs de la France de demain. Mais le monde extérieur frappe à la porte, et dans une autre boucle de Seine bien moins verdoyante, à Billancourt, la révolte gronde.

Course contre la montre

Très tôt, Louis Renault s'est préoccupé de la productivité de ses ateliers, mais, jusqu'en 1906, il s'en était tenu à un credo simple : sécurité, ordre, propreté doivent régner dans les locaux, machines et outillage doivent être bien employés et maintenus en bon état. Devant les impératifs de la construction de taxis en grande série et l'expansion de la production, il songe à une nouvelle forme d'organisation des ateliers qui permettrait à la fois de baisser les coûts et d'assurer une qualité constante des véhicules produits. Il réalise vite que la réflexion doit être menée plus en amont et de manière globale : « Dans tout travail, toute mauvaise méthode, tout gaspillage, est un véritable délit contre la collectivité ; un ouvrier payé pour ne rien faire, de la matière perdue inutilement, entraînent une augmentation du prix de revient[1] [...]. »

Depuis quelque temps, il suit avec attention les initiatives d'un certain Georges de Ram. Ce chef d'atelier de Billancourt, entré aux usines le 1er décembre 1903, a été détaché l'année suivante à Londres comme directeur de l'atelier de réparation de la filiale britannique de la marque, Renault Frères Ltd, qui vient alors d'être créée. Au cours de ce séjour en Angleterre, il découvre les travaux, encore non traduits en français, d'un certain Frederick Winslow Taylor, un ingénieur qui vient non seulement d'inventer des aciers à coupe rapide qui augmentent considérablement le rendement des machines, mais aussi une méthode d'organisation scientifique du travail, basée sur le principe du fractionnement des opérations, chaque ouvrier effectuant une seule opération simple.

Les résultats obtenus par de Ram sont suffisamment convaincants pour que Louis Renault le rappelle à Billancourt, le 2 juin 1906, et lui confie la direction d'un atelier d'usinage de pièces mécaniques qui, pendant trois ans, va servir de laboratoire d'expérimentation des principes de Taylor, légèrement modifiés par de Ram, comme il l'expose dans la *Revue de métallurgie*, dans son numéro de septembre 1909 : prescrire à chaque ouvrier une tâche journalière bien délimitée et choisie selon ses aptitudes ; lui donner des instructions détaillées écrites en ce qui concerne l'exécution du travail ; lui fournir tout l'outillage nécessaire, prévu dans ses plus petits détails ; lui payer un salaire extrêmement élevé s'il arrive à remplir sa tâche dans le temps prévu, un salaire ordinaire s'il dépasse ce temps.

Toute la question consiste à définir la méthode de fixation du « temps prévu ». Pour de Ram, la formule est limpide : « On sait que Taylor, pour l'établissement des prix aux pièces, décompose un travail en un grand nombre d'opérations élémentaires. Il établit, par le chronométrage, le temps nécessaire à l'exécution de chacune de ces opérations, la somme de tous les temps élémentaires donnant le temps total nécessaire à l'exécution du travail considéré. » C'est là où le bât blesse, et à deux reprises : d'abord, chronométrer, certes, mais qui, un ouvrier « normal » ou un virtuose ? Ensuite, le temps total nécessaire est-il vraiment la somme exacte des temps élémentaires, ou bien est-il sage de prévoir un jeu fonctionnel ? De ces ambiguïtés peuvent — et vont — jaillir des conflits sociaux majeurs.

De Ram se penche en priorité sur l'épineux problème du chronométrage, qu'on ne peut raisonnablement confier ni aux ouvriers ni aux contremaîtres, qui seraient chacun à leur manière à la fois juges et parties. Il fait donc appel à des professionnels et engage, en 1907, un premier chronométreur, Auguste Moricet, puis, en 1908, un Anglais, Hemingway, bientôt nommé chef chronométreur. Dès l'année suivante, de Ram peut affirmer que le chronométrage « a permis d'obtenir des résultats vraiment stupéfiants puisqu'en quelques mois, malgré le scepticisme général et les moyens d'action très restreints dont il disposait, il a pu augmenter de plus de 100 % la production d'un atelier dont les prix étaient faits antérieurement selon l'ancienne méthode par des contremaîtres pourtant expérimentés, fort estimés par la direction et considérés dans le monde ouvrier comme faisant des prix aux pièces "très serrés" ».

Des résultats peut-être « stupéfiants », mais pour le moment insuffisants à convaincre Louis Renault de généraliser le système Taylor dans l'entreprise, malgré l'envoi d'un ingénieur, probablement Hemingway, en mission d'étude aux États-Unis. D'abord, le système Taylor exige, outre une réorganisation profonde des ateliers d'outillage, une modification des formes d'outils, d'où une hausse importante des frais généraux ; ensuite, la décomposition du travail en une multitude de gestes élémentaires, accomplis chacun par un ouvrier, oblige à embaucher massivement ; enfin, cette nouvelle organisation amènerait à engager de nombreux ingénieurs et autres diplômés. Or Renault déteste en bloc l'augmentation des frais généraux, la multiplication des effectifs et les « théoriciens »…

D'autres préoccupations le poussent également, en ces années 1909-1910, à différer une décision aussi essentielle pour l'avenir de l'entreprise. À sa mort, fin mars 1909, Fernand laisse une succession des plus embrouillées : malgré les accords de partage précédemment signés, d'importantes sommes sont restées indivises. Seul survivant de la fratrie, Louis se retrouve, de fait, chef de famille et, de droit, subrogé tuteur de ses trois neveux. Il ne va pas tarder à s'opposer à leur mère, la veuve de Fernand, Charlotte. Celle-ci, usufruitière des biens du défunt, arguant de la volonté de son mari de voir son aîné, Jean, rejoindre l'entreprise, et de l'acceptation écrite de Louis, aimerait qu'à sa majorité son fils se voit associé à demi de la société, comme l'était le père. Louis ne veut pas en entendre parler : il tient à la fois à conserver la maîtrise absolue de l'affaire et à récupérer tous les capitaux qui lui reviennent à titre personnel.

Est-ce dans ce contexte que Louis aurait proposé à sa belle-sœur de l'épouser ? Ç'aurait pu être une façon de régler à la fois le contentieux familial et la succession de Louis à la tête de l'entreprise, le jour venu. Si cette demande en mariage a effectivement été formulée, elle a dû être catégoriquement rejetée, puisque les deux parties se retrouvent à plusieurs reprises devant un tribunal. À commencer par le tribunal civil de la Seine qui, le 14 décembre 1909, constate « un différend entre l'usufruitière des héritiers de Fernand Renault et le subrogé tuteur » — c'est le moins qu'on puisse dire. À la suite du jugement, qui autorise la liquidation de la succession, Louis demande la vente judiciaire de tous les biens. Nouveau jugement le 22 janvier 1910 qui répartit les biens entre les membres de la famille. Ce sera chose faite dès le 29 janvier. Pour arrondir les angles et calmer les esprits, la mère de Louis et Fernand, Louise-Berthe, décide une donation-partage de ses biens propres, dont bénéficie largement sa belle-fille. En échange, Louis consent à sa mère, outre la jouissance d'immeubles et de loyers, une rente annuelle de 24 000 francs-or.

Toute cette affaire s'est déroulée dans un contexte d'autant plus tendu qu'en ces derniers jours de janvier 1910 surviennent les grandes inondations de Paris. En bord de Seine, le site de Billancourt est particulièrement touché. De quoi, pour les hagiographes de Renault, s'en donner à cœur joie en décrivant le Patron aux prises avec les éléments déchaînés :

Tous les camions disponibles sont mis en route pour évacuer les machines les plus précieuses. On pousse les châssis terminés hors de l'usine. On accumule les pièces détachées dans les étages supérieurs avec les dessins, les livres de comptabilité, les archives. Tout ce qui peut fuir Billancourt par ses propres moyens est en fuite, hors de cette boucle de la Seine menacée de toutes parts. Déjà l'eau déborde des égouts. Le pas de gymnastique est redevenu réglementaire et Louis Renault donne l'exemple malgré ces lourdes bottes de caoutchouc qui prétendent le clouer, comme un matelot, au pont de son usine qui sombre [...]. On le trouve à la tête des équipes de sécurité, maniant la truelle, gâchant du mortier, tendant des prélarts devant les portes des bureaux, surveillant les électro-pompes qui combattent l'envahissement des égouts, englué de boue, ruisselant d'eau, toujours impassible[2].

En fait, Louis Renault super-héros en bottes d'égoutier constitue l'une des nombreuses images d'Épinal qu'il s'est plu, et certains biographes avec lui, à répandre d'autant plus volontiers qu'en ce cas le cliché du meneur d'hommes luttant contre les flots est tout de même plus noble que la réalité du grand bourgeois réglant ses affaires familiales de gros sous devant un tribunal...

De toute manière, les statistiques sont formelles : les dégâts provoqués par l'inondation n'ont eu aucune influence notable sur la progression de la production et des bénéfices. Reste que l'intermède aura été une raison de plus de surseoir à l'épineuse question de la généralisation des méthodes Taylor. Louis tergiverse jusqu'au jour où, en homme d'action, mais aussi en saint Thomas qui ne croit que ce qu'il voit, il décide d'en avoir le cœur net et de se rendre sur place pour étudier l'application concrète du taylorisme à grande échelle. Sur place, c'est-à-dire aux États-Unis.

Il s'embarque en avril 1911. À son arrivée à New York, il est accueilli par Paul Lacroix, vice-président de la Renault Frères Selling Branch, qui s'est très certainement occupé de l'organisation du séjour du Patron. Sa première visite sera pour Henry Ford à Dearborn, au siège de la société, avant de se rendre à Detroit où la nouvelle usine ultramoderne de Highland Park, inaugurée l'année précédente, produit à la chaîne un modèle unique, la Ford T. Là, c'est l'émerveillement : quelques heures suffisent à assembler intégralement une voiture — une cadence qui tombera à quatre-vingt-treize minutes dès 1914, avec un quadruplement de la production. Tout commence au quatrième étage de l'usine, avec l'assemblage du moteur, pour s'achever au rez-de-chaussée par la pose de la carrosserie sur le châssis complet. Toutes les cinq minutes, une voiture terminée rejoint la zone d'expédition, après un test de bon fonctionnement. Face à ce prodige de technologie, Louis Renault, bien que devenu premier constructeur français, se sent petit artisan... Après Detroit, direction Philadelphie, où Frederick W. Taylor en personne lui organise des séances de travail avec ses équipes d'ingénieurs-conseils.

C'est avec la conviction toute neuve de l'impérieuse nécessité d'importer la méthode Taylor que Renault revient en France. Le 3 juin, il écrit à Henry Ford qu'il lui envoie, conformément à leurs accords, un comptable de Billancourt pour un stage à Detroit, afin de rédiger « un petit rapport de vos procédés d'organisation ». Pourquoi un comptable plutôt qu'un ingénieur ? De fait, Renault, qui va toujours au plus simple, n'a retenu qu'un seul point du taylorisme : étudier les temps de fabrication pour mieux les réduire. Si un gros volume des écrits de Taylor trône maintenant sur son bureau au côté de l'ouvrage de Le Bon, il en aura fait une lecture tout aussi réductrice. Sa seule et unique préoccupation devient alors de mesurer de façon précise le temps nécessaire pour réaliser une pièce. Neuf chronométreurs en 1911, douze en 1912, vont s'y affairer à plein temps.

En novembre 1912, après des tests menés dans trois ateliers, le chronométrage est étendu à un quart des ateliers. Dès le 1er décembre, les premières protestations ouvrières collectives s'élèvent, comme l'atteste un document interne : « Certaines réclamations nous ont été formulées, disant que le chronométrage pratiqué dans certains ateliers était inacceptable, en s'appuyant sur le fait que les chronométreurs travaillaient avec une rapidité trop grande et ne se soumettaient pas aux opérations d'outillage, de recherche des pièces au magasin, etc., comme les ouvriers l'effectuaient eux-mêmes[3]. »

Le message est clair : les temps établis par les chronométreurs ne sont pas réalistes, il faut donc supprimer purement et simplement le chronométrage. En réponse, Louis Renault signe dès le 2 décembre une note assez filandreuse censée préciser les conditions d'établissement des prix par les chronométreurs, tout en rassurant les ouvriers mécontents en leur faisant part de « son intention absolue de régir de façon très équitable la question du chronométrage et de mettre l'ouvrier dans la position de gagner très largement son salaire[4] ». Mais la carotte est orale et le bâton écrit...

Les 4 et 5 décembre, la confusion est à son comble. Renault accepte cependant de négocier directement avec les délégués des ouvriers — ce qui représente un effort énorme de sa part — et les deux parties parviennent à s'entendre, dès le 5 décembre, sur un « règlement du chronométrage » avant tout technique, mais comportant deux articles d'un intérêt primordial :

1) Il est convenu que le principe du chronométrage était établi.

5) Chaque atelier dans lequel le chronométrage sera appliqué nommera deux délégués parmi les plus anciens ouvriers de l'atelier ; ces délégués auront pour mission de régler tous les différends qu'il pourrait y avoir au sujet du chronométrage et de l'établissement des prix.

En clair, Louis Renault a gagné, l'existence de délégués élus ne représentant au final qu'une concession minime, sans conséquences financières. Mais, dès le 10 décembre, tout se gâte : les délégués choisis ne comptent pas tous « parmi les plus anciens ouvriers ». Le lendemain, il écrit à « Messieurs les délégués » une lettre collective où il se plaint que l'esprit de l'accord n'ait pas été respecté, expliquant que « la raison pour laquelle nous avions convenu de choisir les délégués parmi les plus anciens ouvriers est que ceux-ci peuvent être considérés comme les ouvriers les plus stables et que de ce fait nous avions moins de chance d'être obligés, par suite du départ de certains d'entre vous, de procéder à leur remplacement ». En clair, Renault n'accepte les délégués qu'à condition de les avoir bien en main, ce qui n'est pas forcément facile avec des nouveaux venus qui pourraient bien se révéler des « meneurs ». Il n'a pas tout à fait tort : les ouvriers comptent bien pousser les délégués à refuser le chronométrage, et certains délégués sont prêts à prendre la tête de la revendication. Le 16 décembre, la journée de grève générale contre la guerre décidée par la CGT sert de prétexte au déclenchement d'un mouvement spontané, assez violent, aux usines de Billancourt. Désormais, le moindre incident peut mettre le feu aux poudres. Ce qui ne tardera pas.

La responsabilité du conflit incombe directement à Louis Renault qui n'a plus l'intention de faire la moindre concession et se montre bien décidé à contre-attaquer, y compris par la provocation. De Ram ne tarde pas à l'apprendre à ses dépens : comme il plaide pour une mise en place prudente du système, il est sèchement renvoyé le 10 janvier 1913. Renault le remplace par son adjoint, Hemingway, détesté des ouvriers.

Le 1er février, un litige s'élève au sujet de la fixation d'un prix. Les délégués se plaignent que l'accord du 5 décembre n'est pas respecté, Renault estime qu'il est au contraire strictement appliqué et leur oppose une fin de non-recevoir.

Dix jours plus tard, nouvelle plainte : un chronométreur jouerait les acrobates « en travaillant des deux mains à la fois, en poussant la tourelle avec son genou et en débrayant à coups de tête[5] ». Louis Renault fait valoir « qu'il avait toujours considéré que le chronométreur devait faire sinon de l'acrobatie, du moins un record et qu'il considérait comme absolument normal que ce chronométreur travaille en manœuvrant deux manettes à la fois ; cette manière de faire est constamment employée par les ouvriers sans que, pour cette raison, cela soit pris pour une acrobatie[6] ».

Une telle réponse ne pouvant satisfaire les délégués, Renault concède « qu'il était nécessaire de se rendre compte de la manière dont avait été fait le chronométrage » et de vérifier « si le prix qui avait été établi par le chronométreur était réellement applicable ». Les ouvriers, plus radicaux, exigent le renvoi immédiat du chronométreur en question et décident de se croiser les bras en attendant.

Le lendemain 11 février à 9 heures 15, nouveaux

pourparlers entre patron et délégués, qui exigent à nouveau la suppression du chronométrage. Renault ne cède pas et, face à l'argument selon lequel « le chronométrage amenait finalement à une production intense qui était au détriment de la santé de l'ouvrier[7] », il hausse les épaules et rétorque « qu'il ne pouvait être question de fatigue dans l'industrie mécanique moderne, étant donné que la plupart des opérations étaient absolument mécaniques et qu'il n'y avait pas, pour ainsi dire, d'efforts à dépenser[8] ». La guerre est déclarée : à 10 heures, la grève devient générale, à la grande jubilation de *L'Humanité*[*] :

À la rentrée du matin, plusieurs centaines d'ouvriers avaient pénétré dans les ateliers par la seule porte demeurée ouverte, pour procéder à une visite des différents bâtiments qui sont reliés entre eux par des souterrains et des passerelles.

Les quelques ouvriers qui avaient repris le travail l'abandonnèrent immédiatement et se joignirent à leurs camarades.

Ils se rendirent dans les bureaux où se tenaient les chronométreurs ; ces derniers ne demandèrent pas leur reste, ils s'empressèrent de déguerpir sous les huées des grévistes.

Cependant l'un d'eux, surnommé « l'Anglais » [Hemingway], sous-chef chronométreur, ayant eu l'impudente audace de traverser la place Nationale parmi la foule des grévistes, un tramway se trouva juste à point pour le recueillir alors que trognons de choux et pelures d'oranges commençaient à pleuvoir sur lui au milieu d'un assourdissant concert d'imprécations.

Le 12 février, les positions se radicalisent. D'un côté, les délégués réitèrent leur demande de sup-

* N° du 12 février 1913. *L'Humanité* est alors de tendance socialiste.

pression du chronométrage. De l'autre, Renault s'en tient à l'article 1 de l'accord du 5 décembre 1912, accusant les ouvriers de « déchirer les conventions et renier purement et simplement leur acceptation ». Très vite, un tract circule, dénonçant le chronométrage comme une « organisation monstrueuse », selon la formule de *La Bataille syndicaliste* :

FÉDÉRATION DES OUVRIERS DES MÉTAUX ET SIMILAIRES

UNION COOPÉRATIVE DES OUVRIERS MÉCANICIENS

66, RUE FONTAINE-AU-ROI, 66

La grève des Établissements RENAULT, provoquée par l'exploitation éhontée dont sont victimes les ouvriers de cette maison, a attiré l'attention générale sur le

CHRONOMÉTRAGE

Son application aux usines RENAULT a démontré clairement à quel labeur exténuant ce système devait conduire les travailleurs assez naïfs pour l'accepter.

Dans l'exposé qu'a donné le journal *L'Auto*, de la

Fameuse Méthode Taylor

Les choses les plus monstrueuses ont été cyniquement divulguées ; l'ouvrier réduit à l'état de brute, à qui il est interdit de penser, de réfléchir ; à l'état de machine sans âme, produisant intensivement avec excès, jusqu'à ce qu'une usure prématurée, en faisant une non-valeur, le rejette hors des ateliers.

La méthode Taylor est impitoyable ; elle élimine les non-valeurs et ceux qui ont dépassé l'âge de la pleine activité musculaire.

Ici on songe au mot rapporté par Fraser.

Cet ingénieur anglais ayant visité Pittsburgh et ayant été frappé

de ce fait qu'il y rencontrait seulement des ouvriers jeunes et vigoureux, demanda à l'Américain qui le pilotait :

« Où sont donc vos vieux ouvriers ?

— D'abord, l'Américain ne répondit pas, puis, devant l'insistance

de Fraser, il lui tendit son étui à cigares et dit négligemment :

— Prenez donc ce cigare, et, tout en causant, nous irons visiter le cimetière !... »

C. FAROUX, *L'Auto*, des 1er et 2 février 1913

C'est donc un véritable danger

que fait courir à nos corporations, et à la classe ouvrière tout entière, cette monstrueuse méthode.

Il faut l'écarter à tout prix, et pour cela, faire triompher

La Grève Renault

La lutte engagée dépasse les limites de la maison Renault, elle s'étend à toute la corporation.

Elle appelle une participation effective, assidue, complète, de tous les travailleurs qui ont véritablement conscience de leurs intérêts et le souci de leur avenir.

Travailleurs mécaniciens ! Faites votre devoir ! Soyez solidaires de vos camarades de la maison Renault !

LE COMITÉ DE GRÈVE[9]

Faut-il que la situation soit tendue pour qu'une simple anecdote, certes de mauvais goût, suffise à déclencher une grève dure ! Tout semble indiquer que Renault savait à quoi s'attendre et qu'il a délibérément choisi la manière forte : déjà, en mai 1912, l'usine Berliet de Lyon-Montplaisir avait été paralysée pour les mêmes raisons, et les 1 700 ouvriers de la société Arbel, à Douai, venaient à peine de terminer, le 10 février 1913, une grève contre le taylorisme entamée le 28 janvier précédent. Mais il est bien dans son tempérament de préférer l'affrontement pour crever l'abcès une bonne fois pour toutes — du moins il se l'imagine. Dans cette logique, il s'empresse de jeter de l'huile sur le feu, tenant aux délégués des grévistes, si l'on en croit *L'Humanité* des 11 et 13 février 1913, des propos aussi provocateurs que « Je n'ai pas besoin de travailler, je vous fais travailler pour mon bon plaisir. Vous pouvez vous mettre en grève, j'ai de l'argent, je prendrai trois mois de vacances que je passerai sur la Côte d'Azur », « Je peux passer mon temps à Nice », ou encore affirmant qu'« il fermerait son usine, s'en irait à la campagne, achèterait un tour et travaillerait en amateur ». Le résultat ne se fait pas attendre : le 12 février à midi, les pourparlers entamés au matin sont rompus sans espoir de reprise. À 16 heures 30, Renault informe ses ouvriers par voie d'affiche qu'étant donné la situation, tous les ouvriers seront réglés très prochainement — en clair, il ferme l'entreprise. Le soir même, cinquante gendarmes viennent loger à l'usine pour assurer sa protection. Ils seront cent le lendemain, cent cinquante le surlendemain. Quant aux grévistes, ils reçoivent en recommandé une sèche lettre de licenciement : « Étant donné que vous avez cessé brusquement le travail lundi matin, nous vous informons qu'à partir de cette date vous ne faites plus partie de notre personnel et que nous avons décidé de vous régler votre compte dont nous tiendrons le montant à votre disposition le vendredi 14 courant à 8 heures. »

Renault, qui à l'occasion ne répugne pas à une certaine mise en scène, va dramatiser les formalités de règlement des salaires : les ouvriers doivent d'abord se faire remettre une fiche signée afin de pouvoir passer les barrages de gendarmerie avant de pénétrer dans l'usine et de toucher leur argent. Selon un témoin, « on eût dit des bandits escortés par la force armée ». Mais, à l'intérieur, changement de ton : avec son enveloppe, chaque employé se voit remettre par Louis Renault en personne, tout sourires, une lettre de réengagement des plus aimables : « Monsieur, j'ai l'honneur de vous informer que je serais très désireux de reprendre au plus tôt mon travail. En conséquence, je vous serais très reconnaissant de bien vouloir me convoquer dès que vous rouvrirez votre maison. Veuillez agréer, Monsieur, mes sincères salutations. » Et Renault de glisser à l'oreille de chacun qu'il n'a qu'à signer la lettre et la renvoyer, ou même s'engager verbalement. Les syndicats dénoncent un coup de bluff, mais la manœuvre réussit en partie : dans certains ateliers, 100 % de l'effectif demande à reprendre le travail. En revanche, dans d'autres, c'est un non catégorique, avec un taux de reprise nul... Rien n'est réglé, chacun campe sur ses positions malgré la réouverture de l'usine le 19 février, sous haute protection policière et militaire : « Gardes municipaux, gendarmes avec carabines, agents, individus de la sûreté, forment des masses compactes et menaçantes. Par-dessus les murs on remarque les carabines des gendarmes dissimulés. Des gardes municipaux à cheval parcourent la place Nationale. Pour pénétrer jusqu'aux portes il faut montrer patte blanche, en l'occurrence la fameuse lettre de M. Renault qui sert de coupe-file ! C'est bien la police et l'armée au service du patronat[10]. »

La situation est bloquée : d'un côté, un noyau dur des grévistes qui se radicalise de plus en plus, de l'autre une usine qui parvient à tourner grâce à de la main-d'œuvre de complément recrutée en province, notamment au Havre et au Creusot. Entre les deux camps, un Louis Renault qui semble multiplier à plaisir les provocations : « Je n'ai aucune concession à faire, je n'ai pas attendu quatre semaines pour vous le faire savoir », « Ceux qui croient qu'il faudrait une brouette pour les amener ici n'ont qu'à se chercher du travail ailleurs », et enfin, le 13 mars 1913, cette fin abrupte de non-recevoir : « J'ai établi un nouveau règlement et je ne veux plus rien entendre. Les grévistes n'existent pas pour moi[11]. »

Au bout de cinq semaines de conflit, la lassitude aura raison des derniers grévistes, qui demandent leur réintégration collective. Elle leur sera refusée : seules les demandes individuelles seront prises en considération, et 436 d'entre eux ne seront pas réembauchés. Le 26 mars 1913, tout semble être rentré dans l'ordre. En réalité, le feu qui couve sous la cendre ne s'éteindra plus jamais.

Georges de Ram, qui aura été la première victime de l'application du chronométrage chez Renault, suit l'affaire avec consternation. Mais, comme il peut enfin s'exprimer librement, il ne se prive pas d'envoyer dès le 15 février une longue lettre à Louis Renault où il n'hésite pas à le tancer ouvertement : « C'est très bien de chronométrer et de fixer aux ouvriers un temps pour l'exécution de leurs travaux. Mais encore faut-il mettre à leur disposition les moyens qui leur permettent d'exécuter le travail dans le temps qu'on leur impose », « D'une façon générale, les machines-outils sont dans un état d'entretien déplorable », « Vous avez voulu aller trop vite et avez ainsi perdu une année[12]... » Renault prend la peine de lui écrire en retour, mais sans répondre aux arguments techniques avancés par de Ram. Au contraire, il rejette la responsabilité sur les « meneurs » (« Depuis la nomination des délégués, la vie était intenable ») et sur les syndicats, par essence démagogues, qui estiment « que le travail à l'heure est le seul travail rationnel permettant aux mauvais ouvriers ou aux fainéants de gagner autant d'argent que les bons[13] ».

Cet entêtement de Renault à refuser d'envisager, ne serait-ce qu'intellectuellement, la fin du travail aux pièces est symptomatique de son incapacité à comprendre l'essence du taylorisme, qui visait à l'origine à accroître la productivité en rationalisant les opérations de production, non en augmentant les cadences. Or, comme le note en 1914 la Direction du travail à propos des grèves de 1913, « les chronométreurs, ayant subi un entraînement spécial, produisaient pendant un temps limité un effort supérieur à la moyenne et qu'il était d'ailleurs impossible de maintenir pendant une journée entière ». Mais, pour Renault, le véritable motif de la grève réside dans la mauvaise volonté ouvrière, comme il en trouve l'explication chez son cher Gustave Le Bon :

Il est difficile de comprendre l'histoire, celle des révolutions populaires surtout, quand on ne se rend pas bien compte des instincts profondément conservateurs des foules. Elles veulent bien changer les noms de leurs institutions, et elles accomplissent parfois même de violentes révolutions pour obtenir ces changements ; mais le fond de ces institutions est trop l'expression des besoins héréditaires de la race pour qu'elles n'y reviennent pas toujours. Leur mobilité incessante ne porte que sur les choses tout à fait superficielles. En fait, elles ont des instincts conservateurs aussi irréductibles que ceux de tous les primitifs. Leur respect fétichiste pour les traditions est absolu, leur horreur inconsciente de toutes les nouveautés capables de changer leurs conditions réelles d'existence, est tout à fait profonde. Si les démocraties eussent possédé le pouvoir qu'elles ont aujourd'hui à l'époque où furent inventés les métiers mécaniques, la vapeur et les chemins de fer, la réalisation de ces inventions eût été impossible, ou ne l'eût été qu'au prix de révolutions et de massacres répétés. Il est heureux, pour les progrès de la civilisation, que la puissance des foules n'ait commencé à naître que lorsque les grandes découvertes de la science et de l'industrie étaient déjà accomplies[14].

La messe est dite : puisque rien ne sert de dialoguer avec des gens qui ne veulent ou ne peuvent rien entendre, Louis Renault ne recevra plus jamais ses salariés ni leurs délégués. Tant pis pour eux, la porte de son bureau leur restera définitivement fermée. Tant pis pour lui, aussi, mais il ne le sait pas encore.

Alors que Renault s'arc-boute plus que jamais sur son idée fixe de peuple incapable de progresser, son mentor, Henry Ford, fait sa révolution culturelle en décidant d'appliquer dans ses usines la journée de huit heures et le salaire horaire (5 dollars de l'heure). Simultanément, il profite des augmentations de productivité obtenues grâce au taylorisme pour baisser les tarifs de ses voitures. Car l'Américain a compris, à la différence du Français, que ses milliers d'ouvriers peuvent devenir autant de clients. Comme il se plaît à répéter, « *Every time I reduce the price of my car by a dollar, I get a thousand new buyers* », « chaque fois que je diminue le prix de ma voiture d'un dollar, je gagne mille nouveaux clients » : cette première étude de marché, encore très empirique, inaugure la société de consommation. Mais, de l'autre côté de l'Atlantique, pour Renault comme, d'ailleurs, la majorité des patrons français d'alors, il n'est pas pensable de voir les ouvriers rouler en automobile.

Décidément, Louis Renault ne sera jamais le Ford français...

Mais quel homme est devenu Louis Renault, en cette veille de Première Guerre mondiale ? À trente-six ans seulement, il dirige une entreprise de près de cinq mille personnes et fait désormais jeu égal avec Peugeot à la première place — un peu moins bien en production, un peu mieux en chiffre d'affaires. Tous les autres pionniers, les De Dion-Bouton, Panhard & Levassor, Delaunay-Belleville et consorts, se sont inclinés devant le jeune loup, au point qu'il vient d'être élu président de la Chambre syndicale des constructeurs d'automobiles, où il succède, précisément, à Armand Peugeot. Dans le discours qu'il tient à ses pairs lors du banquet annuel de la chambre, le 21 octobre 1913, il dépasse largement le cadre de l'industrie automobile pour clamer sa foi dans l'industrie du transport dans son ensemble, car « la nécessité du déplacement des hommes et du transport rapide des marchandises a tellement pénétré nos mœurs que nous ne saurions et ne pourrions maintenant nous en passer[15] », réaffirmant ainsi sa ferme intention d'être l'homme qui motorise tout ce qui se déplace. L'autre partie du discours, plus attendue et probablement mieux comprise, évoque la nécessité vitale d'une action syndicale patronale — sous-entendu pour contrer l'action syndicale ouvrière — avant de plaider pour une réduction significative des impôts et taxes, en particulier sur les carburants, et l'affectation des sommes ainsi perçues par l'État à l'amélioration du réseau routier — laissant entrevoir que ses bonnes relations personnelles avec la classe politique, tous partis confondus, pourraient bien servir la cause de la branche tout entière : familier d'Aristide Briand, n'est-il pas aussi en contact étroit avec Albert Thomas, militant socialiste spécialiste des questions ouvrières, ou Alexandre Millerand, alors ministre de la Guerre après avoir eu la responsabilité du Commerce et de l'Industrie et des Travaux publics, et futur président de la République ?

Mais il ne se limite pas à ces activités franco-françaises : c'est la planète entière qu'il a en ligne de mire. Pour l'instant, sa priorité est de poursuivre et consolider le développement en Europe initié par Fernand : ainsi, toujours en 1913, il réorganise sa filiale de Berlin puis installe une nouvelle filiale à Budapest, avant de se rendre à Moscou afin de négocier directement avec le tsar Nicolas II l'implantation de la marque en Russie. Malgré le labyrinthe kafkaïen imposé par la bureaucratie locale, il parvient à créer en quelques mois la Roussky Renault et ouvre une première usine à Petrograd. Car personne, pas même le tsar ou les bureaucrates russes, ne résiste à la volonté de Louis Renault. Même si, en l'occurrence, il a trouvé l'appui de l'un des hommes d'affaires les plus influents d'Europe, l'éminence grise des ventes d'armes et des finances occultes, le mystérieux, pour ne pas dire plus, Basil Zaharoff, à la fois administrateur de Vickers, l'une des plus grandes firmes d'armement britanniques, homme de presse en France, où il lance en novembre 1911 le quotidien illustré *Excelsior*, rabatteur de fonds pour le compte de la Royale néerlandaise des pétroles... et fondateur de multiples usines en Russie, sous couverture d'un grand-duc qui lui sert d'homme de paille. De 1910 au déclenchement de la guerre, Louis Renault et Zaharoff seront en relations suivies, qu'il s'agisse de chasser ensemble à Herqueville ou de faire des placements internationaux. C'est grâce à Zaharoff que Renault réussit à s'installer en Russie, et c'est encore à Zaharoff qu'il s'adresse pour proposer des licences de moteurs au constructeur automobile et aéronautique anglais Wolseley. Pourtant, les deux hommes cesseront de se voir dès la déclaration de guerre. Est-ce parce que Renault, pacifiste dans l'âme, ne supportait pas les « faiseurs de guerre » comme Zaharoff, qui devait sa réputation d'homme le plus riche du monde aux fabuleuses commissions encaissées sur les marchés d'armes, et qui sera surnommé, à la fin du conflit, l'« Ange de la Mort » ? Se souvenant de ce personnage qui concevait la guerre comme une source de profits personnels, il aurait confié par la suite à son neveu François Lehideux « qu'il s'était rendu compte que certains individus voulaient la guerre. Ils l'organisaient ». Serait-ce aussi parce Zaharoff a proposé à Renault de prendre une participation dans sa société, menaçant sa sacro-sainte indépendance, ce qu'il n'aurait pas supporté ? Les deux, probablement.

Physiquement, le Louis Renault de cet immédiat avant-guerre a l'air en acier trempé. Tout en lui est sec, autoritaire, brutal, inflexible. Une photo un peu floue le montre impeccablement habillé d'une veste parfaitement ajustée d'où dépassent un col cassé et les poignets mousquetaires de la chemise, fermés par de lourds boutons de manchette. Sous le canotier à large ruban sombre, le regard jaillit, noir, dur : deux billes de jais. Le nez est droit, la moustache bien horizontale encadrée par deux rides verticales, le menton tendu. Le bras droit semi-fléchi et l'index replié dans un geste comminatoire, un « par ici ! » muet, semblent donner l'ordre à un interlocuteur invisible de s'approcher séance tenante, sans discuter. Une main de fer dans un gant de crin.

« La clé sous la porte »

« Au jour de la mobilisation générale, cette usine n'était pas classée comme devant rester ouverte et, comme tous les directeurs étaient mobilisables, nous nous préparions à mettre la clé sous la porte lorsque le général Bernard, directeur de l'Aéronautique au ministère de la Guerre, mit vingt hommes en sursis d'appel afin que nous puissions continuer la fabrication des quelques moteurs d'avion qui étaient en construction dans l'usine », se souvenait Louis Renault dans un de ses très rares discours officiels[*]. Vingt hommes sur 4 900 salariés…

L'état-major, en effet, ne jure que par les interminables colonnes de fantassins « aux pas pesants, aux pieds boueux », selon l'expression d'Apollinaire, et les convois hippomobiles : la guerre se fait avec des hommes et des chevaux, non avec des machines, tel est le credo des officiers supérieurs de l'époque. D'autant que cette guerre « fraîche et joyeuse », selon l'expression en vogue, qui se gagnera « la fleur au fusil », ne devrait durer que

---

[*] Discours prononcé à Billancourt le 1er septembre 1917 à l'occasion de la visite d'Albert Thomas, ministre de l'Armement.

juste le temps d'« une promenade de santé jusqu'à Berlin pour leur botter les fesses », comme le clament les plus enthousiastes — de leur côté, les Allemands, pourtant réputés pour leur pragmatisme, s'accordaient au maximum six semaines pour écraser les Français...

Le samedi 1er août 1914 à quatre heures de l'après-midi, le tocsin retentit à tous les clochers de France pour annoncer la mobilisation générale, décret confirmé par voie d'affiche dès le lendemain dimanche 2 août. Simple soldat de deuxième classe, célibataire sans charge de famille, Louis Renault est affecté à la territoriale et s'apprête à rejoindre le 1er groupe aéronautique de Saint-Cyr comme sapeur-aérostier. Aérostier et non aviateur, car l'armée française croit dur comme fer à la prééminence des « plus légers que l'air », les aérostats, dirigeables et ballons libres ou captifs, sur les « plus lourds que l'air », les aéroplanes, trop dépendants du bon vouloir de leur moteur. C'est alors qu'un coup de téléphone du capitaine Martinot-Lagarde l'informe de la décision du général Bernard de le placer en sursis d'appel jusqu'au 1er juin 1915, en compagnie d'une poignée d'ingénieurs et d'ouvriers, vite rejoints par quelques dizaines de salariés non mobilisables. Billancourt l'a échappé belle : à la fin du mois d'août 1914, 47 % des usines françaises avaient dû se résoudre à fermer leurs portes, faute de personnel ; certaines ne s'en relèveront pas.

À titre personnel, Louis Renault est accablé. Ce pacifiste sincère ne comprend pas que des pays dits civilisés puissent encore avoir recours à la guerre pour régler leurs différends. Ernest Fuchs, son secrétaire et homme de confiance, se souvient que son patron le convia à une lente promenade en voiture de Billancourt à Versailles, au matin du 3 août. Alors qu'il conduisait machinalement, le regard perdu, Renault se laissa aller à d'amères confidences :

Quelle stupidité la guerre, quel contresens, quelle négation des buts de la vie, la disparition de vies jeunes et actives, toutes les forces humaines tendues vers un effort improductif, les hommes, l'argent et la matière jetés à la destruction en pure perte, l'ordre naturel renversé, voué au gaspillage et au chaos, détourné de ses buts vrais, l'économie et la production seuls facteurs rationnels d'amélioration morale et matérielle[1].

Fuchs ajoute : « Ses traits étaient tourmentés, sa voix rauque et saccadée. Ce fut un de ces courts moments de dépression où, devant des événements imprévus qui l'accablaient, il sentait faiblir sa foi dans l'effort. Cela dura deux minutes et comme toujours il se reprit aussitôt, plus âpre que jamais à la lutte[2]. » Chez lui, en effet, pacifisme et patriotisme vont de pair. Contrairement à un affairiste comme Basil Zaharoff, il refuse de vendre au plus offrant lorsqu'il estime que ce serait aller contre les intérêts de la France. En témoigne la manière dont il avait décliné, lors d'un voyage à Berlin en juin 1914, l'offre ambiguë de la firme allemande AEG, intéressée par son moteur d'avion à refroidissement par air : Walther Rathenau, le directeur de la firme, lui avait proposé 100 000 marks contre une licence de fabrication. Comme Renault demandait diplomatiquement à réfléchir, Rathenau « décroche un récepteur de téléphone, donne un ordre en allemand, et presque immédiatement deux ingénieurs arrivent dans le bureau avec une grande partie des plans du moteur et l'indication des caractéristiques[3] ». Renault, outré par cette preuve flagrante d'espionnage industriel, prend congé, rentre à Paris et éconduira les différents émissaires du groupe : « Trois jours plus tard, le fils de M. Thyssen arrive à Billancourt, et insiste pour obtenir la licence du moteur, mais Louis Renault avait pris son parti et il refusa définitivement. Bien qu'on ne parlât pas encore de guerre, son patriotisme toujours en éveil avait pressenti un péril que les événements devaient bientôt préciser[4]. » En revanche, il s'empressera de céder la licence dudit moteur à deux constructeurs britanniques, Vickers et Rolls-Royce, au nom de l'alliance entre la Grande-Bretagne et la France.

Il est heureux pour l'armée française que Louis Renault se montre avant tout patriote, car il faudra bien vite faire appel à sa puissance industrielle et à son dévouement personnel : une semaine à peine s'est écoulée depuis le décret de mobilisation que « la fleur au fusil » commence sérieusement à se faner. Comme il le racontera plus tard, en parlant curieusement de lui à la troisième personne :

Vers le 8 ou 9 août, il a été appelé chez Messimy* qu'il a trouvé dans une agitation très grande, se promenant de long

* Adolphe Messimy, ministre de la Guerre du 13 juin au 26 août 1914.

en large dans son cabinet, serrant sa tête entre ses mains et disant : « Il nous faut des obus, il nous faut des obus. » Il envoya Renault chez le colonel Ronneaux qui lui dit : « Des obus ? Ah ! c'est maintenant qu'on s'aperçoit qu'il faut des obus. Mais je n'y peux rien ; cela ne me regarde pas ! », et le renvoie chez le général Mangin. Le général Mangin demande : « Vous pouvez faire des obus ? » Renault déclare qu'il ne sait pas ; qu'il n'en a pas vu. Le général en prend un sur la cheminée, le lui montre : « En voilà un ! — Est-ce de l'embouti ? — Mais, parbleu, vous voyez bien que c'est de l'embouti ! » Les choses en restent là. Quelque temps après Renault est appelé par Millerand[*] à Bordeaux (ordre au soldat Renault) et on l'envoie à Bourges pour étudier la fabrication. Arrivé à Bourges, il voit le colonel Gages qui le reçoit rapidement, debout, en tirant sa montre. Manufacture déserte : c'était dimanche, la fonderie ne travaillait pas. De plus, Renault avait commis la maladresse d'arriver à l'heure de l'apéritif[5].

Messimy avait convoqué Renault début août. Millerand, investi le 26 août, n'avait donc pu le rappeler qu'à la toute fin du mois, voire début septembre : alors que l'armée française bat en retraite pour éviter l'encerclement après les désastres des batailles des Ardennes et de Charleroi et que les pioupious en pantalon rouge — quelles belles cibles ! — tombent comme des mouches, ministres et hauts gradés se refilent le dossier sans l'ouvrir, les ouvriers des arsenaux chôment le dimanche, et il ne faut surtout pas troubler l'apéritif de messieurs les officiers. À la guerre comme à la guerre, certes, mais à chacun sa guerre…

[*] Alexandre Millerand, ministre de la Guerre du 26 août 1914 au 29 octobre 1915.

Cet immobilisme a un nom : chasse gardée. La fabrication des obus constitue un monopole détenu conjointement par les arsenaux d'État et les forges du Creusot et de Saint-Chamond, qui n'ont aucunement l'intention de voir rogner leurs prérogatives, quelles qu'en soient les conséquences. Pourtant, dès les premiers jours de septembre, les cris d'alarme se multiplient. Au point que le 20, le généralissime Joffre en personne écrit au ministère de la Guerre que « si les consommations continuent dans cette proportion, l'approvisionnement total sera consommé en six semaines[6] ». Délai optimiste : quatre jours plus tard, un télégramme du grand quartier général alerte les généraux commandant les armées : « Actuellement arrière épuisé. Si consommation continue même taux, impossible de continuer guerre faute de munitions dans quinze jours[7]. »

Pendant ce temps, Louis Renault a imaginé de fabriquer des obus non par emboutissage ou forage, mais par décolletage, seule technique compatible avec le parc de machines-outils des usines d'automobiles. Contrairement aux obus monoblocs des arsenaux, ces obus bi-blocs comportent une ogive vissée sur le corps. Fin août, une présérie de vingt obus système Renault, fabriqués en l'espace d'une nuit à Billancourt, est essayée avec succès à Bourges, sous la supervision du colonel Chauchat. Mais il faudra attendre le 19 septembre pour que Millerand tape du poing sur la table et ordonne enfin le lancement immédiat de la fabrication en grande série. Dès le lendemain, il annonce sa décision d'abandonner le monopole et de répartir la fabrication des obus entre plusieurs groupes régionaux d'industriels, le groupe de Paris étant confié à Louis Renault, qui se voit ainsi chapeauter un ensemble d'entreprises de mécanique, de chaudronneries et de fonderies, dont dix constructeurs automobiles reconvertis dans la production d'obus.

Entre-temps, Renault aura dû faire face à une cascade de problèmes : d'abord, il est prié de transformer sans délai une série d'automitrailleuses, achevées à grand-peine, en... véhicules sanitaires. Ensuite, devant l'avance rapide des troupes allemandes sur Paris, il reçoit l'ordre, le 25 août, de replier ses installations sur les usines Rochet-Schneider à Lyon, dans un délai d'une semaine maximum. Il faudra donc, dans l'urgence, charger et expédier douze trains complets de moteurs, de pièces détachées, de châssis, d'outillage et de machines spéciales, alors que les usines de Billancourt ne sont pas raccordées au rail... Pendant des mois, le temps que l'étau de l'envahisseur se desserre, Louis Renault va multiplier les navettes — au volant de sa puissante 40 CV et toujours pied au plancher, comme à la grande époque des courses sur route — entre Paris, Lyon et Bordeaux, où le gouvernement a préféré se replier depuis le 2 septembre.

En effet, les choses vont mal, très mal : tandis que l'armée française tente désespérément d'échapper à la tenaille allemande, les premières patrouilles de l'armée von Kluck évoluent impunément en grande banlieue, à moins de trente kilomètres de Notre-Dame. La situation semble désespérée quand Joffre, le 6 septembre, décide de jouer son va-tout en lançant une contre-offensive appuyée sur la 6ᵉ armée chargée de protéger Paris. Mais il lui faut envoyer au front, en l'espace de quelques heures seulement, près de 12 000 fantassins. Les liaisons ferroviaires étant incertaines, il sort sa botte secrète, mûrement réfléchie et préparée depuis le 1ᵉʳ septembre : la réquisition des taxis parisiens.

Le 6 septembre à 22 heures, tous les taxis en circulation sont regroupés sur l'esplanade des Invalides. En quelques heures, 1 200 véhicules sont disponibles et, par convois successifs, vont amener 6 000 hommes à pied-d'œuvre, sur la Marne, entre la nuit du 7 septembre et l'aube du 8. Ces renforts, auxquels s'ajoutent, quelques heures plus tard, des milliers d'hommes transportés par le rail, vont permettre de tenir, puis de contre-attaquer. Dès le 9, les Allemands commencent à se replier vers l'Aisne. Les historiens débattent encore du rôle réel des « taxis de la Marne », mais la légende n'en a cure. Et comme la flotte des taxis parisiens est alors constituée en majorité de Renault type AG, la marque entre du même coup dans l'Histoire. Mais Louis Renault n'en fera jamais un titre de gloire personnel.

La France vient de passer à un cheveu du désastre, et les hauts responsables ont compris qu'il n'y aurait pas de second miracle. Ils réalisent dans le même temps que les armées ne suffisent pas pour faire la guerre : il faut aussi des usines. Or les Allemands tiennent le nord et l'est de la France, où sont installés les trois quarts des mines et de l'industrie lourde du pays : il y a risque de pénurie à court terme de charbon et d'acier. Il faut donc, toujours dans l'urgence, poursuivre l'organisation initiée avec le groupement des obus : 1915 verra ainsi la création du Groupement des constructeurs français d'armes portatives, puis du Groupement des constructeurs de moteurs d'avions. Par la suite, en 1917, naîtra un groupement chargé des chars d'assaut. Dans tous les cas, Louis Renault participe à ces groupements, quand il ne les dirige pas.

L'évolution des mentalités est spectaculaire, comme le montre l'exemple de la direction de l'aéronautique du ministère de la Guerre : « En novembre 1914, ses idées dirigeantes écartaient les concours industriels étrangers à son esprit. En mars 1915, elle ne refusait plus la collaboration de l'industrie automobile, se montrant seulement sceptique. En juin, cette alliance qu'elle avait dédaignée d'abord devenait la base de ses programmes[8]. »

Ce revirement général, qui conduit les autorités à ouvrir largement les bras à l'industrie privée, offre à Louis Renault, déjà lié de longue date à des ministres de premier plan comme Aristide Briand ou Albert Thomas, l'occasion rêvée de nouer des contacts étroits au plus haut niveau. Comme se souvient Robert Pinot, alors secrétaire général du Comité des forges, « tous les huit jours, puis tous les quinze jours à Bordeaux, ensuite tous les mois à Paris, le ministre de la Guerre, puis celui de l'Armement réunit sous sa présidence avec ses principaux chefs de service les directeurs des grands établissements de l'industrie privée, les chefs de groupes et les représentants du Comité des forges et de la Chambre syndicale du matériel de guerre ». Renault participe en personne, ou par l'intermédiaire de ses proches collaborateurs, à ces réunions régulières ainsi qu'aux multiples commissions ministérielles ouvertes aux représentants du secteur privé. L'une de ces commissions, placée sous l'égide du ministère du Commerce et de l'Industrie, porte d'ailleurs sur « la réorganisation de l'industrie automobile au moment du passage à l'état de paix » : du pain béni pour l'homme de Billancourt, qui s'impose de plus en plus comme le grand patron de l'industrie automobile française. De fait, on assiste dès le début de 1915 à la création du premier complexe militaro-industriel, et même « politico-industriel[*] ». Louis Renault s'y investit avec d'autant plus d'énergie qu'il est motivé, comme toujours, par un principe simple : ses propres intérêts, ceux de ses confrères et ceux du pays sont au fond les mêmes, ce qui est bon pour Renault est bon pour la France. Appliquée obstinément pendant tout le conflit, la formule portera ses fruits : en quatre ans, Renault va tripler la taille de son empire industriel.

---

[*] Selon l'expression de Patrick Fridenson dans son *Histoire des usines Renault*.

Les coudées franches

Au nom de la Défense nationale et des intérêts supérieurs du pays, Louis Renault se sent désormais les mains libres et les coudées franches pour atteindre les deux objectifs industriels qui lui tiennent le plus à cœur : élargir sa gamme de fabrications et, surtout, accélérer l'intégration de ces dernières afin de se libérer des pressions des fournisseurs extérieurs. Sans oublier une troisième priorité, rationaliser les installations de Billancourt, développées de bric et de broc sur les rares espaces disponibles et qui souffrent de l'absence de dessertes correctes par route, rail ou voie d'eau. Trois projets dans le droit fil de la devise jamais formulée, mais qu'il appliquera toute sa vie : « Autorité, hégémonie, autarcie. »

Son premier coup de maître aura été pour s'emparer, il n'y pas d'autre mot, de la filiale française de l'équipementier allemand Bosch, spécialisée dans l'électricité automobile. En 1912, pour contrer le quasi-monopole de Bosch, Renault avait créé la Société anonyme pour l'éclairage des véhicules (SEV), avec le concours des autres grands constructeurs de l'époque, Berliet, Delaunay-Belleville, Panhard et Peugeot, dont les dirigeants siègent d'ailleurs au conseil d'administration. Dans les jours qui ont suivi le déclenchement des hostilités, la société Bosch France a cessé toute activité. Bien qu'ayant retrouvé un statut légal avec sa mise sous séquestre le 23 octobre 1914 et la désignation d'un administrateur français, l'entreprise reste fermée.

Renault flaire la bonne affaire et, dès le 19 novembre, prend contact avec le procureur de la République pour faire valoir l'intérêt de relancer les fabrications Bosch. Et il propose, tout naturellement, SEV comme repreneur, osant écrire benoîtement au procureur : « Nous avons été informés qu'il existait un groupement de constructeurs sous la raison sociale de "Société d'éclairage des véhicules automobiles" qui fabriquait déjà du matériel analogue… » Dans la foulée, le 8 décembre, il rend visite au président Monier, qui dirige le tribunal auteur de l'ordonnance de séquestre. Comme celui-ci affirme ne pas pouvoir agir tant qu'il n'a pas l'accord des autorités militaires, Renault l'obtient si rapidement que, dès le 16 décembre, une ordonnance du président Monier l'autorise à négocier avec l'administrateur-séquestre de Bosch une convention qui prévoit en particulier qu'il est concédé à la SEV « le droit de construire et de vendre, d'après les brevets et dessins de la société Bosch, tous les appareils faisant l'objet de la fabrication de cette dernière » — bien entendu sans verser de royalties — et qu'elle a « le droit de déplacer tout le matériel, machines, outillage et montages qu'elle jugera bon de déplacer ».

Aussitôt dit, aussitôt fait : « M. Renault a trouvé moyen, sous prétexte d'agrandissements et de production plus considérable, de déménager le matériel de cette maison et de l'installer à Issy-les-Moulineaux[*] » s'étonnera quelques mois plus tard le secrétaire de l'Union des mécaniciens de la Seine[**], en dénonçant cette « nouvelle preuve de la puissance de la maison Renault » et « la capitulation complète du ministre de la Guerre devant les grands industriels[1] ». La prétendue convention entre les deux entreprises a, en effet, tout d'une réquisition masquée...

Autre appropriation nettement plus spectaculaire, celle des rues de Billancourt, incorporées de force aux terrains de l'usine sans hésiter à évincer habitants et commerçants. À l'origine, les terrains de la famille Renault, progressivement grignotés par les ateliers, jouxtaient un vaste lotissement résidentiel de grand luxe — certaines parcelles mesuraient près de quatre hectares. Naturellement, le cahier des charges dudit lotissement excluait formellement l'établissement de « tout établissement bruyant, insalubre ou incommode », et les protestations des riverains des usines furent aussi vigoureuses que sans suite : la municipalité appuyait résolument l'expansion d'une entreprise qui apportait du travail, de l'activité et des revenus à

---

[*] En face de Billancourt, sur l'autre rive de la Seine...
[**] Lors de l'assemblée générale du syndicat le 17 octobre 1915.

la ville. Mais l'existence de ces zones résidentielles bridait l'expansion de l'entreprise.

La création et la multiplication des passages aériens ou souterrains pour relier les ateliers n'ayant rien résolu, Louis Renault va tenter d'annexer les rues elles-mêmes. Dans un premier temps, fort des conseils de ses avocats, il multiplie les achats de parcelles pour devenir seul riverain de certaines sections de voirie, afin de réclamer par la suite leur déclassement comme voies privées, dont il pourra alors faire ce que bon lui semble. De même, il réussit à se rendre progressivement maître de la totalité d'un terrain de 30 000 mètres carrés idéalement placé face à l'usine, le lotissement du Hameau fleuri, en rachetant l'une après l'autre les vingt-huit propriétés, soit en son nom, soit par l'intermédiaire de prête-noms qui ne sont autres que ses plus fidèles collaborateurs et amis : Ernest Fuchs, Edward Richet, Charles Serre, Paul Hugé… Mais la guerre va lui permettre d'accélérer significativement le processus. Fini la patience et la négociation, place à la politique du fait accompli, partant du principe que la lenteur des procédures le met à l'abri de toute obligation de rétablir la situation antérieure. Malgré l'avis négatif du conseil municipal, il s'empare de la rue de l'Île, dont il est certes l'unique riverain, mais qui n'a pas véritablement le statut de voie privée. Par la suite, il obtiendra du conseil l'autorisation de louer temporairement, au prix de 0,20 franc par mètre carré, trois rues adjacentes, devenues des impasses depuis la fermeture de la rue de l'Île, et qui devront être « rendues à la circulation générale, en parfait état de viabilité, dès la fin des hostilités[2] ». Vœu pieux, comme on s'en doute… L'on voit bien ici comment fonctionne la stratégie de grignotage de Louis Renault : la disparition d'une rue entraîne de fait la transformation des rues affluentes en impasses, qu'il devient alors facile, par un tour de passe-passe juridique, de transformer en allées intérieures de l'usine, et ainsi de suite.

Mais la mainmise sur ces voies secondaires n'est qu'un simple hors-d'œuvre : un beau matin de juin 1917, un certain Sautreuil, par ailleurs locataire d'un immeuble appartenant à Louis Renault, tente de quitter son domicile du 13, rue Gustave-Sandoz et découvre que la rue est fermée à son extrémité : « Un mur, hâtivement construit durant la nuit, encadrait une barrière que gardaient des surveillants de l'usine. Rebroussant chemin, il alla vers la rue du Cours, où il fit la même constatation[3]. » En fait, toutes les rues séparant jusque-là les différents ateliers situés en bordure de Seine ont été discrètement murées en quelques heures.

Face au scandale inévitable, Louis Renault trouve un soutien de poids en la personne de son vieil ami Albert Thomas, devenu ministre de l'Armement, qui écrit sans sourciller au maire de Boulogne-Billancourt : « Il y a des raisons permanentes qui me font défendre auprès de vous le maintien des murs ainsi construits. Une usine comme l'usine Renault, travaillant exclusivement pour la Défense nationale, doit être particulièrement surveillée à tous égards ; les vingt-deux entrées qu'elle possède rendent cette surveillance particulièrement difficile. » Argument imparable, d'autant moins discutable que la lettre se termine sur un appel au patriotisme : « Si la tolérance de la municipalité de Boulogne pendant la durée de la guerre permettait de rendre la surveillance plus active et plus facile, ce serait un service rendu à la Défense nationale. » Même son de cloche de la part du sous-secrétaire d'État à l'Aéronautique, du général commandant la place de Paris et du préfet de police, unanimes à considérer que les barrages « constituent un excellent système de protection contre tous mouvements pour entreprise criminelle contre cette importante usine qui travaille d'une façon intense pour la Défense nationale. » Devant de tels appuis, la ville n'avait plus qu'à s'incliner et, à quelques ajustements près, les barrages ne seront jamais levés.

Dans cette nouvelle version du pot de terre contre le pot de fer, les riverains se débrouillent comme ils peuvent : magnanime, Renault leur a accordé le droit d'aller et venir à leur guise... à condition de présenter une autorisation de circuler ! Certains ne l'entendent pas de cette oreille, ce qui leur vaudra quelques désagréments rapportés par le quotidien *L'Heure*[4] : « Le concierge m'ayant dit qu'il ne me laisserait plus passer et ayant répondu par un geste insolent à ma réclamation, je lui déclarai que j'allais enfoncer la porte et, de fait, je me mis à l'œuvre. Elle allait céder quand il s'en fut requérir le poste d'artilleurs de l'intérieur de l'usine. Ils sont venus vers moi, revolver au poing, et m'ont amené au clou. Au bout d'une heure et demie, la police secrète de l'usine est venue donner décharge de ma personne au maréchal des logis qui m'a donc relâché. J'ai été faire ma déposition au commissariat de police et ai porté plainte. » Au-delà du pittoresque, l'anecdote prouve à quel point le personnel de l'usine et, en l'occurrence, les personnes résidant contre leur gré dans son enceinte se trouvent placés sous étroite surveillance, entre un détachement militaire en armes et la police privée de l'entreprise.

Renault ayant obtenu ce qu'il voulait, il peut maintenant se permettre de jouer les généreux. La question des riverains va donc se résoudre à l'amiable par le versement d'indemnités importantes. Sur le principe même de l'annexion des rues, l'affaire traînera encore pendant près de douze ans, de campagnes de presse en procès et d'ordonnances non appliquées en non-lieux, avant de se terminer, comme il fallait s'y attendre, par une transaction financière : Renault racheta à la ville l'ensemble des rues englobées, représentant 18 986,97 mètres carrés, au prix de 5 696 091 francs, soit 300 francs[*] le mètre carré : une assez bonne affaire pour les deux parties[5].

Renault réussira un autre joli coup d'audace, cette fois au détriment de l'administration militaire elle-même : il s'agissait de mettre la main sur les derniers terrains libres de Billancourt, à savoir

<hr />

[*] 300 francs 1929 équivalent à 150 euros 2008.

le quartier du Point-du-Jour, au contact de Boulogne et de Paris. S'il avait entrepris dès 1913 le rachat progressif de ce quartier de guinguettes et de petits ateliers, l'ancienne zone des fortifications de Paris restait inoccupée. Pas pour longtemps : au printemps 1917, il fait édifier sur la totalité du terrain, qu'il lui appartienne ou non, une nouvelle usine destinée au montage des avions, l'usine O. Cette fois, l'institution se fâche : après visite sur place, le 3 mai, d'un officier d'administration du Génie et constat de contravention flagrante aux lois qui régissent les servitudes militaires, Renault reçoit le 7 mai une sommation de démolir sous dix jours. Peine perdue : il s'empresse, bien au contraire, de terminer les constructions entreprises et de mettre les nouvelles installations en service. Quelques mois plus tard, le 22 janvier 1918, il est condamné par défaut — il n'a même pas daigné se faire représenter — à deux amendes de... 25 francs ! Décision assortie d'une nouvelle sommation de démolir, cette fois dans les trois mois. Mais l'armée a trop besoin des avions qui sortent de l'usine en litige pour réclamer l'application du jugement. Tout se terminera, là aussi, par une transaction amiable et une convention de location en bonne et due forme.

Cette boulimie foncière ne s'explique pas seulement par le désir de Renault de posséder un domaine toujours plus vaste : depuis sa visite à

Detroit, il a réalisé à quel point, « en Amérique, l'usine a poussé d'ordinaire d'une seule venue, sur un terrain libre. En France, au contraire, les usines se sont toutes développées peu à peu, le plus souvent dans la banlieue d'une grande ville, sans avoir la possibilité de s'agrandir largement. Les bâtiments ont poussé au petit bonheur, accaparant peu à peu tous les emplacements disponibles[6] » — Billancourt étant l'exemple parfait de cette croissance « au petit bonheur », d'autant plus préoccupante qu'une bonne partie des terrains occupés sont inondables. Certes, le service immobilier de l'usine s'était lancé dans une campagne systématique de prospection, d'autant qu'un ordre du ministère de l'Armement prescrivait « de transférer en province une partie de nos fabrications », l'Île-de-France étant considérée comme dangereusement proche du front. Parmi les villes à distance raisonnable de Paris, Le Mans, bien desservie par la route et le rail, disposant de vastes terrains libres proposés à des prix abordables, convenait parfaitement. Mais la construction de toutes pièces d'une nouvelle usine n'était pas envisageable dans l'urgence de la guerre, sans parler du manque de matériaux : ainsi, à Billancourt, une grande partie des constructions nouvelles, « étant donné la pénurie de fers de construction, est établie en bois d'une façon absolument provisoire », selon une note interne d'août 1917, tandis qu'une autre note remarque que « chaque nouvel agrandissement nécessitait un nouvel agencement de l'outillage, un nouveau regroupement des ateliers ». D'où des remaniements incessants, au rythme des lancements hâtifs des fabrications les plus diverses et de l'expansion de l'appareil de production.

Jusqu'au déclenchement de la guerre, l'entreprise construisait principalement des voitures de tourisme et des taxis. La production de véhicules industriels — camions et camionnettes — et de moteurs d'avions restait marginale. Désormais sortent des ateliers des millions d'obus et de fusées, des centaines de milliers d'éléments de fusils, des milliers de camions, de voitures et voiturettes, de moteurs d'avions, sans oublier les avions complets, les tracteurs à chenille et, à partir de 1917, le fameux char d'assaut Renault. Figurent au programme de 1916 du Comité des fabrications du service automobile des engins aussi variés que des véhicules sanitaires, des motocyclettes, des voitures de TSF, des automitrailleuses... Pour réaliser ces matériels, il aura fallu quadrupler la production d'énergie, installer une vaste fonderie capable de travailler aussi bien la fonte malléable que l'acier et l'aluminium, de nouveaux ateliers d'emboutissage et d'estampage... L'intégration et l'autarcie tant désirées par Louis Renault sont en train de s'accomplir grâce à la guerre, qui pousse également l'usine à réaliser ses propres machines-outils pour s'affranchir des exigences des constructeurs, principalement américains, et à développer les activités annexes et auxiliaires : « Les besoins sans cesse accrus, les délais impérieux de livraison obligent à fabriquer aux usines certains matériaux de première nécessité : briques, creusets, meules. Par souci d'économie l'usine monte la fabrication de boulets, le briquetage du charbon pour économiser le précieux combustible, ainsi que le briquetage des copeaux, la récupération des huiles. » Dans la foulée, Renault entreprend la construction d'une aciérie à Grand-Couronne, près de Rouen, et d'une autre à Saint-Michel-de-Maurienne, en Savoie — deux projets qui seront remis en question par l'arrêt des hostilités.

Mais en cette année 1917, la paix semble encore bien utopique. Le conflit s'enlise dans la boue des tranchées, le moral des troupes est au plus bas après la désastreuse offensive de Nivelle au Chemin des Dames en avril, effroyable et inutile boucherie — jusqu'à cent morts à la minute... — à l'origine de la crise des mutineries de mai et de juin. Soutenus par une opinion publique qui n'en peut plus, certains mouvements pacifistes et ouvriers, inspirés par la révolution bolchevique en marche en Russie, appellent à la grève totale dans les usines d'armement pour que les combats cessent faute de matériel. Après trois ans de guerre d'usure, l'état-major, de son côté, rêve sans y croire d'une arme absolue qui débloquerait enfin la situation. Pourtant, cette arme nouvelle existe, elle est fonctionnelle, elle s'appelle Renault FT-17, et tous ceux qui ont assisté aux essais sont convaincus. Tous, sauf les militaires.

L'autre « Père la Victoire »

Le 22 février 1917, Louis Renault en personne s'installe aux commandes du prototype de sa nouvelle arme, celle que le général Estienne, après quelques mois de tergiversations, soutient dorénavant sans réticences, au point de la considérer comme aussi décisive que l'invention de la poudre à canon.

L'engin évoque vaguement un gros jouet en tôle et a d'ailleurs essuyé à ce titre quelques critiques malveillantes lors de la présentation de sa maquette à l'administration militaire. Pourtant, il s'agit là du premier char de combat léger de l'histoire de la guerre : le Renault FT-17, FT comme « faible tonnage » — en effet, il ne pèse que 6,5 tonnes en ordre de marche — et 17 comme 1917, année de sa mise en service. Ou, selon d'autres sources, F comme Filloux, le colonel créateur du canon court de 37 mm qui équipe le char, et T comme tourelle, l'arme étant effectivement montée sur une petite tourelle pivotant à 360 degrés, une grande première en matière d'artillerie. En fait, ces initiales reflètent simplement la codification chronologique des modèles produits à Billancourt, la référence suivante, FU, désignant d'ailleurs un camion porte-char spécialement conçu pour le transport du FT-17.

Au poste de pilotage, Louis Renault a troqué son chapeau melon contre une casquette à carreaux, plus adaptée à la situation. L'instant est décisif : si elle donne toute satisfaction, cette version modifiée du FT-17 servira de base à la production en série. Sinon, il faudra retourner à la planche à dessin et à l'atelier, et ce temps perdu se traduira, au front, par des milliers de morts inutiles. L'heure est grave, mais il s'en faut de très peu qu'elle ne devienne tragique :

Lentement, avec une majesté qui n'exclut pas une certaine grâce, le premier char Renault sort de la gueule de l'atelier. Il s'avance dans la cour, marque un temps d'arrêt, hésite, comme ébloui par la clarté métallique du ciel... Un léger bond en avant, le Patron est reparti, il a changé de vitesse. Le petit éléphant se dandine et vire sur une chenille freinée, fonce vers le groupe, l'évite, essaye une marche arrière. Les chenilles prenantes font clap, clap, clap, comme les écailles d'un piton (*sic*). Un léger nuage bleu traîne derrière la machine. Elle est revêtue de fer doux, car les plaques de blindage ne sont pas arrivées d'Angleterre, et les premières seront de très mauvaise qualité... La Meris Steel and C° prend son temps... *Wait and see !*

Louis Renault a mis « pleins gaz » et fonce vers la Seine. Il roule à plus de 15 kilomètres à l'heure[*], atteint l'extrémité de la cour, franchit le chemin de halage.

— Il va se foutre à l'eau ! crie Hugé.

Le Patron a bien réduit les gaz, mais n'arrive visiblement pas à s'arrêter. Serre et Hugé courent comme des fous, sans

[*] À son habitude, Saint Loup exagère : le FT-17 n'atteignait pas 8 km/h sur route.

réfléchir à leur impuissance de petits hommes, face à cette machine qui va noyer le Patron. Déjà, le char descend la berge inclinée... Il va entrer dans l'eau... Ça y est ! Il est foutu ! Non ! à la dernière seconde, Louis Renault a redonné du moteur, viré sur une chenille bloquée, au ras de l'eau ! Le moteur cale. Silence. Puis, le Patron émerge de la tourelle, le visage plus pâle que le reflet du ciel dans le fleuve, et crie d'une voix blanche :

— Ça ne débraye plus !... Vous vous foutez d'moi, Serre !

Hop ! il replonge dans les profondeurs de l'engin et l'on entend un bruit de clé anglaise au travail tandis que Serre murmure, en se souvenant des premiers essais du *Gigolo* qui faillit noyer l'ingénieur des Mines chargé de sa réception :

— Décidément, l'avenir du Patron n'est pas sur l'eau[1] !

Mais la Seine n'est pas le plus grand péril qui guette le char Renault : la véritable menace réside dans les réticences, quand ce n'est pas l'hostilité déclarée, des officiers supérieurs. À l'exception du général Estienne, qui passe aux yeux de ses collègues au mieux pour un utopiste, au pire pour un imbécile, personne ne croit au char de combat, surtout sous cette forme d'automitrailleuse à chenilles. En revanche, de lourds cuirassés terrestres, pourquoi pas ? Et de rêver de forteresses roulantes capables d'emporter un bataillon entier jusqu'au cœur des rangs ennemis...

Dès le 25 août 1914, Estienne, chef de corps du 22ᵉ régiment d'artillerie, ancien directeur de l'École d'artillerie de Grenoble et connu pour ses positions progressistes dans le domaine technique militaire, prédit que « la victoire appartiendra à celui qui réussira à monter un canon sur une voiture capable de se mouvoir en tous terrains ». Fin 1915, il parvient à intéresser le général Joffre à son idée et

obtient le feu vert pour faire construire un prototype. Mais Louis Renault, contacté, décline la
proposition au motif que ses programmes de fabrication sont surchargés. Estienne contacte alors
la société Schneider, qui étudie un char lourd, tandis que les services administratifs du ministère de
la Guerre veulent « leur » char, qui serait construit
par la Compagnie des forges et aciéries de la marine et d'Homécourt, plus connue sous le nom
de « Saint-Chamond[*] ». Très vite, Estienne réalise
qu'aucun de ces deux chars n'est viable : trop lourds,
trop lents, mal armés et peu maniables, ils se révèlent à peu près inaptes au combat. Ainsi le modèle
Schneider est dépourvu de démarreur : si le malheureux conducteur cale, il doit sortir pour relancer le moteur à la manivelle, sous le feu de l'ennemi... Le Saint-Chamond, aux chenilles trop
étroites, aux porte-à-faux trop importants, s'em-
bourbe sous son propre poids et reste planté au
fond des tranchées.

En juillet 1916, Estienne décide de reprendre
contact avec Louis Renault, mais les deux hommes ne parviennent pas à s'entendre : le premier
veut un engin de douze tonnes, le second propose
un modèle léger d'environ six tonnes, « une voiture
blindée faite avec des éléments de voiture de tourisme usuels. D'où rapidité de construction ». La
discussion, entamée un dimanche après-midi vers
15 heures 30, s'éternise jusqu'au soir sans aboutir.

* Ville de la Loire où se situent les principaux établissements de l'entreprise.

Pourtant, Renault accepte cette fois de se lancer dans l'aventure, non sans piquer une colère après le départ d'Estienne : « Ils n'en veulent pas, je m'en fous, j'en fais un, ils nous allouent généreusement trois mois pour sortir un prototype[*] ». Dans la foulée, il ordonne à son bureau d'études, assisté de Rodolphe Ernst-Metzmaier, alors l'un des très rares spécialistes français des chars d'assaut, d'étudier la bagatelle de onze avant-projets : dix, assez superficiels, répondent peu ou prou aux desiderata d'Estienne, le onzième, très détaillé, reprend les idées de Renault. Estienne, qui entre-temps est passé général, se laisse enfin convaincre du bien-fondé du modèle léger et, le 27 novembre, demande à ses supérieurs la construction de 1 000 chars mitrailleurs. Le 12 décembre, Louis Renault reçoit en effet une lettre du ministre de l'Armement qui lui passe commande de… 1 char (!) livrable dans un délai de trois mois. Mais, d'une certaine manière, le char léger vient de mettre le pied dans la porte, et Renault entend bien ne pas la laisser se refermer.

Le 30 décembre, une maquette en bois grandeur nature est présentée à une délégation du Comité consultatif de l'artillerie d'assaut. À sa tête, le général Mourret et son secrétaire, le sous-lieutenant Hubert, tous deux ennemis jurés d'Estienne, qui vont tout faire pour torpiller le projet : « On a vu une maquette Renault. C'est un charmant joujou

---

[*] Selon Rodolphe Ernst-Metzmaier, témoin de la scène en compagnie de Charles Serre. (Cité par Laurent Dingli, *Louis Renault*, Flammarion, 2000.)

de l'An. Le conducteur et le mitrailleur ont tout juste la place qu'ils peuvent occuper. Très jolie étude, très élégante, mais à quoi bon tout ce métal pour porter une seule mitrailleuse qui risque d'être inutilisable. Le bon sens du général Estienne et de ses satellites est pour moi trop douteux. Je n'ai pas confiance », écrit Hubert, entre autres gracieusetés, dans une note du 31 décembre à Mario Roques, chef de cabinet du ministre de l'Armement, Albert Thomas. Malgré ce tir de barrage, le ministre donne, dès le 4 janvier 1917, l'autorisation de poursuivre « l'étude du char mitrailleur, type Renault », puis, huit jours plus tard, décide d'une nouvelle commande, de 100 engins cette fois. Et le 22 février, le premier char FT-17 est (presque) au point.

La fabrication en série ne commence pas pour autant ; l'Administration réclame toujours plus de vérifications, toujours plus de modifications : un certain commandant d'Alincourt « soulevait des objections graves contre l'habitabilité de la tourelle et signalait les conditions défectueuses, tant au point de vue matériel qu'au point de vue moral, dans lesquelles se trouvait l'unique mitrailleur isolé dans cette tourelle ». En effet, lors d'une séance d'essais, un mitrailleur aurait été à moitié asphyxié par défaut de ventilation. Après enquête, le soldat, gêné par sa haute taille, avait été victime de crampes sévères. Le commandant Ferrus, responsable des essais officiels, recommande alors « d'employer des hommes d'un mètre soixante-dix au maximum, non obèses ». Un mètre soixante-dix, c'est, à un centimètre près, la taille du svelte Louis Renault en personne, car tous les véhicules de la marque sont conçus en fonction du gabarit du Patron : plus de un mètre soixante et onze et ventripotents s'abstenir ! Le pilotage du FT-17 n'est pas pour autant une partie de plaisir : en raison du vacarme, le chef de char (et tireur), qui se tient debout dans la tourelle derrière le conducteur, lui transmet ses ordres en lui tapant dessus : un coup sec sur le casque pour avancer, un autre pour s'arrêter, un coup de genou droit dans le dos pour aller à droite, un coup de genou gauche pour aller à gauche...

La multiplication ubuesque des obstacles bureaucratiques s'explique par l'arrivée du général Nivelle à la tête des armées, en remplacement de Joffre. Nivelle se montre plus que réservé sur cette arme nouvelle, dont il ne comprend pas l'intérêt. De fait, personne n'a sérieusement réfléchi à la manière de l'utiliser efficacement, Nivelle encore moins que les autres. Au point que lors de son offensive du 16 avril 1917, les deux groupements blindés disponibles sont envoyés derrière les fantassins au lieu de leur ouvrir la route. Inévitablement, les soldats se font massacrer, tandis que les chars, ralentis par les hommes à pied, tentant de contourner les blessés, font de magnifiques cibles pour l'artillerie allemande. L'échec de Nivelle entraîne son éviction, et son remplacement par Pétain, le 15 mai 1917, comme commandant en chef des armées. Cette nomination change la donne : Pétain s'est toujours montré économe de la vie des hommes et a compris le rôle décisif de l'emploi massif d'engins automobiles depuis la bataille de Verdun, gagnée grâce à la noria de camions transitant par la « Voie sacrée ». Il décide de donner aux chars légers un rôle de premier plan, et il met tout son poids dans la balance pour faire cesser l'obstruction de l'Administration. L'arrivée de Louis Loucheur au ministère de l'Armement, le 12 septembre 1917, en remplacement d'Albert Thomas, lui facilite la tâche. Loucheur, lui-même ingénieur et industriel, prend sans délai des décisions énergiques : arrêt immédiat des programmes d'études et de fabrication de chars lourds, commande ferme de 5 200 chars légers dont la construction est à répartir entre Renault et d'autres constructeurs automobiles — Berliet, Somua (filiale de Schneider), Delaunay-Belleville — pour accélérer la production. L'artillerie d'assaut voulue par Pétain devient très vite une réalité : le 31 mai 1918, face à une terrible offensive allemande, les FT-17 font merveille et permettent à l'infanterie de tenir, tandis que l'adversaire cède à la panique devant les blindés, malgré les consignes lénifiantes interceptées par les services de renseignement français : « Le tank est surtout un moyen d'épouvante. Il a l'air très dangereux : en réalité, il ne l'est guère. Reste tranquillement à ta place, et laisse les tanks venir à toi. Ils ne te repéreront et tireront sur toi que si tu te lèves et prends la fuite[2]... » En dépit de ces bons conseils, la fuite allemande devant les chars légers va commencer au 18 juillet 1918 à 4 heures 30 du matin pour ne s'achever que le 11 novembre à 11 heures. Amer, le général Erich Ludendorff, chef de l'état-major allemand, confiera par la suite : « Les Français ont eu cette rare fortune de trouver un grand général ; ce général s'appelait Louis Renault[3]... » Plus modestes, le général Estienne et Renault savourent leur victoire éclatante sur ces bureaucrates détestés qu'ils traitent respectivement de « technicons » et de « chieurs d'encre[4] ».

Avec la victoire, vient le temps des honneurs : dès le 20 juin 1918, une lettre autographe de Louis Loucheur remerciait chaleureusement Louis Renault ; le 30 juillet, l'ordre général n° 114, signé du général Pétain, félicite tous ceux qui ont la responsabilité des « engins de la victoire », en particulier l'ensemble du personnel Renault. Repris sous forme d'affichette et complété d'une dédicace manuscrite du général Estienne : « À Monsieur Louis Renault, à tous ses collaborateurs, ingénieurs, ouvriers, avec mes félicitations personnelles », cet ordre est apposé dans tous les ateliers. Il y aura aussi ces propos de Clemenceau : « L'intervention des chars légers dans la bataille a eu les plus heureuses conséquences : ils nous ont permis, non seulement de résister à un ennemi nombreux, mais encore de le chasser de ses positions en lui infligeant de lourdes pertes. Partout notre infanterie a accueilli avec enthousiasme ce puissant engin, qui lui facilite la victoire en épargnant son sang, et partout l'ennemi a reculé avec effroi devant le char

Renault. » Au fil des jours et des batailles gagnées, les communiqués citant les usines Renault se multiplient… Mais l'hommage qui semble avoir le plus touché Louis Renault lui vient de son confrère et concurrent numéro un Robert Peugeot : une courte lettre de félicitations qui lui va droit au cœur et qu'il conservera toute sa vie.

Le 6 septembre, Louis Renault apprend, par un coup de téléphone de Louis Loucheur, qu'il vient d'être fait officier de la Légion d'honneur — il en était chevalier depuis le 11 octobre 1906. Le décret est publié au *Journal officiel* du 10 septembre :

Officier de la Légion d'honneur
6 septembre 1918
Renault (Louis), industriel — titres exceptionnels : a largement contribué, depuis le début de la guerre, au développement de l'armement de nos troupes. Portant son activité sur la fabrication des obus, des canons, des moteurs, des avions, a réussi à imaginer, à mettre au point et à construire en grande série les chars d'assaut légers, dont l'arrivée sur les champs de bataille a puissamment secondé la vaillance de nos soldats.

La croix lui est remise le 28 décembre 1918 par l'ingénieur Ernst-Metzmaier, cheville ouvrière de la réalisation du FT-17, au cours d'une cérémonie qui rassemble l'ensemble du personnel de l'usine. Discours, poèmes, saynètes musicales et cadeaux se succèdent, dont un émouvant livre d'or qui renferme plus de douze mille signatures, hommage sincère des ouvriers — beaucoup d'entre eux ont combattu dans les tranchées — à celui qui a puissamment aidé à la victoire de la France. Cet hommage unanime évoque le héros du moment, qui n'est pas tant Louis que son char d'assaut, encensé en termes grandiloquents : « Gloire au moderne saint Georges. Il étreint l'aigle[*] sous l'anneau de ses mailles et le tient à la gorge. C'est le vainqueur, le char Renault. » L'opinion publique associe dans un même élan d'enthousiasme Georges Clemenceau, auteur du spectaculaire redressement de 1918, et Louis Renault, créateur de l'arme qui, à la même période, a bouleversé le cours de la guerre : deux « Pères la Victoire » pour un même triomphe.

De cette période de gloire, Louis Renault gardera deux témoins placés bien en évidence : dans la cour d'honneur du bâtiment de la direction, il fait installer un char FT-17 en équilibre sur une butte gazonnée — évocation d'une position d'attaque ou souvenir de sa mésaventure de février 1917 ? — et sur son bureau trône désormais un lourd presse-papier en bronze patiné, œuvre de son ami Pierre Félix Fix-Masseau, maquette du même char représenté en pleine action.

Dans la foulée, début 1919, la marque change de logo : exit la voiture de course, place à un char jaillissant d'un cercle, symbole de la force et du mouvement. Symbole, aussi, à travers cette disparition voulue de la représentation de l'automobile,

* L'aigle allemande, naturellement.

de l'incertitude où se trouve Louis Renault : lui faut-il reprendre la construction de voitures particulières ? poursuivre la diversification ? se recentrer sur le matériel lourd ? La paix soudaine comporte son lot d'interrogations industrielles. Mais, selon l'image audacieuse d'un journaliste[5], « courbé attentivement vers l'étude des réalités, M. Renault a l'oreille collée à la terre — à la terre dont le sol retentit déjà sous la marche des générations nouvelles ».

Nouveau départ

Louis Renault avait, paraît-il, coutume de dire :
« Tout homme a envie de laisser quatre choses
derrière lui avant de disparaître : la maison qu'il a
bâtie, l'arbre qu'il a planté, le livre qu'il a écrit et
le fils qu'il a engendré[1]. » Alors qu'il fête son quarante et unième anniversaire en février 1918, il est
encore loin du compte : s'il a abondamment bâti
et quelque peu planté, il n'a rien écrit et reste célibataire. Près de vingt ans plus tôt, il avait répondu
à Marcel, qui le taquinait sur son futur mariage,
qu'« il ne se marierait que le jour où il aurait cinq
mille ouvriers[2] ! » Il en a maintenant vingt mille et
il n'a jamais été aussi éloigné de fonder une famille :
depuis le premier jour du conflit, Louis a consacré
le plus clair de son temps à l'usine, Jeanne Hatto
et lui se sont irrémédiablement éloignés, même si
leur fidèle et profonde amitié ne se démentira jamais. Pour l'instant, personne n'a vraiment remplacé Jeanne, même si Paris bruisse de cancans in-
vérifiables.

Louis Renault se retrouve d'autant plus seul
qu'il est le dernier homme de la famille, désormais

réduite à trois personnes : sa belle-sœur Charlotte, veuve de Fernand, et ses deux nièces Fernande et Françoise. Son neveu Jean, qu'il considérait comme son héritier présomptif, au point de lui avoir mis le pied à l'étrier en l'envoyant en voyage d'études en Russie et en Amérique pendant deux ans, est mort au combat en 1916. François Lehideux, qui épousera plus tard Françoise, se souvenait qu'« au moment de la guerre, Louis avait eu peur que ce neveu fût exposé et l'avait fait affecter à Lyon. Le jeune homme avait trouvé cette position d'"embusqué" insupportable et, sans rien dire à personne, s'était engagé dans l'aviation. Il n'avait pas eu le temps de passer son brevet de pilote et était observateur. Ma belle-mère [Charlotte] avait toujours pensé que Louis Renault aurait dû l'empêcher de se porter ainsi volontaire et lui faisait porter la responsabilité de sa mort[3] ». Une accusation injuste, mais qui renvoie Louis à l'affreuse nuit de Couhé-Vérac, à l'agonie de Marcel et à cette crise terrible où il criait son désespoir en se tapant la tête contre les murs et en s'accusant d'avoir tué son frère.

La mort tragique du sergent aviateur Jean Renault, abattu au cours d'une mission d'observation aérienne, semble avoir aussi profondément marqué Louis que la fin de Marcel. Il en reparlera longuement à Emmanuel Couvreur au cours des entretiens qu'il lui accordera en vue de la rédaction de sa biographie, décrivant la scène comme s'il y avait assisté — ou comme un cauchemar récurrent :

Tous ceux qui furent sur le front ont suivi quelque jour les péripéties de ce drame angoissant : un avion français fait du repérage au-dessus des lignes allemandes ; de très loin, il a aperçu un adversaire plus rapide qui vient, à une vitesse foudroyante, lui couper la retraite. Il cherche à rentrer dans nos lignes parmi les nuages blancs des bombes qui le poursuivent et l'encadrent. Mais à l'horizon le chasseur grandit très vite, il s'élève, il gagne en hauteur ; les artilleurs ont cessé leur tir et regardent le duel implacable. Les mitrailleuses des adversaires crépitent ; on sent que l'avion qui domine reste invulnérable et dispose de sa proie presque à coup sûr. L'oiseau le plus faible essaye des feintes, des glissements sur l'aile, des descentes en vrille, mais en vain, une chute brusque, un mince sillon de fumée, une gerbe de flammes. Le drame est fini[4] !

C'est d'ailleurs à partir de l'été 1916, quelques semaines après la disparition de Jean, que Louis Renault se lance comme un furieux dans la construction d'armes nouvelles capables d'accélérer la fin de la guerre : outre le char léger FT-17, le premier avion Renault voit le jour. L'AR, rapide, puissant, maniable, conçu pour échapper plus facilement à l'adversaire, est précisément construit dans l'usine installée sur les terrains militaires du Point-du-Jour « confisqués » par Renault — symbole ou revanche ?

Avec cette perte, l'avenir de l'usine repose plus que jamais sur le seul Louis Renault, même s'il a su dès le départ s'entourer de collaborateurs dévoués jusqu'au sacrifice. Dans la grande tradition de l'entreprise familiale, il rêve d'un héritier qu'il pourra former selon ses méthodes et qui saura continuer son œuvre. Aujourd'hui, il n'a plus le choix : il lui faut fonder une famille. Malgré ses échecs passés — Jeanne Hatto, et aussi, selon les on-dit, une certaine Melle L., qui l'a trouvé « trop riche », et une prénommée Claire, petite-fille de Gustave Eiffel — sa décision est prise : c'est maintenant ou jamais. Et sa stratégie de conquête sera plus militaire que galante.

L'élue (mais elle ne le sait pas encore !) s'appelle Christiane Boullaire. Elle lui a été présentée sur un court de tennis — un des sports préférés de Louis — par leurs amis communs Fix-Masseau, au printemps 1918. Elle est grande, belle et, au premier coup d'œil, il a décidé que ce serait elle. Mais il ne s'agit pas d'un coup de foudre : l'un et l'autre évoluent dans un monde où le mariage est d'abord de raison ; l'amour ne vient qu'en second, s'il vient. L'empressement de Louis reflète surtout sa décision irrévocable : c'est la femme qu'il lui faut pour concrétiser son projet de paternité. D'autant que ce n'est pas une oie blanche : infirmière diplômée, elle participe à la guerre, comme tant d'autres jeunes filles de la « bonne société », en travaillant dans un hôpital.

Il est probable que ce sont les Fix-Masseau, sur les instances de Louis, qui vont jouer les bons offices auprès de la mère de Christiane — son père est décédé en 1906 — qui ne voit aucun obstacle à marier sa fille à un aussi bon parti : dès la fin du mois de juin 1918, le mariage est décidé. Christiane, elle, n'est qu'à moitié satisfaite : elle a toujours rêvé d'un homme qui serait à la fois très riche et de vieille noblesse, et Louis ne remplit que la première partie du contrat. Mais sa fortune est telle que Christiane se console aisément : tant pis pour la particule — pour le moment. Après tout, Louis a dix-huit ans de plus qu'elle : il n'est pas déraisonnable d'espérer devenir un jour une riche veuve encore assez séduisante pour attirer un authentique aristocrate*...

Christiane, en effet, n'a que vingt-trois ans : elle est née en 1895, deuxième enfant et seule fille de Maurice Boullaire et Alice Goupil ; ses deux frères, Jacques et Roger, sont respectivement nés en 1893 et 1899. Les Boullaire forment une dynastie de juristes au moins depuis le XVIIᵉ siècle, Maurice étant lui-même notaire, tandis que les Goupil sont notaires de père en fils : solide et respectable bourgeoisie de robe où les notables abondent, mais où les grandes figures manquent cruellement. Christiane parviendra cependant, en explorant les recoins de sa généalogie, à se prévaloir d'un lointain parent, le vice-amiral Besnard, ancien ministre de la Marine, grand officier de la Légion d'honneur et titulaire de multiples décorations. Elle découvre aussi, au passage, quelques collatéraux tailleurs d'habits et marchands drapiers : à défaut de la combler, voilà au moins de quoi la rapprocher de Louis et de ses ancêtres.

Philippe Soupault, dans son roman à clés *Le*

_____
* Ce qui se produira effectivement en 1956.

Grand Homme (où Louis Renault se dissimule sous le pseudonyme de Lucien Gavard et Christiane Boullaire sous celui de Claude Paillard), donne un éclairage sans concession, mais certainement conforme à la tradition familiale[*], sur les coulisses de ce mariage et les caractères des deux protagonistes :

Claude Paillard était belle. Dès sa plus tendre enfance, elle avait compris que sa beauté était éclatante. Ceux qui l'entouraient la considéraient comme un merveilleux objet, et la traitaient avec respect. On l'admirait tant qu'on négligeait de l'aimer.

Lorsqu'elle devint femme, sa beauté s'accentua et éloigna d'elle cette simplicité humaine qui l'aurait rendue semblable aux autres. Elle devint exceptionnelle. Lointaine, elle fut un spectacle, une harmonie et presque une divinité.

Elle ne voulait appartenir qu'à un homme glorieux, qu'au roi d'un pays ou de quelque matière.

Et cet homme, elle l'attendait, sans impatience mais avec certitude. Son orgueil et sa beauté ne lui permettaient pas de douter de son destin. Les hommages des jeunes gens, des premiers venus, elle les méprisait assez pour ne même pas les craindre : ils lui étaient dus. Mais lorsqu'elle croisait un homme dont la richesse était célèbre ou qu'elle était présentée à quelque prince, elle souriait à sa destinée. Elle jugeait inutiles les démarches que font les jeunes filles pour plaire ou pour être remarquées.

Lorsqu'elle fut demandée en mariage par Lucien Gavard, elle ne put refuser. Lui l'épousait pour ajouter une femme à tout ce qu'il possédait. On lui avait affirmé, comme les amateurs le disent de certains pur-sang, que c'était la plus belle jeune fille de sa génération. Un jour, il la rencontra ; elle était

---

[*] Philippe Soupault, fils d'une sœur de Charlotte Dancognée (épouse de Fernand Renault), est donc neveu par alliance de Louis Renault ; né en 1897, il avait vingt et un ans lors du mariage de son oncle.

plus majestueuse, plus belle que toutes les femmes qu'il avait connues. Il était persuadé qu'elle ne refuserait pas sa demande. Il avait cinquante ans et elle vingt-cinq*. Elle était décidée.

Lorsqu'il annonça ses fiançailles, il reçut la visite de sa belle-sœur : « Lucien, lui dit-elle, je dois te prévenir, le père de la jeune fille que tu veux épouser est mort dans des circonstances tragiques... » Il l'interrompit. Lui aussi était décidé.

Et l'on annonça le grand mariage de la saison[5].

Christiane a-t-elle été, même passagèrement, amoureuse de Louis ? Ses carnets intimes[6] révèlent qu'elle est pour le moins heureuse de se voir courtisée ; les notations se succèdent, dans un franglais un peu snob, tantôt « *very happy*, lettre de Louis », tantôt « désespoir très grand » quand il ne lui a pas donné signe de vie. Et les jours où il lui rend visite sont autant de « *happy days* ». Tantôt il l'invite à dîner chez lui, tantôt ils se retrouvent à Dinard, où les Boullaire passent l'été dans l'une des somptueuses et très kitsch villas de la pointe de la Malouine. Le 9 septembre 1918, Christiane et sa mère sont reçues à Herqueville et, à 19 heures 30, Louis fait sa demande officielle, naturellement agréée par sa future belle-mère. Le mariage civil est fixé au 26 septembre, le mariage religieux au 28. Les deux cérémonies auront lieu à Herqueville, et il est convenu que tout se déroulera dans une certaine intimité, dans la mesure où les deux époux ont peu de famille et par souci de discrétion et de décence alors que la guerre n'est pas encore terminée.

---

* En réalité quarante et un ans pour Louis, vingt-trois pour Christiane.

L'une des photos prises lors du mariage montre le couple sur une terrasse d'Herqueville. Christiane, en robe blanche, est calée dans l'angle du balcon, la main droite posée sur la large rambarde de bois, la main gauche tenant négligemment entre le pouce et l'index une élégante pochette. Elle fixe le photographe droit dans l'objectif avec un sourire très étudié. Louis, également accoudé à la rambarde, regarde ailleurs, comme à son habitude. Ou, plutôt, il regarde Christiane mais donne l'impression de ne pas la voir. Costume trois-pièces, gilet barré d'une chaîne de montre, cravate rayée et col dur montant, sa tenue classique, presque surannée, contraste avec l'élégance fluide de la robe de mariée, d'une simplicité très recherchée qui annonce la mode Art déco. Louis se tient de travers, la main gauche maladroitement enfoncée dans sa poche de veste — l'air assez empoté, pour tout dire. La main droite pend à quelques centimètres de la main de Christiane, mais se garde bien de l'effleurer. Au-delà du nécessaire respect des convenances, leur attitude ne laisse place ni à la tendresse, ni même à un élan fugitif de complicité.

Sur cette image, Louis a encore sa moustache. Encore quelques jours et Christiane, nouvelle Dalila, l'aura convaincu de la raser, pour avoir l'air plus jeune et parce que ça fait « américain ».

À nouvelle famille, nouveau nid : ralentis par la guerre, les travaux de l'hôtel particulier qu'il s'est fait construire au 88-90, avenue du Bois-de-Boulogne*, viennent précisément de s'achever. Comme à l'accoutumée, Renault a réalisé là un joli coup de promotion immobilière. Si cette propriété est idéalement située à hauteur de la porte Dauphine, à deux pas de l'orée du Bois et à quelques minutes de voiture de Billancourt, l'emplacement présente malgré tout le sérieux désagrément d'être entaillé par une profonde tranchée où passe le chemin de fer de Petite Ceinture : plus de trois cents trains par jour entre cinq heures et une heure du matin ! Une nuisance qui a certainement influé sur le prix d'achat. Comme il n'a pas l'intention de partager son domaine avec le fracas des locomotives et les panaches de vapeur, il décide de recouvrir la double voie ferrée d'une dalle de béton. Après accord passé avec la Compagnie des chemins de fer de l'État, aux termes duquel Louis Renault s'engage à prendre en charge la totalité des travaux et à verser un loyer annuel, les travaux commencent en 1913. La vaste plate-forme ainsi créée permet d'agrandir le jardin et d'implanter un court de tennis.

Renault a confié les plans de son futur hôtel particulier à l'architecte du Tout-Paris, Walter-André Destailleur, fils de Gabriel-Hippolyte Destailleur, qui fut l'architecte préféré de l'impératrice Eugénie. Destailleur, assisté d'un confrère, Alphonse Richardière, conçoit un véritable monument en deux parties : l'hôtel particulier proprement dit,

* Actuellement avenue Foch (rebaptisée par arrêté du 29 mars 1929).

de style néo-Louis XVI, et un immeuble de rapport de six étages, occupé par des appartements de grand luxe. On reconnaît bien là la méthode Renault : toute dépense devant s'autofinancer, les loyers couvriront les frais d'entretien de l'ensemble. Et, comme il n'y a pas de petits profits, il concède à un afficheur, la société Morin, le droit d'élever une palissade autour du chantier pour y apposer des publicités contre un forfait de 600 francs.

Comment parvient-il à suivre de près, pendant toute la guerre, l'avancement du chantier jusque dans les moindres détails de décoration, alors même qu'il est sollicité de toutes parts ? Cette capacité à tout mener de front témoigne d'une vitalité prodigieuse qui lui permet simultanément de mettre en place une stratégie industrielle nouvelle au service de la Défense nationale et de trouver le temps d'envoyer à son ébéniste le croquis des rallonges de sa future table de salle à manger... Et, naturellement, de discuter âprement les prix, au point de recevoir, en février 1916, cette lettre désabusée du décorateur Chauvet : « Je veux espérer que les sacrifices que je fais depuis le début, joints à l'honneur d'avoir été l'un des décorateurs de votre hôtel, me rapporteront plus tard, mais pour le moment je travaille pour la gloire. »

Le décor, justement, ne traduit pas un goût très sûr et reflète cet éclectisme cher à Renault, ici un mélange disparate de Louis XV, de Louis XVI et de style chinois... En ce qui le concerne, le maître des lieux reste fidèle au chic anglais et, de même qu'il fait venir ses chemises de Jermyn Street et ses costumes de Savile Row, il a commandé son bureau chez l'ébéniste londonien Litchfield & C°.

Au moment où Louis et Christiane Renault prennent possession des lieux, l'hôtel se présente comme un véritable petit palais privé. Gilbert Hatry, historien de l'entreprise, en donne une description très complète : « L'entrée [...] débouche sur un vaste vestibule. À droite : un vestiaire suivi d'une "pièce aux outils", du bureau de Louis Renault, d'un lavabo, puis de deux vastes bureaux destinés au personnel administratif et au secrétaire particulier. À gauche : la loge du concierge avec une chambre, l'entrée des fournisseurs, puis une "salle des gens" et quatre chambres. Un escalier conduit au sous-sol où se trouvent la cuisine, les caves, les resserres, la chaufferie.

Face à l'entrée, après le vestibule, la rotonde avec un grand escalier qui mène à l'étage supérieur. Au premier étage, face à l'escalier, se trouve le grand salon ou salon ovale qui ouvre à droite sur la salle à manger et l'office, à gauche, sur un petit salon. Viennent ensuite : l'appartement de Louis Renault, composé d'un bureau, d'une chambre précédée d'une antichambre, puis la lingerie, la pièce aux vêtements, la salle de bains. Un autre appartement qui sera occupé par Christiane Renault comprend une chambre, une salle de bains ; enfin, de l'autre côté du couloir, une autre chambre. Si l'on ajoute que toutes les pièces sont accessibles par de vastes dégagements et des escaliers intérieurs, on mesure l'immensité d'un hôtel primitivement destiné au seul Louis Renault[7]. » Comme à Herqueville, les pièces de service en sous-sol sont reliées aux différents niveaux par un système sophistiqué de monte-charges et de monte-plats. Par la suite, le décor comme la disposition des lieux feront l'objet d'incessantes modifications, au gré des inspirations et des caprices du maître et de la maîtresse de maison.

Dans les premières années de leur mariage, Louis se comporte comme un collégien amoureux, si l'on en juge par les lettres aussi enflammées que maladroites que cet homme, pourtant brouillé avec l'orthographe et la syntaxe, fait l'effort de lui écrire à chacune de leurs séparations — tandis que Louis est accaparé par ses affaires et par l'usine, Christiane voyage beaucoup, et seule. Lettres touchantes, presque naïves, où l'homme, le gamin parfois, ressurgit derrière celui que l'on surnomme depuis longtemps « le crocodile » ou « le pithécanthrope » : « Je t'écris ce mot avec tout mon cœur pour te dire que je t'aime de tout mon cœur », « Bonjour, Chérie, je viens d'ouvrir un œil, ma première pensée a été pour toi », « Je te serre bien fort à te faire éclater pour te montrer combien je t'aime » ; mais, repris par son naturel et le démon de l'organisation, il ne peut s'empêcher d'ajouter à ce dernier courrier la mention : « lettre d'amour n° 227 »...

Au-delà de l'affection sincère qu'il porte alors à Christiane, Louis lui voue une immense reconnaissance pour lui avoir donné l'héritier dont il rêvait. Le 24 janvier 1920, elle a mis au monde un garçon, merveilleuse surprise en un temps où le sexe de l'enfant à naître restait un mystère jusqu'à l'ultime seconde. Le nouveau-né est prénommé Jean-Louis, Louis comme son père et Jean comme le neveu trop tôt disparu : son destin est tout tracé, s'il parvient à résister à pareille charge, d'autant plus écrasante qu'il restera enfant unique. De ce bonheur d'être père subsiste une image touchante : à l'ombre d'un bouquet d'arbres, nonchalamment assis dans un fauteuil de rotin, Louis, désormais sans moustache, tient Jean-Louis contre lui, le nouveau-né somnolent disparaissant à moitié dans l'immense main gauche paternelle qui le soutient délicatement. Comme à son habitude, Louis ne sourit pas, mais semble pour une fois détendu, presque tendre.

Le monolithe industriel

Dans l'euphorie de la paix retrouvée, le plus élémentaire bon sens économique passe à la trappe. Alors que la guerre a coûté plus de 200 milliards à la France, dont 80 % financés à crédit, que les petits rentiers sont ruinés par la dégringolade des obligations et des emprunts d'État — en particulier le tristement célèbre « emprunt russe » —, l'inflation galopante venant parachever le désastre, et qu'une bonne partie du pays est à reconstruire, le ministre des Finances, Louis-Lucien Klotz, clame à la tribune de la Chambre qu'il ne faut pas s'en faire, puisque « l'Allemagne paiera ». Sinistre plaisanterie : l'Allemagne ne paiera pas. Pour deux bonnes raisons : d'abord, elle ne peut pas ; ensuite, elle ne veut pas.

Certes, depuis 1916, l'État a commencé à aller chercher l'argent là où il se trouve : dans les caisses des industriels. Ce sera l'impôt sur les bénéfices de guerre, et la note sera salée, l'État essayant tout bonnement de reprendre d'une main ce qu'il avait accordé de l'autre dans l'urgence. Cette « contribution extraordinaire sur les bénéfices exception-

nels et supplémentaires réalisés pendant la guerre »,
définie par la loi du 1er juillet 1916, est rétroactive
au 1er août 1914 — disposition d'autant plus rare
que la non-rétroactivité constitue un principe général du droit. Le taux d'imposition, uniformé-
ment fixé au départ à 50 % du bénéfice exceptionnel, va très vite grimper jusqu'à 80 % (loi du
31 décembre 1917), tandis que la période d'imposition, qui devait s'achever « au douzième mois suivant la fin des hostilités », donc en novembre 1919,
est prolongée au 30 juin 1920.

Pour Louis Renault, très proche des hautes sphè-
res du pouvoir tout au long du conflit, ce n'est pas
une surprise. D'autant moins que cette contribution extraordinaire est, au départ, une idée de son
ami Albert Thomas. Il a donc préparé une parade
comptable pour opposer ses propres chiffres à
ceux de l'Administration : sous-estimation contre
surestimation, telle est la loi du genre. Ce faisant,
il a été amené, dès 1916, à mettre en place une véritable comptabilité industrielle*, ce qui en fait
l'un des pionniers français de la maîtrise de la gestion interne, donc des prix de revient. Ses concurrents n'y viendront qu'au cours des années 1920,
souvent sous l'impulsion d'une jeune génération
de directeurs techniques formés à la nouvelle méthode (ce sera le cas chez Peugeot en 1922). Peu
spectaculaire, cette modernisation des méthodes
comptables va puissamment aider, la paix reve-

---

* Appelée aujourd'hui « comptabilité analytique » ou « comptabilité de
gestion », elle est à la base du contrôle de gestion.

nue, à la transformation de l'entreprise Renault en un véritable trust en moins de quatre ans.

En effet, l'industrie automobile française dans son ensemble est malgré tout sortie très renforcée de la guerre, comme le note un rapport du ministère du Commerce[*] : « Notre industrie automobile a quadruplé au moins ses bâtiments industriels, son outillage et son personnel. » Des ordres de grandeur qui s'appliquent parfaitement à Renault. Mais, à la différence de ses concurrents, l'entreprise bénéficie largement de l'aura et de l'influence de son patron. Dans un contexte économique difficile, malgré l'usure d'un matériel utilisé à outrance et les incertitudes qui pèsent sur les modalités du délicat passage des fabrications de guerre aux fabrications de paix, Renault se retrouve ainsi en position de force.

Certes, le climat social ne s'est pas éclairci, et les contentieux d'avant-guerre ne sont toujours pas réglés. Quatre années de guerre n'ont fait que mettre entre parenthèses des questions de fond qui ressurgiront tôt ou tard. Dans un premier temps, les impératifs de la production d'armes ont étouffé toute velléité de revendication : l'heure est à l'union sacrée des travailleurs et des soldats contre l'envahisseur ; la journée de travail est portée à douze

---

[*] Ministère du Commerce, *Rapport général sur l'industrie française, sa situation, son avenir*, 1919.

heures, le repos hebdomadaire est suspendu. À ceux — et celles, car la main-d'œuvre est de plus en plus féminine par la force des choses — qui s'en plaignent, l'opinion publique rétorque que leur sort est plutôt enviable comparé à celui des combattants du front.

En 1915, comme le conflit menace de s'éterniser, les premières protestations s'élèvent pour réclamer tantôt des augmentations de salaire, tantôt des jours de repos supplémentaires. Dans l'ensemble, Louis Renault accordera les journées de congé demandées, considérant que le surmenage nuit à la productivité, mais refusera par principe toute augmentation générale de salaire, affirmant dans une note : « On s'est demandé souvent d'où provenait l'obstination du patron ou des contremaîtres à fixer une limite aux salaires. C'est la mentalité de l'ouvrier français qui en est l'unique raison. Il est si soucieux d'une égalité mal comprise qu'il ne peut sentir à côté de lui un plus habile ou plus travailleur mieux rémunéré. » Et de conclure : « Il importe donc avant tout, pour assurer dans l'après-guerre la vie économique du pays, de freiner aussi énergiquement que possible les augmentations injustifiées de salaire. »

Malgré ces beaux raisonnements, 1917 aura été marqué par une vague de grèves sans précédent, dans une ambiance alourdie par la catastrophe du bâtiment C4, qui, surchargé, s'effondre au matin du 13 juin 1917, faisant 26 morts sur les 700 personnes qui y travaillaient. Comme à son habitude, Louis Renault tentera de démontrer qu'il n'a aucune responsabilité dans l'affaire, considérant que la faute en incombe au constructeur de la structure métallique et se lançant dans une procédure interminable qui s'achèvera seulement en 1929 (!) par la relaxe des deux parties, « les faits étant imputables aux circonstances de guerre ». Comme à son habitude aussi, il tentera de dédommager les victimes à sa manière maladroite, comme se souvenait plus de cinquante ans après un apprenti alors âgé de quatorze ans, Raymond Mathiot, qui avait échappé de justesse à la mort : « Quelques jours plus tard, M. Renault a voulu voir les blessés. Comme j'étais le plus jeune, on m'a fait passer le premier. Je me vois entrer dans son bureau. Il m'a dit : "Alors, mon petit, crois-tu vraiment que c'est de ma faute ?" ; je lui ai répondu : "Non, Monsieur, c'est la fatalité." Alors, il s'est retourné vers M. Bussonais qui était son financier : "Donne", a-t-il dit. Je ne sais pas combien il m'a donné, mais c'était un gros billet. En rentrant à la maison j'ai dit à mon père : "Tu te rends compte de ce que M. Renault m'a donné !" Mon père n'a rien répondu[1]. »

En 1918, malgré l'accord entre patronat et syndicats négocié l'année précédente sous l'égide d'Albert Thomas, instaurant à nouveau des délégués ouvriers, le conflit repart de plus belle entre Louis Renault et ces derniers sur fond de revendications pacifistes mêlées d'exigences salariales. Cette fois, comme il l'avait promis en 1913, Renault ne négocie pas, ne reçoit personne et fait directement appel aux autorités militaires. L'affaire sera rondement menée : à la mi-mai 1918, 14 délégués, dont les plus virulents, Alexandre Bagot et Anatole Michelet, sont rappelés aux armées[*].

1919 voit l'institution par le Parlement de la journée de huit heures, votée le 29 avril. Malgré ses prises de position ouvertement hostiles avant guerre, Renault applique la nouvelle loi sans discuter, ce qui permet à Billancourt d'échapper pour l'essentiel aux mouvements sociaux qui se produisent alors pour imposer la mesure dans les entreprises. Ce revirement, rare chez lui, résulte de ses réflexions sur le risque de chômage lié aux problèmes économiques de l'heure et de ses constatations sur l'amélioration de la productivité. Au point qu'il estime possible d'en arriver « à la journée de huit heures, tout en ayant, non pas réduit la production, mais en l'ayant intensifiée même, et ce, sans créer aucun malaise, ni répercussion nuisible » — en théorie tout au moins. En pratique, la journée de huit heures se traduit selon lui par « journée continue », une révolution dans les habitudes françaises : « Au fond, il s'agit de faire huit heures de suite avec un quart d'heure ou une demi-heure de détente permettant de prendre une légère collation. Dans ces conditions, il est donc absolument indispensable de remplacer le repas de midi par un repas complet pris avant l'entrée dans les ateliers et qui doit être le principal repas de la journée. Le grand intérêt de la journée de huit heures, en une seule séance, est qu'elle permet à

* Mais pas dans des unités combattantes.

l'ouvrier de prendre chez lui, à la cuisine familiale, ses deux repas. Le repas du matin devant être un repas important, il est indispensable qu'il soit chaud, complet, bien préparé et comportant au moins autant de plats que le repas du soir. » Ne manque à cette note de Louis Renault qu'une liste de menus types... Les heureux bénéficiaires de la journée continue version Renault voient les choses tout autrement, comme en témoigne une ouvrière en 1919 : « Au bout de huit heures, je ressens une terrible lassitude, beaucoup plus grande qu'hier où ma journée fut coupée par le repas. Ces huit heures d'affilée sont bien plus lassantes. Je ressens un vague abrutissement, et cette sensation ira en s'accusant tous les jours. La fatigue deviendra moindre avec l'habitude, mais la stupidité, l'impossibilité de penser iront croissant dans ce labeur mécanique[2]. »

Malgré une certaine accalmie au cours des années 1920, les mauvaises relations sociales restent le talon d'Achille de Renault, qui doit compter, à la même période, avec une épine dans le pied qui se nomme André Citroën. Car l'ancien condisciple du Petit Lycée Condorcet a lui aussi fait son chemin, au point de s'apprêter à faire de l'ombre à son prestigieux aîné.

Tout sépare les deux hommes, dont les itinéraires parallèles vont pourtant bien souvent se croiser. Citroën, né en 1878, un an après Louis Renault, a grandi dans un milieu bien différent de la bourgeoisie traditionnelle française : son père, Lévie Citroen*, est un diamantaire juif néerlandais, émigré à Paris en 1873 ; il se suicidera en 1883 ; sa mère, Macha Kleinan, est juive polonaise, originaire de Varsovie ; elle reprendra l'affaire de négoce de diamants et perles fines après la disparition de son époux. Contrairement à Renault, Citroën n'est pas un autodidacte : après l'École polytechnique (promotion 1900), il est engagé par un fabricant de pièces de locomotives de Corbeil, Jacques Hinstin, avec qui il restera en excellents termes. Puis il devient directeur général des automobiles Mors de 1906 à 1914, période pendant laquelle il réorganise l'entreprise en difficulté et parvient à la redresser, puis à doubler la production de la marque. Entre-temps, lors d'un voyage en Pologne, il a rencontré un lointain parent qui a mis au point une machine capable de réaliser des engrenages en bois aux dents taillées en V, dits « à double chevron », inusables et silencieux, très appréciés dans les minoteries. De retour en France, il adapte le procédé à la réalisation d'engrenages à chevrons en acier, dépose un brevet et fonde la société « Citroën, Hinstin et Cie », future « Société anonyme des engrenages Citroën ». En 1912, un an après Louis Renault, il s'embarque à son tour pour les États-Unis afin de rencontrer Henry Ford et visiter son usine de Detroit.

* Modifié en « Citroën » lors de son arrivée en France ; en néerlandais, *citroen* signifie... « citron ».

Mobilisé en août 1914 au 2ᵉ régiment d'artillerie de Metz où il est successivement lieutenant puis capitaine, il ne peut que constater lui aussi, sur le terrain, les graves problèmes d'approvisionnement en munitions. Il prend alors contact avec le général Louis Baquet, directeur de l'artillerie du ministère de la Guerre, et lui propose de créer une usine spécialisée, capable de produire de 5 000 à 10 000 obus de 75 par jour grâce à l'application des méthodes de Taylor. Projet accepté et, avec le soutien financier de l'État qui lui a passé un marché d'un million d'obus dès le 9 février 1915, il installe une usine ultramoderne sur quinze hectares, quai de Javel. L'entreprise, qui emploie 13 000 ouvrières, aura produit 26 millions d'obus à la fin de la guerre.

Fin 1918, le problème de la reconversion pourrait se poser de manière encore plus aiguë pour l'usine ultraspécialisée de Javel que pour Billancourt. Mais André Citroën a préparé l'après-guerre dès 1916 en recrutant l'ingénieur Jules Salomon, chargé de concevoir une voiture populaire, économique à l'achat comme à l'entretien, vendue complète et prête à rouler à l'instar de la Ford T. Citroën possède, en effet, un sens inné de la commercialisation, qu'il estime aussi importante que la qualité technique pour assurer le succès d'un produit, et s'inspire directement des méthodes américaines, autant pour la publicité que pour la fabrication. En 1919, il lance la 10 HP Type A, « la première voiture européenne fabriquée en série[3] », prévoit d'en construire plus de 60 par jour — soit 20 000 par an, plus que toute la production de Peugeot et

Renault réunie — et annonce un prix extraordinairement attractif : 7 950 francs, alors que le seul modèle Renault comparable, le type GS, est proposé à 12 800 francs. En fait, Citroën vend quasiment à prix coûtant, et ce prix d'appel ne pourra pas être tenu. Inflation oblige, la Type A sera finalement livrée au prix de 12 500 francs, mais le savoir-faire commercial de Citroën, conjugué à son talent de communicateur, lui permettra de faire passer la pilule, et ce premier modèle sera un incontestable succès commercial, atteignant une cadence de production journalière de 100 exemplaires, du jamais-vu en Europe.

Pour l'instant, Louis Renault a du mal à prendre au sérieux ce nouveau concurrent, dont les évidentes acrobaties financières n'annoncent rien de durable. Il se montre beaucoup plus préoccupé de consolider son empire industriel, revenant à ses deux chevaux de bataille, intégration et diversification. Pour commencer, il s'attaque à son problème numéro un : atteindre l'autonomie en matière de production d'acier. La tentative de création d'une aciérie à Grand-Couronne, près de Rouen, au cours de la guerre s'était soldée par un semi-échec. En 1919, avec la reconquête de l'Alsace et de la Lorraine, l'État français se retrouve propriétaire des usines installées par les Allemands entre 1870 et 1914, dont une demi-douzaine d'aciéries, et s'apprête à les mettre en vente par adjudication. Très vite, Renault repère l'usine qui lui convient : les forges et aciéries d'Hagondange, appartenant précédemment au groupe Thyssen, fondées le 1er février 1911 et donc dotées d'un outillage particulièrement récent et performant. Comme il ne peut pas soumissionner en son nom, il crée un groupement, l'UCPMI (Union des consommateurs de produits miniers et industriels), qui regroupe les principaux constructeurs automobiles de l'époque (mais pas Citroën), et place à la tête du conseil d'administration son homme lige, le « baron » Charles Petiet, qui l'a remplacé depuis 1918 à la tête de la Chambre syndicale des constructeurs d'automobiles. Les bonnes relations de Renault avec le pouvoir, en l'occurrence l'ancien ministre de la Guerre Alexandre Millerand, alors commissaire de la République chargé du dossier, feront le reste : le 18 octobre 1919, la chambre des liquidations du tribunal régional de Metz adjuge à l'UCPMI l'aciérie Thyssen d'Hagondange et son satellite, la cimenterie Jacobus, pour la somme de 150 millions. Louis Renault peut se féliciter de cette acquisition promptement menée dans d'excellentes conditions, évoquant dans un courrier aux adhérents du groupement « l'usine la plus belle, la plus moderne, qui existe dans la région ». Il ajoute que « nous avons, après de nombreuses démarches, pu obtenir un domaine minier très respectable, que nous espérons pouvoir encore augmenter. Il existe en outre, annexée à cette usine, une cité ouvrière qui est une véritable ville composée de maisons confortables, d'établissements publics, de construction absolument neuve, parfaitement étudiés » ; et il termine en précisant :

Nous avons choisi l'usine d'Hagondange car elle doit, normalement, obtenir les prix les plus bas pour les produits pour lesquels elle a été établie. Elle nous permettra de réaliser ce que nous avons souhaité, c'est-à-dire mettre entre les mains du groupement des Consommateurs de produits métallurgiques un étalon qui lui permettra d'avoir des données très exactes sur les prix de base de la métallurgie : fonte, aciers Weismer, Martin, électrique. Nous pourrons bientôt livrer des billettes de ces produits à des prix défiant toute concurrence[4].

En langage clair : en devenant nous-mêmes producteurs, nous connaîtrons les vrais prix et nous serons en position de force pour négocier avec les autres aciéries, voire les concurrencer si cela nous chante. Directement visé dans cette affaire depuis le départ, le Comité des forges n'apprécia pas et ne pardonna jamais à Renault cette pierre dans son jardin, d'autant plus que ce dernier ne se privait pas d'ironiser ouvertement sur « ces imbéciles qui ne savent pas faire de la forge, alors ils se sont mis en comité ».

Renault ne s'arrête pas en si bon chemin : au début de 1920, il crée une usine hydroélectrique en Savoie pour alimenter en électricité son usine métallurgique de Saint-Michel-de-Maurienne, destinée à produire principalement des aciers spéciaux. Là, pas question de groupement, l'ensemble des installations lui appartient en propre. Dans la foulée, il crée ou prend de grosses participations dans de multiples sociétés, notamment la Société mécanique de Clichy, qui produit des équipements électriques, principalement des démarreurs, la Compagnie d'applications mécaniques, qui sera bientôt le plus gros producteur français de roulements à billes, les Ateliers Carpentier (appareils de mesure électriques), la Société française des carburants, les Freins Lipkowski... Naturellement, la Société des huiles Renault, fondée avant guerre, est plus active que jamais. Sur le plan commercial, si les filiales russe et hongroise ont disparu corps et bien dans l'effondrement de ces deux pays, l'expansion reprend, d'abord en France métropolitaine où le nombre de représentants de la marque triple rapidement, puis dans les colonies, Algérie, Maroc et jusqu'en Cochinchine. Le mouvement ne se ralentira pas tout au long de la décennie 1920-1930.

La diversification des productions se fera de manière plus chaotique, avant de trouver sa vitesse de croisière — et de croissance — à partir du milieu des années 1920. Dans l'immédiat, la gamme automobile redémarre timidement avec quatre modèles directement extrapolés du catalogue d'avant guerre. Les véhicules industriels — camions et camionnettes conçus pour l'armée — sont directement transposés en versions civiles. La fabrication des chars a ouvert la voie à la création d'un département « machinisme agricole » encore balbutiant : le premier tracteur Renault n'est qu'un char débarrassé de son armement et de son blindage, mais toujours muni de chenilles — ce qui

permet de le proposer en version chasse-neige !
L'expérience acquise dans la construction aéronautique avec l'AR Renault de 1917 est temporairement mise sous le boisseau, seule se poursuit la
réalisation de moteurs d'avions. La réflexion entreprise conjointement entre les chemins de fer du
PLM et Renault sur la définition d'automotrices
rapides à propulsion diesel n'en est qu'à ses pré-
mices, il lui faudra encore dix ans pour se concrétiser. Et, toujours dans le domaine des transports
en commun, le croisement naturel du camion et
du taxi, l'autobus, qui circule à Paris depuis 1905,
n'en est encore chez Renault qu'au stade de la
planche à dessin, malgré quelques prototypes peu
convaincants, fabriqués au compte-gouttes à partir de 1906 ; il faudra attendre septembre 1922
pour voir rouler dans les rues de la capitale le premier modèle de série de la marque, le KX 1, produit à vingt-cinq exemplaires seulement, mais qui
aura très vite des milliers de descendants.

Cette relative pauvreté de la production pourrait
sembler inquiétante, si l'essentiel n'était ailleurs :
Louis Renault dispose désormais, et pour longtemps, de l'oreille des hommes de pouvoir. Il a appris à passer des marchés d'État, à négocier des
commandes militaires, à répondre aux exigences
parfois contradictoires des cahiers des charges. Il
maîtrise suffisamment la chaîne de production, de
la transformation des matières premières à la livraison du véhicule, pour proposer des prix compétitifs tout en conservant des marges saines. Il ne
lui reste plus maintenant qu'à devenir le fournis-

seur attitré, voire privilégié, des grandes entreprises semi-publiques ou privées, comme la STCRP (Société des transports en commun de la région parisienne) ou les compagnies ferroviaires ; par la suite, il en viendra à prendre de fortes participations dans des sociétés de transport, comme Air France, ou même à en créer de toutes pièces, comme la CEA, la Compagnie d'exploitation automobile : autant d'entreprises qui deviennent ainsi clientes captives des productions Renault.

Cette suprématie n'est possible, et explicable, que par la présence autour de Louis Renault d'un cercle de collaborateurs d'une loyauté sans faille, mais aussi sans états d'âme, qui appliquent à la lettre les directives du Patron. Autour d'un noyau dur, le quatuor de l'époque héroïque — Charles-Edmond Serre, Edward Richet, Paul Hugé, Émile Duc —, sont venus s'agréger Ernest Fuchs, qui deviendra vite l'homme de confiance de Louis Renault, les trois Guillelmon — le père, Samuel, recruté en 1918, et ses fils Marcel et Jean, engagés respectivement en 1920 et 1922 —, les deux beaux-frères de Louis, Jacques et Roger Boullaire, Henri Lefèvre-Pontalis, qui vient d'épouser Fernande, l'aînée des filles de Fernand. Roger Boullaire fera paisiblement carrière aux « carrosseries et fabrications spéciales ». Jacques Boullaire, peintre et graveur talentueux, entre au service technique où il s'ennuie prodigieusement et passe son temps à griffonner des caricatures de son chef de service ; il quitte très vite l'entreprise pour mener une carrière artistique, avec le soutien de Louis qui ne lui en voudra pas de ce départ précipité. Henri Lefèvre-Pontalis, entré à l'Usine le 5 janvier 1920, est devenu, en 1922, directeur d'un des services commerciaux, avant d'être nommé administrateur le 5 juillet 1928. Il sera chargé vers 1930, au plus fort de la compétition entre Renault et Citroën, de préparer la fusion des deux syndicats professionnels concurrents, la Chambre syndicale des constructeurs, tout acquise à Louis Renault, et la Chambre syndicale de l'automobile et des industries qui s'y rattachent, présidée par André Citroën ; bien qu'entériné par les deux industriels, cet accord ne dura que vingt-quatre heures, chacun rejetant sur l'autre la responsabilité de la rupture… Responsable du réseau des succursales, Henri Lefèvre-Pontalis est à ce titre chargé du développement des exportations. Fréquemment envoyé en mission d'études à l'étranger — les États-Unis, la Tchécoslovaquie en 1924, le Moyen-Orient… —, il semble avoir du mal à rentrer dans le moule lorsqu'il revient à Billancourt, si l'on en croit Anthony Rhodes[5]. Celui-ci rapporte qu'ayant l'habitude d'arriver tard au bureau et las de subir les reproches récurrents de Louis Renault, Henri Lefèvre-Pontalis soudoyait un huissier pour qu'il accroche très tôt un pardessus et un chapeau au portemanteau de son bureau… Lorsqu'il est emporté par une péritonite le 30 avril 1933, la presse lui rend hommage en termes des plus élogieux, comme en témoigne cet article paru dans *L'Officiel de la mode*[6] : « Les automobiles Renault en deuil — C'est avec une douloureuse émotion que

1 Dans le parc
de la maison
de campagne
de Billancourt.

2 Louis Renault
enfant avec sa mère
à Billancourt.

« La nature m'a doté d'un esprit simple.
J'obéis, dans l'action, à mes instincts
plus qu'à mon intelligence.
L'intelligence quand elle consent à rester
à sa place est un auxiliaire admirable. Elle devient
un danger quand elle prétend tout régler. »

3 Louis Renault entre Marcel (à gauche) et Fernand (ou Paul Hugé ?).

4 Au volant d'une de ses premières voiturettes, 1899.

5 « P'tit Louis, le mécano de Billancourt », 1902.

6 Course Paris-Madrid : arrivée à Bordeaux de Louis Renault, vainqueur de l'étape, 24 janvier 1903 (assis à droite, son mécanicien Ferenc Szisz).

7 L'œil du Patron, Grand Prix de la Sarthe, juin 1906.

3
4

« Seuls les mécanismes simples supportent l'épreuve. »

5

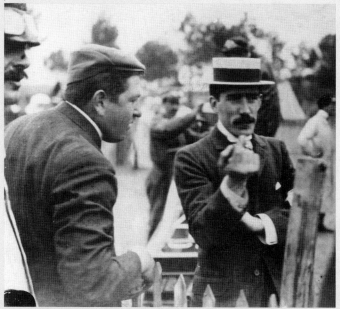

8
9

10
11

« *Pour moi, vivre c'est consommer.* »

12
13

8 Jeanne Hatto, ici en costume de scène, maîtresse patiente et amie fidèle.

9 Louis Renault et Christiane Boullaire le jour de leur mariage, septembre 1918.

10 Christiane Renault, la « Reine de Paris », « hautaine, voire méprisante »...

11 Avec son fils, Jean-Louis, 1920 .

12 Aux sports d'hiver vers 1930.

13 Le château de la Batellerie, au cœur du domaine d'Herqueville, dans l'Eure.

14

15
16

« L'homme d'action
fuit les palabres
vaines. »

14 Face-à-face avec André Citroën lors de l'inauguration du Salon de l'auto 1935.

15 Évaluation des dégâts après l'incendie d'un atelier de Billancourt en 1926.

16 Billancourt après le bombardement allié du 4 avril 1943.

17 Louis Renault présente le prototype de la Juvaquatre à Hitler et à Goering lors du Salon de l'automobile de Berlin de 1937.

18 Louis Renault
à la fin de sa vie.

19 Louis Renault
sur son lit de mort
en octobre 1944.

18
19

« Des hommes
et des choses,
voilà le réel ;
il est vain
de régner
sur un monde
de papier. »

nous avons appris le décès de M. Henri Lefèvre-Pontalis qui a succombé à une crise d'appendicite aiguë.

Le regretté disparu, neveu par alliance de M. Louis Renault, s'occupait de la Direction Commerciale des importantes usines de Billancourt. Dans ce poste délicat, il avait fait apprécier de remarquables qualités d'organisateur ; il n'est pas osé d'écrire qu'il ne comptait autour de lui que des amitiés ; tous ceux qui l'approchaient connaissaient sa généreuse spontanéité, son désir d'obliger et la parfaite compréhension qu'il avait de son rôle auprès de M. Louis Renault.

Le Monde automobile français, notre premier constructeur, font une perte dont il serait vain de méconnaître la réalité ; nous connaissons trop bien le caractère familial qui unit entre eux les collaborateurs de la Maison Renault, pour ne pas leur adresser à eux, comme à leur chef, nos condoléances les plus attristées.

La Maison Renault est responsable en très grande partie de la victorieuse défense de l'Industrie Automobile française. Henri Lefèvre-Pontalis en fut un des meilleurs pionniers ; à ce titre, il a droit à notre reconnaissant souvenir. »

Plus les années passeront, et plus cette tendance au népotisme de Louis Renault, déjà amorcée avec le projet de confier sa succession à Jean, se confirmera. D'autres satellites gravitent à distances variables : Henri Duvernoy, le chef du personnel, un ancien officier recommandé par Louis Loucheur, qui fait régner une discipline militaire dans l'usine ; Yvonne Maille, la fidèle secrétaire à l'œil perçant et à l'ouïe fine, vieille fille accomplie qui ne vit que pour le Patron ; Lucien Jannin, personnage discret mais essentiel, puisque chargé de la « documentation technique », en clair l'espionnage industriel : c'est à lui que revient, au retour de ses incessants voyages d'études, la tâche fort rentable d'examiner la meilleure manière de tourner un brevet pour l'appliquer sans payer de licence.

Paradoxalement, cette équipe de fidèles n'est pas vraiment soudée[*] : le Patron, qui apprécie de diviser pour mieux régner, s'est toujours bien gardé de définir trop précisément les prérogatives de chacun ; de toute manière, il n'y a pas d'organigramme, et il n'hésite jamais à mettre ses collaborateurs en concurrence ; au final, c'est lui qui tranche. Il applique aussi une autre méthode pour tenir les uns et les autres à sa botte : l'invitation-surprise à venir passer le dimanche à Herqueville — invitation qui ressemble fort à un ordre. Louis fait partie de ces possessifs qui non seulement se plaisent à avoir tous leurs familiers autour d'eux, mais supportent difficilement de les perdre de vue, au sens strict. Il en résulte des comportements assez surprenants, comme le découvrira l'ingénieur Fernand Picard lors de son premier rendez-vous à Billancourt :

[*] En 1923, Richet, en butte à une guerre larvée depuis 1918, préférera s'éloigner de Billancourt pour prendre la direction de la succursale de Toulouse.

Quelques minutes passèrent avant que le secrétaire annonçât :

« M. Renault vous attend dans son bureau des Études... »

En nous y rendant, Riolfo[*] m'expliqua que le patron s'intéressait beaucoup aux études et qu'il avait un bureau, à côté de celui d'Edmond Serre, au bout du bureau de dessin, où il venait presque chaque jour suivre l'avancement des projets sur les planches à dessin. Quand il ne le trouvait pas à son bureau, il le sifflait les doigts dans sa bouche, comme le grand Louis siffle Charlot à Ménilmuche [...] et Serre accourait aussitôt comme un chien fidèle[7].

C'est grâce à l'existence de cette équipe aussi protéiforme que dévouée que Louis Renault va se relancer au sortir de la guerre. Restait à entériner cette évolution : ce sera chose faite le 17 mars 1922, avec la transformation de la raison sociale de l'entreprise, de son régime juridique et de son capital. La Société des automobiles Renault disparaît pour faire place à la SAUR, la Société anonyme des usines Renault. Des *usines*, et non plus des *automobiles* : un changement fondamental, qui consacre la prééminence de l'activité métallurgique et mécanique sur la construction automobile. Quant au terme « anonyme », juridiquement exact puisque le changement de statut permet de séparer la fortune personnelle de Louis Renault des biens de l'entreprise, il ne reflète guère la réalité : sur 160 000 actions de 500 francs émises, 130 000 reviennent d'office au Patron, et plus des deux tiers

---

* L'ingénieur Jean Auguste Riolfo, responsable de l'atelier des essais spéciaux.

des actions restantes sont la propriété de membres de sa famille, d'amis et de proches collaborateurs, qui sont en fait autant de prête-noms : chacun d'eux a signé un engagement où il se reconnaît « propriétaire apparent », en précisant que ces actions « ont été achetées, non par moi personnellement, mais en réalité et pour le compte de M. Louis Renault ». On ne saurait être plus clair... Les participations extérieures, dont celles de la banque Mirabaud, se réduisent à 6 900 actions : une goutte d'eau.

Au final, l'hégémonie de Renault, qu'il s'agisse de l'homme ou de la marque, sort renforcée de l'opération. Le nouveau monolithe industriel qui vient de voir le jour a tout pour devenir l'un des plus grands trusts français, et même européens, mais sa direction est plus que jamais concentrée entre les mains d'un seul homme, qui reste malgré les apparences un homme seul. Une solitude qu'il recherche et qu'il va enfin trouver dans son nouveau domaine des îles Chausey : une ruine perdue en mer, hantée par les goélands et battue par les tempêtes.

La grève de Port-Homard

Comment Louis Renault a-t-il pu tomber sous le charme d'un caillou de granit à peine long de 1 500 mètres et large de 800, où il n'y a ni routes, ni voitures*, ni eau courante ni électricité, et que ce progrès technique qui lui tient tant à cœur n'a même pas effleuré ? Lorsqu'il découvre l'archipel de Chausey — 365 îles à marée basse, 52 à marée haute selon la tradition —, c'est encore le Moyen Âge, au sens où la vie quotidienne y est restée inchangée depuis des siècles : un voyageur anonyme, venu là vers 1900, note que « les cahutes sont posées sur les rochers, parfois entre deux blocs, misérables demeures faites de grosses pierres et de boue, de débris de navires et de mottes de gazon, recouvertes de pierres plates, le tout déjeté et sordide. À l'intérieur, ayant à peine deux ou trois mètres carrés, des coffres remplis de foin et de varech servent de couche. Un foyer entre deux pierres dont la fumée monte par un trou dans la toiture, quelques instruments de cuisine pour faire la

---

* C'est toujours le cas.

soupe de poisson, et c'est tout. Il y a comme cela une quinzaine de tanières ». Il faut ajouter, pour faire bonne mesure, « l'odeur de crevette cuite et des congres séchant au soleil » et « le bois si rare que l'on se chauffe avec les rares épaves laissées par la mer sur le plein ou avec des branches d'ajoncs et de genêts, mais le plus souvent au varech séché[1] ». Seul signe de modernité, la présence de quelques maisons « bien construites, l'une d'elles a des allures de villa ; les autres sont la cantine et une auberge ».

Chausey et son île principale, la Grande Île, la seule habitée et habitable, constitue une excursion classique au départ de Dinard, où les Boullaire passent régulièrement leurs vacances. Est-ce de là qu'il s'est rendu pour la première fois dans l'île ou, selon d'autres sources, en y faisant escale le 16 août 1919, alors qu'il se rendait du Havre à Dinard à bord du *Chryséis* ? En tout cas, ce fut le coup de foudre : cet instinctif avait immédiatement ressenti ce qu'exprimera quelques décennies plus tard un autre amoureux de Chausey, Bertrand Poirot-Delpech :

Tout l'envoûtement de Chausey tient à cette philosophie : le ciel de traîne, si triomphant, se paie de trois jours de suroît crachineux ; le ravier de crevettes vaut un lumbago ; un clair de lune dans le Sund*, c'est une nuit entière à déborder le bateau voisin, à détricoter mouillages et haubans. Quand toute l'époque porte à la facilité, vante le tout-cuit, l'archipel, c'est

* Profond bras de mer longeant la Grande Île et principal lieu de mouillage de l'archipel.

d'abord un hymne aux joies de l'effort, de l'endurance, et aux fraternités qui en découlent, disparues partout ailleurs[2].

L'effort, l'endurance et les fraternités qui en découlent... il y avait bien là de quoi séduire un homme qui a construit un empire industriel de ses propres mains. Un homme qui éprouve aussi au plus profond de lui-même la tentation de l'autarcie, et en quel autre lieu réaliser son fantasme qu'une île qu'on peut embrasser tout entière d'un seul regard ?

L'année suivante, Louis Renault revient à Chausey, plus décidé que jamais à s'y établir. Ce qui n'est pas si facile : depuis le 10 janvier 1919, l'île, précédemment la propriété de deux vieilles filles pieuses, Marie et Léonie Hédouin, appartient désormais à la Société civile immobilière des îles Chausey, les parts étant détenues par cinq associés : le chanoine Caron, confesseur des demoiselles Hédouin, Georges Crosnier, commandant en retraite, Jules Durand Couppel de Saint-Front, propriétaire, Pierre Fortin, industriel chocolatier, et Zacharie Gélin, ancien entrepreneur de menuiserie. L'acte de vente précise, de par la volonté expresse des sœurs Hédouin, l'« interdiction de vendre pendant vingt ans tout ou partie des îles, interdiction d'y établir un casino ou tout autre lieu de plaisir », tandis que les sociétaires déclarent de leur côté avoir acheté « pour conserver pour eux et leurs familles des îles tranquilles et poissonneuses » et que « la Société s'est engagée à gérer en bon père de famille la propriété qui lui était cédée, jusqu'au jour où une œuvre religieuse viendrait s'y installer[3] ». Autant dire que ce petit club très provincial et bien-pensant ne voit pas d'un bon œil l'arrivée, l'intrusion même, d'un Louis Renault.

Heureusement pour ce dernier, la situation financière de la Société civile immobilière devient vite mauvaise : les terrains ont été vendus pour la somme de 60 000 francs, le fisc les a réévalués à 160 000 francs et réclame des droits supplémentaires de 47 600 francs. Ces exigences mettent la société en grande difficulté, car les revenus dégagés par les îles sont à peu près nuls, se limitant à « la location des immeubles qui tombent en ruine, et la vente du lait et des légumes » de l'unique ferme. Si Renault n'est pas le bienvenu, il n'en va pas de même de son argent... Le débat fait rage au conseil d'administration : pour messieurs Durand Couppel de Saint-Front et Crosnier, c'est non, « étant donné le caractère et le but de la Société, il est absolument nécessaire de ne prendre de nouveaux associés que parmi les personnes dont les sentiments religieux ne font aucun doute. À ce point de vue, M. Renault ne semble pas présenter toutes les garanties désirables ». Ils arguent, en outre, qu'ils n'ont pas besoin de l'argent Renault, qu'ils ne sont pas des mendiants, « qu'il faut rester chez nous nos maîtres ». Pour le président, Pierre Fortin, qui, en tant que chef d'entreprise, sait ce que gérer veut dire, c'est oui, « la différence entre cette demande Renault et les autres est donc que Renault serait notre associé et qu'il se montrerait généreux à son entrée et ultérieurement », ajoutant qu'il estime « qu'à tous égards, il conviendrait de faire un ami généreux de M. Renault au lieu d'en faire un adversaire coûteux et gênant ». Entre les deux camps, le principal intéressé se fait d'une rare humilité : « Faites-moi l'honneur de me recevoir parmi vous. J'accepte d'avance les conditions que vous jugerez bonnes. Je déteste le monde et les plages mondaines ; d'ailleurs, personnellement, j'ai trop peu de temps libre pour y passer un temps appréciable. Je désire avoir, par exemple, du côté du vieux Château, un emplacement pour y installer une maisonnette en bois[4]. » En fait de maisonnette en bois, il se propose, alors que les associés se sont finalement mis d'accord pour l'accueillir dans la société, d'édifier une gigantesque habitation directement inspirée du château de la Batellerie à Herqueville. Tollé général, et justifié, contre cette indigeste pâtisserie néo-normande à colombages ; on lui propose, en échange de sa renonciation à ce projet, d'occuper l'ancien sémaphore abandonné par la Marine, mais l'édifice est tout juste assez grand pour loger un ermite. Renault s'agace, la situation est bloquée. C'est alors qu'intervient un personnage inattendu, le futur peintre de la Marine et navigateur en solitaire Marin-Marie, qui n'est encore, à vingt et un ans, que Paul Durand Couppel de Saint-Front : le fils, donc, d'un des principaux sociétaires et, depuis sa plus tendre enfance, un passionné de Chausey, qui restera jusqu'à la fin de ses jours son port d'attache. Il est traversé d'une intuition fulgurante : puisque Renault souhaitait s'établir aux alentours du vieux

Château, pourquoi ne pas lui proposer le vieux Château proprement dit ? Il est bien assez riche pour en relever les ruines pittoresques qui dominent la grève de Port-Homard, l'une des plus belles plages de l'île.

Avec l'accord de son père, Paul prend rendez-vous avec Louis Renault et part pour Paris. Reçu par l'industriel dans son hôtel particulier de l'avenue du Bois-de-Boulogne, il lui expose son idée, sans oublier de lui préciser, avec un certain culot, qu'il aura la servitude de déménager et de réinstaller à ses frais les hangars à foin de la ferme, installés dans la forteresse. Malgré l'avarice proverbiale dont Renault peut faire preuve face à une dépense jugée inutile, il accepte avec enthousiasme l'ensemble de la proposition, y compris le déménagement des hangars. Il lui en faut pour espérer transformer en demeure confortable ces quelques pans de muraille informes, abandonnés aux intempéries depuis 1759, année du démantèlement de la forteresse par les troupes anglaises après un débarquement victorieux de deux mille hommes.

Le 18 novembre 1922, le bail est signé : Louis Renault a « jouissance entière et absolue » d'un terrain de 7 200 mètres carrés « sur lequel se trouve le vieux château, et un second lot de 4 800 mètres carrés à titre de simple zone d'isolement ». Renault va enfin pouvoir se livrer de nouveau à sa passion de bâtir et, pour une fois, il réussit à exorciser son vieux démon du « néo », décidant de redonner à l'ancien fort son aspect d'origine, celui qu'il avait lors de son édification en 1559 sur ordre du roi de France Henri II. Peine perdue : impossible de retrouver des documents suffisamment précis pour reconstituer l'allure et les dispositions générales de l'édifice. Il faudra donc se résoudre à créer une forteresse néo-médiévale, dont les plans sont signés d'un architecte débutant : Louis Renault lui-même, qui s'est tout de même adjoint la collaboration d'un géomètre, Teinturier, et de Destailleur, l'architecte de son hôtel particulier.

Le bâtiment occupant un quadrilatère de 40 mètres par 30, l'ampleur des travaux est facile à imaginer. Le chantier commence, avant même que les plans ne soient tracés, par le déblaiement des ruines et la consolidation des vestiges : l'état des lieux mentionne « murs à peine solides ; le sol intérieur de la cour, en terre, non nivelé avec un amas de décombres ou remplissage quelconque[5] ». Pendant deux ans, deux cents ouvriers vont s'activer sous la direction de Domenico Cargnelli, un maçon italien en qui Louis Renault a toute confiance et dont il a fait son chef de chantier personnel. Originaire de Sequals, un petit bourg rural du Frioul, il est arrivé en France en 1916. Il a fait venir de sa région natale toute une équipe de maçons, de mosaïstes, de tailleurs de pierre et, avec eux, il sera de tous les grands chantiers personnels de Renault dans l'entre-deux-guerres : Chausey, Herqueville, la presqu'île de Giens... Louis Renault se sent à l'aise en compagnie de ces gens simples, travailleurs et chaleureux, qui le lui rendent bien. L'un d'eux, Baptiste Longo, ne repartira jamais : arrivé à Chausey en 1922, il épouse Maria, une jeune serveuse de l'hôtel Leperchois, l'un des deux établissements de l'île. Tous deux resteront fidèles au domaine Renault jusqu'à la fin de leurs jours, lui comme majordome et gardien, elle comme cuisinière.

Ces travaux colossaux — à l'exception de la pierre, tirée des anciennes carrières de l'île remises en exploitation pour la circonstance, tout devait être convoyé par mer — auraient coûté, officiellement, entre 5 et 6 millions de francs. Marin-Marie, qui avait assisté à l'ensemble de l'opération, avançait le chiffre de 27 millions de francs, et encore, précisait-il, sans compter « les moteurs, les pompes, les dynamos, câbles et tuyaux de toute sorte, machines et matières premières en provenance directe de l'usine ».

Le 20 avril 1924, un acte de baptême en vieux français de fantaisie, mais tout de même paraphé du curé de Chausey entre les signatures de Christiane et Jean-Louis Renault, de Jacques Boullaire et de Domenico Cargnelli, vient consacrer la fin des travaux, prétexte le soir même à une joyeuse fête entre amis : le « Château Renault », comme on l'appelle maintenant, est désormais inscrit dans le paysage et le quotidien de Chausey.

Pour qui connaît Louis Renault, ce n'est naturellement pas la fin du chantier : toujours en proie à sa fièvre bâtisseuse, il ne tarde pas à décider l'édification d'un garage à bateaux dans l'anse à Gruel, la mieux abritée de l'île, à faire reconstruire en dur les cahutes du hameau des Blainvillais, à doter d'une cloche et d'un clocher la chapelle

Notre-Dame-des-Victoires, édifiée en 1850 et restée inachevée, à monter des murets, creuser des citernes, tracer des allées… Mais son empreinte restera discrète et toujours respectueuse de l'environnement, à commencer par le Château Renault lui-même.

Plutôt réussi, le résultat de cette greffe imprévue entre les murailles séculaires et les desiderata d'un industriel du XXᵉ siècle s'intègre harmonieusement dans le site : surplombant les sables blancs de Port-Homard, les rudes remparts de granit font corps avec les falaises de l'île. Côté plage, une piscine d'eau de mer en partie installée dans une ancienne carrière aux parois décorées de gravures Art déco taillées à même la pierre ; côté terre, une vaste prairie arborée en pente douce, traversée d'une chaussée dallée qui évoque un tronçon de voie romaine. L'intérieur semble plus conforme aux goûts parfois incertains de Louis Renault : la grande salle se veut une réplique de la salle des Chevaliers du Mont-Saint-Michel tout proche, mais les voûtes ogivales et les lourdes colonnes sont en stuc, tandis que la cheminée du XVIᵉ siècle n'est en fait qu'un moulage. La cour carrée centrale, disposition classique des forteresses médiévales, est traitée en patio sur lequel donnent les chambres desservies par une galerie… où tourbillonnent tous les vents de la Manche. Quant au mobilier d'un style qui se prétend gothique, son authenticité reste pour le moins sujette à caution. Mais, pour Renault, tout cela n'a au fond aucune importance : la seule chose qui l'intéresse, c'est sa « bibliothèque ». C'est ainsi qu'il appelle le vaste atelier qu'il s'est aménagé, équipé d'un outillage très complet, d'un tour et d'une forge — réplique, en fait, du hangar primitif du jardin de Billancourt. Il y passe des heures à travailler le métal, à fabriquer une pièce pour l'un de ses bateaux, à concevoir une nouvelle installation. Ce n'est pas le travail qui lui manque, il y a tout à faire à Chausey : installer une génératrice pour fournir l'électricité, améliorer les dispositifs de récupération de l'eau de pluie, imaginer un système de pompage afin d'alimenter la piscine d'eau de mer à marée basse... L'atelier offre un autre avantage à cet homme qui fuit les mondanités : il ouvre directement sur le porche d'entrée, ce qui lui permet d'aller et venir discrètement, esquivant les dîners formels et les soirées dans le grand salon en compagnie de Christiane et ses amis, qu'il trouve d'un ennui mortel. De toute manière, Renault ne tolère guère d'invités en dehors du séjour rituel du mois d'août et préfère venir seul à Chausey, à la rigueur avec Jean-Louis.

Louis aime tellement son nouveau domaine maritime qu'il se fait construire, en 1930, un nouveau yacht, le *Briséis*, spécialement conçu pour naviguer dans les parages de l'archipel. Ce sloop de 47 pieds (14,15 mètres), construit par le chantier Camper & Nicholson à Portsmouth, adopte une construction traditionnelle en bois (bordé en teck de Birmanie sur membrures en chêne d'Angleterre riveté). Ce fut également le premier voilier à propulsion auxiliaire par moteur électrique, ce qui lui permettait d'évoluer aisément entre les îles sans troubler le silence. Ce bateau d'exception représentait un assez joli tour de force technique, comme en témoigne l'article paru dans la revue *Le Yacht* en mai 1931 : « Les chantiers Camper & Nicholson ont livré l'été dernier, à M. Louis Renault, un yacht dont les plans ont été établis par ces chantiers et dont la partie mécanique et électrique a été étudiée et réalisée par la Société anonyme des usines Renault. Le propriétaire désirait avoir un bateau d'assez faibles dimensions pour être facilement manœuvré par deux hommes. Ce bateau devait être très marin, car il était destiné à naviguer dans les parages des îles Chausey, où la mer est souvent dure, mais, néanmoins, conserver autant que possible les qualités d'un racer, c'est-à-dire : être rapide sous voiles, manœuvré aisément, en un mot être "amusant" à barrer. De plus, le propriétaire désirait des logements suffisamment confortables pour pouvoir loger éventuellement quatre passagers et deux matelots. Le problème ainsi posé était difficile à résoudre, car la solution ne pouvait résulter que d'un compromis bien étudié entre les contradictions contenues. »

Lorsqu'il n'est pas à l'œuvre dans son atelier, il profite de sa piscine — plus il prend de l'âge et plus il aime nager —, se livre aux joies de la navigation et de la pêche, tout particulièrement la pêche à pied. Loin du fracas et des tracas de l'Usine, il arpente les grèves à marée basse, traquant les crevettes de son haveneau et explorant les trous de rochers à la recherche de crustacés. Lorsqu'il rentre au vieux fort, tout le monde profite des coquillages qu'il a ramassés et des homards bleus capturés en compagnie de Baptiste, qui montre un talent tout particulier pour les débusquer ; mais il se réserve en priorité le bouquet de Chausey, cette grosse crevette goûteuse, presque sucrée, qui fait son régal.

S'il se sent d'humeur sociable, il n'hésite pas à se mêler à la vie des îliens. À Chausey, il a laissé le souvenir d'un homme simple et sans façon, certes un peu déguisé en marin-pêcheur d'opérette : ciré, vieux béret enfoncé jusqu'aux oreilles, pull marine à côtes, pantalon de grosse toile enfoncé dans les bottes, mais toujours prêt à donner un coup de main, qu'il s'agisse de décharger un bateau ou de se plonger dans le cambouis pour dépanner un moteur marin récalcitrant. Ici, on apprécie Louis Renault pour ce qu'il est, non pour son pouvoir ou ses millions.

Chausey et le Château Renault ont parfois été qualifiés d'« univers wagnérien » — en fait, le qualificatif vaut plus pour la situation que pour l'édifice, qui n'évoque que de très loin les châteaux de Louis II de Bavière édifiés en hommage au maître de Bayreuth. Et la musique favorite de Renault n'a guère de rapport avec les harmonies de Wagner : comme à Herqueville, il a fait installer une de ses inventions les plus curieuses, un tourne-disque à changeur automatique qui diffuse la musique dans tout l'édifice et que l'on peut également déclencher depuis chaque pièce. Un petit bijou qui n'a qu'un défaut, ne proposer qu'un seul genre musical : le violon tzigane. Louis en raffole au point de ne rien vouloir écouter d'autre, et le directeur de sa succursale roumaine passe le plus clair de son temps à lui dénicher de nouveaux enregistrements. Les soirs de tempête, les hurlements du vent mêlés aux plaintes des violons devaient composer une bande-son étrange et quelque peu barbare qui n'était pas sans grandeur...

À la fin de 1940, Louis Renault éprouvera les plus vives inquiétudes concernant Chausey — non seulement au sujet de sa résidence, mais surtout pour la population de l'île, menacée d'être déplacée : la Grande Île, déclarée « zone interdite » comme toute la côte, est occupée par une garnison allemande. En 1941, il fera intervenir son ami Marin-Marie pour plaider la cause des populations auprès des autorités militaires. Avec succès, car les Allemands, qui ont finalement choisi les îles Anglo-Normandes comme base avancée contre le Royaume-Uni, ne se soucient plus guère de ce caillou au large de Granville : non seulement la population reste, mais l'île redevient accessible à partir d'octobre 1942. Après la remise en état du Château Renault, qui, habité par des pêcheurs privés de logement, a quelque peu souffert, Louis se préoccupe de renouveler son bail, ce qui sera chose faite en septembre 1943. Et, à partir du printemps

1943, il reviendra à plusieurs reprises à Chausey, presque toujours seul. Il n'accepte autour de lui que quelques rares présences tutélaires : Clément Pouns, en l'occurrence tout à la fois valet, garde du corps et garde-malade, le capitaine Le Mut, qui s'occupe des bateaux du Patron, Baptiste et Maria. Cet homme usé, miné, a définitivement fait de Chausey sa *querencia*, « cet endroit de l'arène où le taureau revient obstinément lorsqu'il se sent menacé, ou pour reprendre des forces. Un espace invisible que son instinct lui assigne, une sorte de refuge mental[6] », selon la définition tauromachique du terme.

En effet, comme Renault l'avait pressenti dès l'instant où il avait mis pied à terre pour la première fois sur la Grande Île, Chausey est bien le seul endroit au monde où il se soit senti vraiment libre. Libre, d'abord, parce qu'il n'y a là ni collaborateur pour soumettre un problème urgent, ni secrétaire pour faire signer une avalanche de courrier, ni flagorneur sollicitant une entrevue, ensuite parce qu'il n'y a même pas le téléphone. Libre, surtout, parce que Chausey et les Chausiais sont comme lui, rudes, taiseux, taillés dans le granit. Qu'il passe des journées sans parler ou qu'il réponde à un bonjour par un vague grognement, cela n'a aucune importance, personne ne lui en voudra. Par-dessus tout, il aime de tout son être le contact direct avec une nature parfois violente, toujours stimulante. Un idéal de vie qu'il exprimera un jour en quelques mots brefs, presque un haïku :

« Un soleil, un bon vent, quelques minutes, pluie tous les jours, je prends un bain le matin et un le soir puis c'est le silence[7]. » S'il est un lieu où l'on peut encore ressentir la personnalité du véritable Louis Renault, entre simplicité et démesure, mégalomanie et modestie, c'est Chausey bien plus qu'Herqueville.

Autant Chausey a conquis le cœur de Louis, autant Christiane reste sur la réserve. À ses yeux, Chausey, c'est Dinard en pire. Elle y retrouve le soleil capricieux, l'eau fraîche et le vent humide de ses vacances de jeune fille, mais sans les parties de tennis, les soirées, les mondanités, les régates chic, les réceptions au Yacht-Club pour fêter l'arrivée des concurrents de la course à la voile Cowes-Dinard… Aux vagues gris-vert de la Manche, elle préfère de loin jouer les naïades dans le bleu des mers du Sud.

Pour lui faire plaisir, Louis se met en quête, en 1926, d'un nouveau domaine sur les rivages de la Méditerranée. Il procède comme s'il s'agissait d'implanter une nouvelle usine, passant chaque lieu possible au crible en fonction de critères rationnels, comme l'ensoleillement, la proximité de la mer, la présence d'eau potable, l'exposition au mistral, la présence de liaisons routières et ferroviaires commodes avec Paris… Une fois la sélection opérée, un seul site se révèle satisfaire à toutes ses exigences : la presqu'île de Giens. Le problème consiste maintenant à acheter suffisamment de terrains aux différents propriétaires pour constituer un vaste domaine, tout en restant suffisamment discret pour ne pas faire monter les prix. Renault délègue sur place son régisseur d'Herqueville, Chauveau, pour prendre les contacts, et mandate son secrétaire particulier, Pierre Rochefort, qui a succédé le 15 janvier 1923 à Ernest Fuchs, appelé à d'autres fonctions[*], pour mener les négociations. Officiellement, l'acheteur est d'ailleurs Rochefort, qui signe les options en son nom, mais une astuce juridique lui permet de désigner une autre personne lors de l'acte de vente. Les deux hommes s'entendent comme larrons en foire pour garder le secret sur les transactions, comme le montre une lettre de Rochefort à Chauveau : « Si on interroge M. Chauveau et que la question des prix vienne sur le tapis, qu'il dise qu'il ignore le détail des prix payés, que c'est M. Rochefort qui s'en est occupé. »

Les premiers achats sont effectués en 1928, et bientôt Renault se retrouve propriétaire d'un domaine de vingt-cinq hectares d'un seul tenant au cœur de la presqu'île, exposé plein sud et dominant l'anse du Niel. Quatre villas sont édifiées par l'équipe des maçons italiens de Domenico Cargnelli : Contour, Miremer, Gautier et la plus importante, tout en haut de la colline au milieu des pins et des vignes : le Roucas. D'emblée, Renault

---

[*] Ernest Fuchs est devenu président de la Diac, la filiale « crédit » de Renault.

déteste ce nom qui lui rappelle les railleries d'enfance au sujet des reflets roux de sa chevelure. L'endroit s'appellera désormais Escampobar, du nom d'une pointe voisine. Sait-il que c'est dans une maison de ce nom que Joseph Conrad a situé l'action de son dernier roman, *Le-Frère-de-la-Côte* ? De toute manière, Louis n'a pas d'affection particulière pour ce lieu, même s'il y installe, comme dans toutes ses résidences, un atelier privé et, comme à Chausey, fait construire des cabanons pour les pêcheurs du coin et un vaste garage à bateaux. Escampobar ne sera jamais pour lui qu'un pied-à-terre commode avant d'embarquer pour les croisières en Méditerranée à bord du *Chryséis*, désormais au mouillage à l'année dans l'anse du Niel. En revanche, Christiane, qui n'aime rien tant que de se dorer au soleil au milieu de sa petite cour d'admirateurs, adore Escampobar. Des admirateurs qui sont de moins en moins du goût de Louis, mais il est pour le moment bien trop occupé à croiser le fer avec un autre genre de rival : André Citroën, l'homme au double chevron.

Losange contre double chevron

Au soir du 4 juillet 1925, date de l'inauguration de l'Exposition internationale des Arts décoratifs, la tour Eiffel s'embrase, sous les yeux ébahis des badauds, en un feu d'artifice flamboyant de comètes et d'étoiles multicolores qui se transforment en une cascade de doubles chevrons, tandis que s'inscrit progressivement en lettres géantes hautes de trente mètres le mot « Citroën », visible à quarante kilomètres à la ronde. Dès le lendemain, Paris ne parle que du nouveau coup de maître publicitaire de l'homme du quai de Javel. Le spectacle se répétera pendant toute la durée de l'Exposition, puis tous les dimanches, le motif principal de l'illumination variant chaque année à l'occasion du Salon de l'auto jusqu'en 1934 : tantôt la plus grande horloge du monde, tantôt le plus grand thermomètre...

De quoi mettre dans une rage folle un Louis Renault que Citroën agace prodigieusement depuis 1919. Déjà, cette année-là, lors du lancement de la première Citroën, la 10 HP Type A, il avait peu apprécié les méthodes de son concurrent qu'il considère comme proches de la malversation : les arrhes des clients alléchés par le prix dérisoire, mais mensonger, de la voiture servent en réalité à calmer les créanciers — lors du Salon de l'auto, on murmure qu'il y avait par moments plus d'huissiers que de visiteurs sur le stand Citroën... Dans les semaines qui suivent, alors que le prix réel de la voiture a quasiment doublé — il triplera même quelques mois plus tard —, que personne n'est encore livré et qu'une avalanche de procès menace, Citroën rétablit la situation en argumentant que si on le met en faillite, l'argent sera définitivement perdu, alors qu'avec un peu de patience tout le monde sera servi, et on le croit. Renault peste : « Citroën construit ses voitures avec l'argent des autres, moi je les construis avec le mien[1] ! » Il n'empêche que le jour où la jeune marque annonce à grand renfort de publicité qu'une Type A strictement de série vient de parcourir 10 000 kilomètres sans panne, les commandes affluent par milliers. Il faut réagir : Renault, dont le classicisme technique est pourtant bien connu, innove en proposant lui aussi une 10 HP équipée pour la première fois d'un volant à gauche, comme la Citroën. C'est le début d'une course-poursuite qui va durer quinze ans.

En 1920, Citroën est déjà passé devant Renault dans le domaine des voitures de tourisme : 12 000 véhicules produits contre moins de 10 000 ! En

1922, la jeune marque lance des caravanes publicitaires qui viennent présenter, même dans les plus petites villes, la totalité des modèles, qu'on peut essayer sur place et acheter à crédit, grâce à une filiale, la Sovac — grillant la politesse aux banques, Citroën s'est lancé dans le crédit à la consommation. Annoncée par voie d'affiche, l'arrivée de la caravane est un tel spectacle que les écoles ferment pour que les gamins puissent voir les Citroën ! Renault fulmine contre « le cirque Citroën » et ce gugusse de « Pitroën », mais commence à sentir passer le vent du boulet. En réplique à la Sovac, il lance en 1924 la Diac (Diffusion industrielle et automobile par le crédit). Désormais, il va rendre coup pour coup, et même coup tordu à l'occasion.

Ainsi, en décembre 1922, Citroën lance son nouveau véhicule tout-terrain extrapolé de la Type A, l'autochenille Citroën-Kégresse[*], à l'assaut du Sahara : cinq voitures pour parcourir en huit étapes les 3 200 kilomètres qui séparent Touggourt de Tombouctou, retour par le même itinéraire. Le 25 février 1923, sur le chemin du retour, l'expédition est accueillie en plein désert, au sud d'In Salah, par André Citroën, son épouse et… le général Estienne, le vieil ami de Renault, qui s'intéresse aux véhicules à chenilles depuis l'aventure du char FT-17. La présence d'Estienne s'explique par les essais de chenillettes légères qu'il est venu faire dans la région, très probablement en collaboration

[*] Alphonse Kégresse (1879-1943), ingénieur mécanicien français, responsable technique des garages du tsar Nicolas II de 1905 à 1917, avait créé ses premiers véhicules à chenilles en Russie.

avec les officiers de la TM 1191 (première unité militaire saharienne de transport automobile), basée à Ouargla.

Les autochenilles Citroën font une entrée triomphale à Touggourt le 6 mars 1923, mais Estienne n'est pas convaincu : il a appris que le premier stock de chenilles de rechange avait été intégralement consommé avant même l'arrivée à Tombouctou. De retour en France, il reprend contact avec Louis Renault, qui s'intéresse beaucoup au marché des colonies, et lui propose de construire un six-roues un peu particulier : deux essieux moteurs à l'arrière, des roues jumelées à l'avant comme à l'arrière, équipées de pneus basse pression. Ce 6×4, qui est en fait un douze-roues, accomplit ses premiers essais sur une plage de Casablanca où alternent sable et rochers. Les résultats sont suffisamment convaincants pour lancer la première expédition transsaharienne Renault : deux six-roues transportant chacun six passagers relient en un temps record Touggourt à Tozeur. Dans la foulée, trois six-roues aux mains de Gaston Gradis, qui envisage d'organiser une liaison régulière par automobile entre l'Afrique du Nord et le Niger, et des deux frères Estienne, Georges et René, les fils du général, quittent Colomb-Béchar pour Bourem, sur le Niger ; destination atteinte en 119 heures seulement, contre 14 jours pour les Citroën ! Le 15 novembre 1924, une nouvelle mission part de nouveau de Colomb-Béchar, destination Niamey. L'un des membres de l'expédition, le capitaine Delingette, continue le voyage en compagnie de son épouse : ils réussiront la première traversée nord-sud de l'Afrique en atteignant le cap de Bonne-Espérance le 4 juillet 1924.

Louis Renault aurait tout lieu de se réjouir de cette pluie de records si son rival ne l'avait une fois de plus éclipsé en organisant la « Croisière noire », gigantesque expédition qui se déroule sur plus de 20 000 kilomètres à travers l'Afrique, de l'Algérie à l'océan Indien. L'expédition de tous les superlatifs, « à travers déserts, savanes, brousses, marécages et forêts vierges[2] ». Au Congo belge, quarante mille indigènes sont réquisitionnés par les administrateurs pour tracer une piste de 700 kilomètres afin de faciliter la progression des Citroën... Le célèbre cinéaste Léon Poirier, membre de l'équipe, réalise un documentaire qui aura un retentissement considérable... Au fil des dépêches, le public suit jour après jour avec passion les péripéties de la Croisière, alors que l'exploit de Delingette n'a fait qu'un entrefilet dans la presse[*] le lendemain de son arrivé au cap. L'astuce de Citroën aura été de présenter cette opération promotionnelle comme une mission à visées scientifiques : même si le chef de l'expédition n'est autre que le directeur général de la firme, Georges-Marie Haardt, le public croit à la fiction d'une « équipe d'explorateurs » généreusement financée par le mécène André Citroën.

Dans la coulisse se déroule en réalité une lutte féroce pour s'assurer le marché des transports

---

[*] Huit lignes en bas de page 2 du *Figaro* du 5 juillet 1925, sous le titre « La traversée de l'Afrique en automobile ». Renault n'est même pas cité...

automobiles de passagers — lignes régulières et circuits touristiques — entre le Maghreb et l'Afrique subsaharienne, via les pistes du désert. Début décembre 1924, fort de l'intérêt soulevé par la Croisière noire, Citroën annonce l'ouverture, début janvier, de la liaison par autochenilles Colomb-Béchar-Tombouctou, exploitée par la Citracit, la Compagnie transafricaine Citroën. Les publicités sont des plus alléchantes : « Les touristes ne coucheront pas dans le sable à la belle étoile, M. Citroën a fait installer et préparer des bordj — des hôtels si l'on préfère — et des campings de luxe » ou, encore plus excitant : « On dansera chaque soir aux sons d'un jazz ou d'une musique indigène, soit aux sons d'un phonographe ou d'un piano mécanique. On dînera certainement en smoking. L'Afrique française est pacifiée[*]. » Renault voit rouge...

L'inauguration de la ligne est fixée au 5 janvier 1925, sous le haut patronage du roi des Belges, qui a prévu d'accomplir le parcours complet, en présence du maréchal Pétain, du maréchal Franchet d'Espèrey, de plusieurs ministres et des autorités indigènes. Hélas, au tout dernier moment, les services français avisent leurs homologues belges que des troubles ont éclaté sur le trajet et que la sécurité du roi ne peut être assurée : l'Afrique française n'est pas pacifiée ! La mort dans l'âme, Citroën doit tout annuler et, de dépit, liquide immédiatement la Citracit : perte nette, 15 millions

[*] Annonce dans *Le Matin*, 6 décembre 1924.

de francs. Plus tard, on apprendra qu'un calme parfait a toujours régné dans la région... Les bonnes relations entre Louis Renault et les autorités militaires locales auraient-elles un lien avec cette magistrale désinformation ? En tout cas, c'en est fait des ambitions africaines de Citroën, tandis que Renault va, selon son habitude, prendre de fortes participations dans des sociétés existantes, en particulier la Compagnie générale transsaharienne de Gaston Gradis — en échange de quoi leur parc automobile sera exclusivement composé de matériel Renault.

Citroën a perdu une bataille, mais la guerre des transports va se poursuivre en métropole. En juin 1932, Citroën lance la Société des transports Citroën, qui va exploiter des services réguliers par autocar autour des principales villes françaises ; en décembre, 52 lignes transportent 16 000 voyageurs par jour ; en juin 1933, 126 lignes, 36 000 voyageurs et environ 2 000 cars. Renault réagit, comme à l'accoutumée, par des conventions avec des transporteurs déjà installés ; devant des résultats décevants, il décide, le 27 décembre 1932, de créer sa propre compagnie, la CEA (Compagnie d'exploitation automobile), dont les objectifs sont sans équivoque : « Pour pouvoir lutter contre Citroën et ne pas avoir de pertes plus grandes que les siennes, il faut que nous ayons de beaux cars sur les mêmes lignes que lui, exactement dans les mêmes conditions[*]. » En clair : il faut systémati-

---

[*] Note de Louis Renault, 30 août 1933.

quement concurrencer Citroën sur les lignes qu'il exploite et non chercher à se partager le territoire. Devant ce qui s'annonce comme une compétition ruineuse, les deux hommes font l'effort de se rencontrer le 30 octobre 1933. Ils ne parviendront à se mettre d'accord sur rien, pas même les horaires, et le combat ne cessera que faute de combattants, lorsque Citroën sera évincé de sa propre entreprise.

La compétition technique ne sera pas moins âpre, comme en témoignent trois épisodes spectaculaires : le coup de bluff de la « tout-acier », le coup de génie du « moteur flottant » et le coup de grâce de la « traction avant ».

Jusqu'à la « tout-acier », les carrosseries automobiles étaient constituées d'une carcasse de bois qui recevait des panneaux de tôle, technique restée proche de la construction des véhicules hippomobiles. Le nouveau procédé, mis au point par l'Américain Edward G. Budd, consistait à réaliser des carrosseries entièrement en panneaux de tôle d'acier emboutis et soudés. La technique fut d'abord appliquée à la réalisation de voitures de chemin de fer, prouvant sa validité. Pour sa première « tout-acier », la B 10, lancée en 1924, Citroën a consenti des investissements très lourds, en particulier pour les presses à emboutir, et acquis une licence d'exploitation des brevets Budd contre redevance de 2 dollars par carrosserie. La publicité est à la hauteur des enjeux commerciaux : « Votre carrosserie "tout-acier" constitue, par sa résistance, un véritable bouclier contre les risques de la route. Rien ne vous dissimulera l'obstacle : ses montants métalliques mêmes suppriment tout angle mort pour la vue », sans oublier que la « tout-acier » est plus facile à réparer, incombustible, etc. Renault contre-attaque en vantant la traditionnelle carrosserie « composite », plus silencieuse, plus facile à réparer et surtout plus souple, « épousant les mouvements du châssis sur la route[3] » ; il vise le défaut de la cuirasse de la B 10, dont le châssis trop mince se déchire sous le poids de la carrosserie... Une fois ce défaut de jeunesse corrigé, Citroën va faire donner les grandes orgues publicitaires : aux États-Unis, Edward Budd avait fait asseoir des éléphants sur des voitures munies d'une carrosserie acier, défiant les fabricants de carrosseries mixtes d'en faire autant ; Citroën va aller plus loin : il lance depuis un tremplin une de ses « tout-acier » dans une impressionnante série de tonneaux ; à l'arrivée, la voiture, retombée sur ses roues, n'a subi aucun dommage majeur, les portières s'ouvrent et se ferment normalement... Ce film publicitaire, premier *crash test* de l'histoire de l'automobile, aura un retentissement considérable, alors qu'il est honteusement truqué : la voiture utilisée a été soigneusement préparée et renforcée. Peu importe : le coup de bluff a fonctionné, Renault doit trouver une solution technique pour s'aligner sur son concurrent.

Comme à l'accoutumée, il refuse de payer des royalties et invente la technique du « bois armé » : les tôles sont soudées après emboutissage et non avant comme dans le procédé Budd, des renforts en bois viennent se glisser entre les panneaux.

Appliqué à partir de 1934 sur la Celtaquatre, le « bois armé » ne trompe personne, surtout pas les représentants français de Budd. Une discussion de marchands de tapis s'engage, Marcel Guillelmon est envoyé aux États-Unis pour négocier avec la firme à Philadelphie et à Detroit. Sa mission est claire : « Faire durer les pourparlers aussi longtemps que possible en compliquant la question par la commande de quelques petits outillages[4]. » Tout se réglera par la signature d'un accord le 21 janvier 1938 : contrairement à Citroën, Renault aura réussi à attendre quatorze ans avant de verser le moindre centime à Budd...

Le « moteur flottant » restera l'un des coups de génie du constructeur de Javel. Là aussi, il y a tout simplement achat de licence aux États-Unis, auprès de Chrysler cette fois. Reposant sur deux *silent-blocs* disposés à l'avant et à l'arrière, le moteur ne transmet plus aucune vibration au châssis. Renault monte une fois de plus au créneau, tentant de démontrer qu'il s'agit là d'une invention française qui remonte à 1905, améliorée en 1908, en 1910, et même brevetée par lui-même le 30 juillet 1921 : il n'a attendu personne pour monter sur ses voitures des « moteurs oscillants » et des « moteurs amortis ». Peine perdue : l'insigne des calandres des Citroën munies de ce dispositif, où l'on voit sur fond de double chevron un cygne stylisé voguant sur des vagues bleues portant les mots « Moteur flottant Citroën », et le slogan « Une marche douce et silencieuse, comme le glissement du cygne sur l'eau » imposeront l'image d'un constructeur d'avant-garde.

Mais le véritable coup de grâce sera porté par le lancement, en mai 1934, de la 7, la « Traction », première voiture de série à traction avant, carrosserie monocoque et freins hydrauliques. Double coup de grâce, même : si la Traction consacre l'avance technique de Citroën sur son concurrent, qui ne parviendra plus à le rattraper sur ce plan, elle va sonner le glas d'un André Citroën étranglé par les problèmes financiers : les premiers mois, les ventes de cette voiture révolutionnaire, mais loin d'être au point, sont désastreuses, la firme se retrouvera bientôt en liquidation judiciaire.

Si Renault n'avait pas fait de son entreprise, dans l'entre-deux-guerres, un conservatoire de la mécanique traditionnelle, la Traction aurait pu naître à Billancourt. Son concepteur, l'ingénieur André Lefebvre, un ancien des usines Voisin[*], avait été engagé chez Renault le 4 mai 1931 comme adjoint au chef du bureau d'études, l'inamovible Charles-Edmond Serre, le « gardien du temple » par excellence. Un beau jour, il propose à Serre un avant-projet de petite voiture à traction avant et, selon l'ingénieur Grégoire, Serre « leva les bras au ciel. On imagine l'effet que pouvait avoir pareille initiative dans une affaire où les idées devaient venir exclusivement du Patron. Serre et Lefebvre ? Une vieille poule ayant couvé un canard sauvage ! »

---

[*] Gabriel Voisin fut successivement constructeur aéronautique et constructeur automobile.

François Lehideux[*], neveu par alliance de Louis Renault, entré à l'Usine en juin 1930 et qui se définissait alors comme « une sorte de directeur administrateur et financier », se souvient des suites de l'algarade : « C'est moi qui ai embauché Lefebvre. Avec M. Serre j'ai eu quelques ennuis, ce qui n'était pas étonnant. Au début, M. Renault était très amusé par ce garçon. Mais à la fin ça n'allait plus du tout. Un jour, Louis Renault me téléphone. Il hurlait : "Vous allez me f... ce type-là à la porte, séance tenante, il vient dans votre bureau, j'en ai assez, je ne veux plus le voir là !" Et je vois arriver Lefebvre dans le même état de fureur. "Quelle espèce de c..., me dit-il, pour qui se prend-il, pour le patron de Billancourt[**][5] ?" J'appris ainsi que les deux hommes s'étaient violemment pris à partie pour je ne sais quelle raison. » Le 15 février 1933, Lefebvre quittait Renault. Le 12 mars, il entrait chez Citroën. Le 18 avril 1934, la Traction faisait sa première apparition.

Dans la tête de Louis Renault, ce n'est pas tant la Traction qui a coulé Citroën que lui-même, le jour où il a fait à son concurrent le coup de l'île Seguin.

---

[*] François Lehideux avait épousé l'année précédente Françoise Renault, la plus jeune des filles de Fernand. Comme toujours avec les nouveaux membres de la famille, Louis s'était empressé de lui trouver une place à l'Usine.
[**] Lefebvre parle évidemment de Serre.

Paradoxalement, l'île Seguin, qui aura été le symbole même de Billancourt, tantôt « île du Diable » du « bagne Renault », tantôt « forteresse ouvrière » selon les époques, fut le dernier bâtiment industriel construit sur le site. Au début des années 1920, Louis Renault, conscient de la disposition défectueuse des ateliers et en mauvais termes avec les riverains de l'usine, avait envisagé de transférer la totalité de l'entreprise au Mans, où il avait déjà installé des ateliers pendant la guerre. Il avait même caressé l'idée de fonder une « cité ouvrière idéale » autour de la future usine, comme un témoigne un avant-projet du 4 décembre 1918, avec six cents maisons d'ouvriers et de contremaîtres et de multiples équipements sociaux : « coopérative, restaurant ouvrier, mess des employés et chefs de service, hôtel pour les célibataires, établissement de bains et piscine, salle de gymnastique, lavoirs, théâtre et cinéma, école maternelle, garderie d'enfants, salle de consultations médicales, dispensaire, kiosque à musique, tennis, terrain de jeux, jardins ouvriers et école de jardinage, club d'enfants[6] ». Les difficultés économiques de l'immédiat après-guerre conduiront Renault à laisser cet ambitieux projet dans les cartons.

Il se tourne alors vers le dernier terrain libre de Billancourt, l'île Seguin, acquise en partie en 1919 afin de créer un « poumon vert » destiné au personnel, avec de multiples installations sportives et quatre-vingts jardins ouvriers. Il semble que la décision de la transformer en ateliers ait été prise dès 1922, les premiers plans d'ensemble datant de

1923. Les travaux seront colossaux : il s'agit de consolider les berges par une ceinture de pieux d'acier et de béton armé, de rehausser la totalité de l'île d'au moins quatre mètres pour la mettre hors d'eau en cas de crue, de la relier par deux ponts aux deux rives de la Seine, puis de construire plusieurs niveaux d'ateliers et une centrale d'énergie.

C'est aux États-Unis que Renault est allé chercher des idées sur la meilleure façon d'organiser ses nouveaux ateliers. En avril 1928, il s'est embarqué sur le paquebot *Île-de-France*, accompagné par une Christiane grippée, qui se montre d'humeur morose, et du petit Jean-Louis dont c'est le premier grand voyage, d'abord un peu décevant : pluie, vent, ennui, mal de mer ; puis l'émerveillement devant Manhattan, les gratte-ciel, le luxe du Ritz-Carlton... Pendant que le gamin s'extasie devant New York avant de découvrir avec sa mère la Californie, puis le Québec, Louis s'est organisé un programme chargé : près de cinquante visites d'usines en moins d'un mois. Le séjour s'ouvre par une réunion de coordination avec Charles Serre et Émile Tordet, chef des méthodes, qui ont fait la traversée avec lui, Marcel Guillelmon, déjà sur place, et les directeurs de la Renault Selling Branch, Touzé et Villeneuve. Ensuite, séjour de deux semaines à Detroit, où Renault retrouve Henry Ford et fait la connaissance de son fils, Edsel ; au passage, entretiens avec Ray D. Chapin, président de la Chambre nationale américaine de commerce automobile, qui organise en son honneur un déjeuner où sont réunis tous les dirigeants des grandes marques américaines, Cadillac, Chrysler, General Motors, Packard, Dodge, Pontiac, Chevrolet... Après avoir renoué les liens commerciaux transatlantiques, Renault part à la chasse aux informations : chez Cadillac, il découvre les pare-brise en verre feuilleté Triplex et un nouveau système de banc d'essai des moteurs, plus performant ; chez Ford, il est frappé par l'immense bâtiment ultramoderne (80 mètres de large, 200 de long !) occupé par les bureaux d'études, note des projets de carrosserie en aluminium. Ailleurs, il a engrangé des informations sur les techniques d'emboutissage des tôles, l'organisation des chaînes d'assemblage... Tout le voyage de retour, du 19 au 25 mai, se passe en longues conversations entre Renault, Serre et Tordet : Renault, qui avait emporté dans ses bagages le dernier roman de Colette, *La Naissance du jour*, n'a pas dû l'ouvrir souvent ! De fin mai à début juin, il séjourne à Herqueville et envisage toutes les possibilités, y compris le transfert du bureau d'études à Herqueville. Lorsqu'il revient à Paris, sa décision est prise : sa nouvelle usine se fera bien sur l'île Seguin et elle sera installée « à l'américaine », avec généralisation du travail à la chaîne et mise en place d'équipements ultramodernes, de la systématisation des outils suspendus à l'installation d'un grand hall d'emboutissage où s'alignent 120 presses, en passant par l'automatisation totale ou partielle de certains ateliers comme la fonderie ou l'émaillage.

Une première tranche de travaux, achevée en 1930, porte sur une surface développée de

62 000 mètres carrés, dont « un hall formant une rue couverte de 12 m de largeur dans lequel un des embranchements du réseau ferré de l'usine permettait l'embarquement sur wagons des voitures complètement finies », « un bâtiment (n° 3) de 40 m de large en charpente métallique à usage de montage à trois travées », « une rue de 10 m de large pour permettre la circulation des voitures et camions », « un bâtiment en ciment armé composé d'un rez-de-chaussée et de quatre étages sur une largeur de 28 m et une hauteur de 30 m surmonté d'un château d'eau », « une nef de 10 m de large formant une rue couverte permettant la circulation des camions et des wagons sur voie ferrée normale[7] ». Une deuxième tranche, entreprise dans la foulée et terminée en 1934, prolonge la première de manière tout aussi monumentale et totalise 35 000 mètres carrés supplémentaires.

Cette deuxième tranche était en cours d'achèvement lorsque Louis Renault, vers la fin de 1932, invite très courtoisement André Citroën à visiter ses nouvelles installations. Invitation acceptée avec empressement, curiosité oblige. À son arrivée, Citroën est convié à s'installer dans une voiture dont Renault prend le volant en s'excusant : l'île Seguin est trop grande pour qu'on puisse la visiter à pied ! Et de lui faire parcourir à loisir les vastes rues intérieures et les ateliers qu'il connaît comme sa poche, au point de repasser à plusieurs reprises aux mêmes endroits sans que Citroën, impressionné par l'immensité et la modernité des installations, s'aperçoive de la supercherie. Citroën en ressort très préoccupé : avec un tel outil de travail, Renault ne va pas tarder à lui ravir sa place de premier constructeur français. Trois mois plus tard, le 10 mars 1933, il annonce sa décision de rebâtir intégralement son usine de Javel... En cinq mois, d'avril à septembre, il fait construire et équiper 120 000 mètres carrés d'ateliers. Le dimanche 8 octobre, jour de l'ouverture du Salon de l'auto, il organise pour l'inauguration de cette cathédrale industrielle, et sous la présidence du ministre du Commerce, Louis Serre, un immense banquet de six mille six cents trente-trois convives, accueillis en musique par la garde républicaine ; ce jour-là, tout est placé sous le signe du double chevron, y compris les bagues des cigares. Mais si les usines Citroën sont de nouveau à la pointe du progrès, les caisses sont vides au-delà du raisonnable, d'autant que la production connaît une récession sévère, conséquence à la fois de la crise économique et de six semaines de grève dure, de fin mars à début mai. Citroën a joué quitte ou double, ce sera quitte. On prête alors à Louis Renault ce propos : « Je n'ai donné qu'un seul coup bas à Citroën, c'est lorsque je lui ai fait visiter l'île Seguin. Il s'est ruiné en voulant faire en trois mois ce que j'avais fait en trente ans ! »

En quinze ans, la rivalité entre les deux hommes va prendre les formes les plus diverses et, par moments, les plus cocasses. Ainsi, le 21 mai 1927,

Lindbergh traverse l'Atlantique ; à son arrivée au Bourget, il déclare s'être guidé sur les lettres « Citroën » qui flamboient sur la tour Eiffel. Aussitôt André Citroën le persuade de venir visiter ses usines et fait apposer dans ses ateliers une affiche qui proclame : « Ouvriers, ouvrières, Charles Lindbergh sera parmi vous aujourd'hui. L'homme qui, d'un seul coup d'aile, a traversé l'Océan, réalisant l'exploit fantastique que nous avons tous suivi avec angoisse, l'homme qui pendant trente-trois heures, seul dans sa carlingue, totalement isolé du monde, a bravé le froid, la fatigue, les dangers, la solitude, a désiré, avant de quitter notre pays, venir saluer les ouvriers et les ouvrières de France[8]... » Renault enrage : alors qu'il est devenu l'un des principaux constructeurs aéronautiques français, actionnaire de plusieurs compagnies aériennes dont la future Air France, c'est son concurrent, qui ne connaît rien à l'aviation, qui reçoit Lindbergh ! Un peu plus tard, c'est au tour de Renault d'exaspérer Citroën, comme le rapporte François Lehideux :

Nous avions un terrain près de la porte du Point-du-Jour, qui n'était pas construit, en face des nouvelles usines Citroën, quai de Javel. Louis Renault demanda qu'on le fermât avec des palissades et décida d'inscrire dessus, en grand, « Renault = 1,5 km ». Citroën ne pouvait pas ne pas voir cette inscription chaque fois qu'il se levait de son bureau. Un matin, André Citroën m'appela à Billancourt et me demanda de passer le voir pour une affaire importante et urgente. Quai de Javel, l'huissier m'attendait. On me fit monter dans le bureau d'André Citroën qui était magnifique, avec de grandes baies sur la Seine. Il me tira par le veston jusqu'à la fenêtre, et me dit, me montrant l'inscription : « Regardez ça : ce n'est pas admissible. »

Un peu interloqué, je lui montrai l'inscription sur la tour Eiffel. « Pour nous, ce n'est pas agréable non plus ! » lui dis-je. Là-dessus, il me garda à déjeuner[9].

Un autre jour, alors que Citroën inonde les routes de France de panneaux indicateurs frappés du double chevron, Louis Renault, au moment d'embarquer à Granville pour passer le week-end à Chausey, avise au bout de la cale le panneau maudit : « Chausey, 10 km. Don de Citroën ». Cette fois, c'en est trop... pour Roger Boullaire, qui ne peut se retenir de hurler de rire devant la colère de son beau-frère : c'est lui qui a installé ce faux panneau.

À d'autres moments, c'est au tour de Louis de s'offrir des petits plaisirs personnels, comme le jour où Citroën, s'apercevant que les briques utilisées pour la construction d'un nouvel atelier sont frappées du sigle Renault (qui possède en effet une briqueterie), lui demande de lui fournir des briques sans marque ; requête acceptée... à condition, naturellement, de payer un petit supplément pour cette fabrication spéciale — les choses en resteront là. À l'occasion, Renault s'attarde également devant le hall d'exposition Citroën des Champs-Élysées ; d'immenses miroirs sont censés multiplier les voitures, mais, légèrement gondolés, ils les déforment de manière cocasse, ce qui ne manque pas de le réjouir. Pourtant, sa revanche la plus feutrée se manifeste par le changement de logo de la marque. Déjà, en 1923, le char d'assaut de 1919 avait cédé la place au mot Renault, inscrit en toutes lettres sur les grilles d'avertisseur des voitures de tourisme ou sur les radiateurs des gros utilitaires. En 1925, nouveau changement : Renault s'inscrit désormais dans un losange, c'est-à-dire deux chevrons réunis par la base...

Deux légendes également inexactes ont couru sur les relations entre Louis Renault et André Citroën. Selon la première, les deux hommes étaient à couteaux tirés, alors qu'en réalité ils se retrouvaient fréquemment lors de réunions professionnelles, déjeunaient ensemble à l'occasion, et qu'aucun témoin n'a jamais signalé qu'ils en soient venus aux mains — alors que Renault avait parfois des discussions très « physiques » avec ses collaborateurs —, ou aux insultes — même si, en privé, Citroën traitait volontiers Renault, entre autres amabilités, de « grand singe aux oreilles décollées », lequel Renault disposait d'un vocabulaire fleuri pour désigner son concurrent. La seconde affirme que leurs relations étaient des plus cordiales, empreintes d'estime et de courtoisie réciproques. Pour preuve le magnifique nécessaire de toilette offert par Christiane Renault à Jacqueline Citroën, la fille aînée d'André, pour ses fiançailles, et la montre de bureau en or et jade, signée Cartier, offerte par Louis à la même Jacqueline lors de son mariage — bon client de Cartier, il avait obtenu une remise intéressante... Cette vision idyllique est trop belle pour être vraie : selon

J.-B. Pontalis, qui a grandi dans cette ambiance, non seulement les deux hommes, mais les deux familles ne s'aimaient pas : « C'était pire que les Capulet et les Montaigu chez Shakespeare ! » ; et d'ajouter : « La seule fois où j'ai rencontré les enfants Citroën, j'ai été tout étonné de voir que c'étaient des enfants comme les autres[10] ! »

Le 28 février 1934, le temps se couvre pour Citroën : une fois de plus, il n'a pu faire face à ses échéances. Mais, cette fois, les banques ne suivent plus : il lui manque 10 millions, elles ne lui en accordent que 5. Le gouvernement Doumergue, qui n'est en place que depuis les émeutes antiparlementaires du 6 février, s'affole : Citroën liquidé, c'est 25 000 ouvriers sur le pavé et un risque réel d'explosion sociale. Renault est alors discrètement approché pour racheter son concurrent. Il en a largement les moyens, mais l'opération ne lui plaît pas : il sait bien que l'effondrement de Citroën cache une rivalité entre banques, et que cette rivalité en dissimule une autre entre deux grands sidérurgistes, les Schneider et les Wendel. Renault est toujours parvenu à se passer des banquiers, qu'il accuse d'incompétence lorsqu'il s'agit de financer l'industrie, et, depuis l'affaire de l'UCPMI, a les plus mauvaises relations avec le Comité des forges, dont Schneider et Wendel font partie des piliers. Il sait aussi qu'il faudra tailler dans le vif des effectifs et que les syndicats vont s'insurger. Il prend le temps d'étudier le dossier, mais laisse finalement tomber : il n'a aucune envie de mettre le doigt entre l'arbre et l'écorce, surtout que Citroën laisse des dettes colossales. Il sent également que la fusion de deux entreprises aux « cultures » aussi opposées risque d'être un échec.

En décembre 1934, les jeux sont faits : la société Citroën est mise en liquidation, Michelin reprend l'affaire, discrètement soutenu par Wendel. Le 5 janvier 1935, André Citroën est écarté du conseil d'administration. Au mois d'avril, il est hospitalisé pour un cancer qui l'emporte le 3 juillet. Le 5 juillet, Louis Renault assiste à ses funérailles au cimetière de Montparnasse, une cérémonie discrète, presque intime. Il a fait vider ses serres d'Herqueville de leurs orchidées pour les déposer sur le cercueil. Il ne se doute pas qu'une fois de plus, l'homme de Javel lui montre la voie et que cette journée n'est que la répétition générale, y compris dans le détail des orchidées, du drame qui le concernera bientôt.

Les mauvaises fréquentations

En 1934, Louis Renault, seulement âgé de cinquante-sept ans, s'inquiète. Ce grand sportif qui aime le tennis, la natation, l'aviron, la navigation, le ski à Saint-Moritz, qui a toujours mené une vie saine et frugale — pas d'alcool, pas de tabac, pas d'excès de table — souffre depuis quelque temps des reins et de l'estomac. Il subit des crises de coliques néphrétiques, redoute un ulcère, se remémore certainement les souffrances terribles de Fernand, victime d'un cancer du foie. Son comportement s'en ressent : l'élocution est de plus en plus embarrassée, la pensée confuse, il ne trouve plus ses mots — demandant à un collaborateur de prendre contact avec un ministre, il ne parvient qu'à articuler péniblement : « Allez voir l'homme qui décide. » Son caractère, aussi, devient de plus en plus difficile : jusque-là plus colérique que méchant, il devient autoritaire, hargneux.

Quand Renault se décide à consulter, le diagnostic ne tarde pas à tomber, impitoyable : « Calcul du rein droit avec des hématuries et des troubles nerveux en rapport avec de l'urémie cérébrale. » En clair, le rein n'élimine plus ce poison violent qu'est l'urée, qui passe alors dans le sang pour s'attaquer au cerveau. Dans les cas les plus avancés, le patient décède en huit jours environ, au cours desquels il sombre dans une torpeur comateuse de plus en plus profonde. Dans un premier temps, le médecin consulté conseille un long repos absolu à la campagne avant de procéder à une intervention chirurgicale. Repos absolu ? Opération ? Convalescence ? Pas question ! D'abord et avant tout, l'Usine, qui ne saurait tourner sans lui. Ensuite, un traitement médicamenteux à la rigueur, si les effets secondaires ne l'empêchent pas de travailler. Mais il est tout de même obligé de ralentir sérieusement la cadence et ses apparitions à l'Usine se font de plus en plus brèves : « Il arrivait à sept heures du soir et repartait à sept heures et demie, c'était très difficile et je ne pouvais pas le dire », confiera François Lehideux. Le reste du temps, il dirige depuis Herqueville ou son bureau de l'avenue Foch, par téléphone ou par le biais de notes griffonnées, réécrites par Yvonne Maille et François Lehideux.

En dehors d'un cercle restreint — la famille et quelques très proches collaborateurs —, l'état de santé de Louis Renault doit rester un secret absolu. Mais ce n'est pas parce qu'il ne veut rien lâcher qu'il ne se préoccupe pas de l'avenir : en janvier 1934, il nomme François Lehideux administrateur délégué, aux côtés de Paul Hugé et Samuel Guillelmon. Le 1er octobre, il recrute René de Peyrecave comme attaché à la direction. De quoi renforcer l'équipe directoriale en attendant que Jean-Louis, qui n'a encore que quatorze ans, prenne un jour ses responsabilités dans l'entreprise.

Ce rideau de fumée entretenu autour de l'état réel de Louis Renault ne tardera pas à alimenter toutes les spéculations, d'autant que l'évolution de la maladie se montre des plus déconcertantes : à des phases de comportement quasi normal, où l'on retrouve le Patron énergique de toujours, succèdent de pénibles moments de confusion, et il arrive qu'après une longue période de quasi-mutisme il bascule dans la logorrhée et se lance dans un discours incohérent, comme l'a noté l'ingénieur Picard :

M. Renault mit fin à cette réunion par des exercices inédits qui stupéfièrent nos hôtes. Je me demande quelle impression ont emportée de lui ces ingénieurs qui l'ont vu bafouiller lamentablement et, en quelques minutes, mélanger dans un désordre inouï l'essence, l'alcool, le charbon de bois, le bois, les tracteurs agricoles, le lait, le goudron, les fermes de son domaine et les camions de l'usine[*].

Inévitablement, ces comportements contradictoires vont susciter la formation de deux clans antagonistes : d'une part, les optimistes — on pourrait tout aussi bien dire les vassaux — qui pensent que la maladie de Louis Renault n'altère en rien sa lucidité, ce qui lui permet de continuer à exercer pleinement ses responsabilités de patron, surtout s'il est épaulé par une équipe dévouée ; de

---

[*] Fernand Picard, *op. cit.* Témoignage daté du 10 avril 1941, période où la maladie de Renault est devenue évidente.

l'autre, les pessimistes — les rebelles — qui estiment que l'homme est de plus en plus coupé des réalités et qu'il est plus que temps de préparer une transition en douceur si l'on veut assurer la pérennité de l'entreprise. Schématiquement, les premiers gravitent autour de René de Peyrecave, les seconds soutiennent François Lehideux. Il faudra les bouleversements de la Seconde Guerre mondiale pour mettre un terme au conflit qui oppose les deux factions.

Comme pour conjurer le mauvais sort, 1934 s'achève sur un coup d'éclat : le 2 octobre au soir, Louis Renault accueille au Palais Garnier tout ce que la France compte d'officiels et d'hommes de pouvoir. Il y a là le président de la République, Albert Lebrun, le président du Conseil, Gaston Doumergue, la plupart des ministres en exercice, les hauts gradés de l'état-major, tous les grands patrons de l'industrie et de la finance, une foule d'élus, le corps diplomatique au grand complet (même les Soviétiques sont venus). Sans oublier les journalistes et la caution aristocratique des membres les plus titrés du Cercle interallié, dont fait partie Louis Renault. Au-delà des officiels, sont également invités les amis de toujours et de Billancourt : le « baron » Petiet, les Guillelmon père et fils, Paul Hugé, Émile Duc, Charles Serre, la famille proche, en particulier François Lehideux, ainsi que les relations personnelles des Renault, familiers, intimes, notaires, avocats, médecins, jusqu'à certains locataires de l'immeuble de rapport — mais de très grand standing — du 88, avenue Foch.

La soirée sera à la hauteur de la qualité et de la diversité de l'assistance : après le grand orchestre jazz de Ray Ventura et ses Collégiens, la chanteuse réaliste Marie Dubas — l'interprète de *Mon légionnaire* —, Maurice Chevalier et le comique Dranem, dont le répertoire oscille entre chansons grivoises* et opérettes, place au classique avec l'Académie nationale de musique et de danse de l'Opéra. Le récital se termine avec la soprano Lili Pons, spécialement venue de New York, à qui Louis Renault remet, sur scène, un bijou dont le prix a, bien entendu, été scrupuleusement noté par ailleurs : 1 800 francs.

En réalité, Renault n'a pas été pris d'un amour soudain pour les soirées de gala et le bel canto. Le but de l'opération, qui se déroule deux jours avant l'ouverture du Salon de l'auto, est purement commercial : le clou de l'événement n'est autre qu'un long métrage documentaire, *L'Automobile de France*, un hymne de quatre-vingts minutes tout à la gloire de Louis Renault et des usines. Par la même occasion, il a déposé la marque « Automobile de France », lancée dans la foulée. Un joli pied de nez, au passage, à André Citroën, patron de son entreprise pour quelques semaines encore, qui assiste au triomphe de son rival dans un domaine où

* Parmi ses plus grands succès, *Le Trou de mon quai*...

il avait jusque-là régné sans partage, la communication.

Aux yeux de Renault, le succès est total. Se rend-il compte qu'il joue avec le feu ? À trop vouloir incarner l'automobile française, il se place en position de monopole. Déjà, en 1929, lorsqu'il avait organisé pour les journalistes une visite de Billancourt suivie d'une conférence de presse, certains rédacteurs s'étaient exclamés : « Ce n'est plus une entreprise privée, c'est une entreprise nationale[1] ! » De nationale à nationalisée, il n'y a que trois lettres, un petit pas que les communistes de la CGTU[2] voudraient voir franchi dans les plus brefs délais.

Quand il devient patent, courant 1934, que Citroën va être démis de ses fonctions, les « rouges » se détournent temporairement des luttes ouvrières menées quai de Javel pour porter le fer dans la dernière grande entreprise dirigée par un seul homme. Ces usines « aussi grandes et aussi peuplées que la ville de Chartres », selon la publicité Renault de l'époque, constituent un terrain d'action idéal pour l'« avant-garde du prolétariat ». En 1933, le ton de *L'Humanité* à propos de Renault restait (relativement) modéré : « Avec les ouvriers du bagne Renault » n'est guère plus véhément que : « La bataille des exploités de Citroën. » À partir de 1934, le moindre incident est exploité à outrance — une coupure au doigt devient un « doigt coupé[3] » —, même les on-dit sont promus au rang d'informations... dans les titres et l'article qui suit renoue bien souvent avec le conditionnel. Les chefs sont inévitablement des « fascistes », des « jaunes », des « voleurs[4] », et Billancourt a systématiquement les honneurs de la rubrique « La vie tragique des travailleurs ». L'île Seguin est plus que jamais l'« île du Diable » (c'est d'ailleurs le titre du journal syndical clandestin de l'île Seguin) et, à lire certains témoignages, on se demande si la vie, en effet, ne serait pas plus douce à Cayenne... Quant à Renault, il devient le « saigneur de Billancourt », vampire sadique qui se complaît à martyriser les masses laborieuses enfermées à sa merci dans la « citadelle patronale[5] ». Les caricaturistes exagèrent ses rides, son nez, ses oreilles décollées, ses cheveux ondulés, dans une volonté manifeste d'avilir et de dégrader qui annonce tristement d'autres caricatures qui déferleront bientôt sur la France.

Face à ce déchaînement, Renault hausse les épaules, estimant que le PCF et la CGTU tiennent le même discours à propos de toutes les entreprises — des bagnes dirigés par des affameurs — et qu'à force le propos va lasser par son outrance même : en ce qui le concerne, qui peut croire, au vu de son parcours, qu'il soit devenu un fasciste militant, suppôt d'Hitler et de Mussolini ? Profonde erreur : martelées sans répit, ces affirmations simplistes vont finir par s'incruster dans les esprits. On s'en rendra compte en 1936 au moment du Front populaire, puis en 1944 lors de la campagne pour la nationalisation.

D'autant que les arguments brandis ne sont

pas sans fondement : il est exact que les militants communistes sont particulièrement pourchassés chez Renault. Ils sont bien vite repérés par les membres du « service du personnel ouvrier », la police privée de l'usine, à l'entière dévotion de leur patron, Henri Duvernoy, ancien chef du contrôle de la main-d'œuvre militaire au ministère de la Guerre, dont on murmure qu'il serait en excellents termes avec la Sûreté et les Renseignements généraux. Engagé en 1919 sur recommandation de Louis Loucheur, Duvernoy tombe le masque au début des années 1930 et laisse entrevoir, sous l'organisateur, le provocateur : à partir du 6 février 1934, le jour où la République a vacillé sous la pression des ligues d'extrême droite, il ne dissimule plus ses sympathies pour le mouvement antiparlementaire, tout en hésitant encore entre les Croix-de-Feu du colonel de La Rocque et le PPF, Parti populaire français, de Jacques Doriot, communiste déçu[*] passé au fascisme. Duvernoy n'hésite pas à fouiller les affaires personnelles des ouvriers, à piéger les « meneurs » en glissant des faux tracts dans leurs poches ; il a ses espions dans les équipes d'entretien qui, par définition, détiennent un accès permanent à toute l'entreprise ; ses indicateurs, qu'il récompense en cas de renseignement intéressant, que ce soit à l'intérieur ou à l'extérieur de l'usine ; il tient scrupuleusement à jour des listes de « sus-

---

[*] Il ambitionnait d'accéder au secrétariat général du PCF, mais Moscou lui préféra « des personnalités moins fortes, moins populaires, mais plus malléables » (*Dictionnaire historique de la vie politique française au XXᵉ siècle*, PUF, 1995).

pects » dans ses petits carnets noirs qui ne le quittent jamais. En bon paranoïaque qui voit des conspirateurs partout et pour tout, il n'accepte aucune remarque d'où qu'elle vienne, même s'il ne s'agit que d'une banale question d'hygiène. Autre détestable personnage, Henri Verdure, le « garde-chiourme » de l'île Seguin, chef du montage des véhicules, « un ignare, un gueulard terriblement craint », dont Fernand Picard se souvenait « qu'il avait instauré un véritable climat de terreur, licenciant sans vergogne ceux qui commettaient la moindre infraction aux consignes qu'il avait édictées : chauffeur qui empruntait à contre-sens un sens unique, tacotier qui déposait des pièces à cheval sur les lignes blanches qui délimitaient les voies de circulation, femmes réparant des ans l'irréparable outrage... » Les femmes, Verdure les préfère jeunes et faciles : un jour, il met à la porte deux ouvrières qui n'ont pas accepté de coucher avec lui. Informé, Louis Renault se refuse à sanctionner Verdure : à ses yeux, ce genre d'incident n'a aucune importance, et si Verdure les a virées, c'est qu'il avait de bonnes raisons. Certes, les ouvrières ne sont pas toutes des prix de vertu, et Fernand Picard rapporte que lors de l'occupation de l'usine pendant les grèves de 1936, « quelques Prospers[*] avaient équipé un camion pour permettre à des ouvrières d'exercer le plus vieux métier du monde... celui qu'elles avaient pratiqué avant leur embau-

[*] Allusion au souteneur popularisé par la chanson de Maurice Chevalier, *Prosper (Yop la boum)*, 1935.

che aux usines[6] », mais l'affaire fera, à juste titre, scandale.

Renault se moque du *turn-over*, le taux de renouvellement du personnel. François Lehideux se souvenait qu'il disait : « Je prends les pièces, je paie, et les gens ne sont pas enchaînés. S'ils ne se plaisent pas, ils prennent la porte et vont voir ailleurs[7]. » Les chefs traduisent plus simplement : « Si vous n'êtes pas content, dehors ! Il y a la queue au bureau d'embauche[8]. » Les conditions de travail, pour être dures, ne sont pas pires que dans bien d'autres grandes entreprises et Renault paye plutôt correctement*, mais l'ambiance est exécrable, le flicage permanent d'un Verdure et d'un Duvernoy est d'un autre temps — contreproductif, en fait. Lorsqu'il prend ses fonctions d'administrateur et se penche sur le dossier, François Lehideux, pourtant peu suspect d'idées révolutionnaires, est effaré.

Louis, de son côté, s'éloigne progressivement de Billancourt. Chaque nouvelle crise d'urémie lui rappelle que ses jours sont comptés. C'est l'époque de ces photographies terribles où le visage, sillonné de rides profondes, n'est plus qu'un masque de douleur, la bouche crispée, le regard perdu. Loin des fumées des fonderies et du fracas des presses, il se voit de plus en plus finir ses jours dans la peau d'un *gentleman farmer* sous les pommiers

---

* Dans l'ensemble, mieux que Peugeot et Citroën.

d'Herqueville. Sa décision est prise : de sa villégiature normande, il va faire un grand domaine agricole expérimental. Il achète l'ancienne seigneurie d'Herqueville, alors baptisée « château Lanquest » du nom des propriétaires précédents, et son domaine, soit 315 hectares qui viennent compléter le puzzle des terres qu'il possédait déjà : « Louis Renault était maintenant propriétaire de la quasi-totalité du village. Le nouveau Domaine pouvait s'étendre de part et d'autre des chemins. Il suffisait de déplacer des rues, de construire une nouvelle Mairie, d'ajouter deux nouvelles entrées au Domaine pour clore l'ensemble. Ajoutez à cela des démolitions, des constructions nouvelles, un nouveau parc pour agrémenter l'ensemble[9]. » Il va réaliser tous ces travaux et quelques autres avec l'aval — la bénédiction, même — du conseil municipal, qu'il a, il faut bien le dire, totalement noyauté : il s'est arrangé pour que le maire d'Herqueville, Eugène Cartier, soit de fait inamovible (il sera en place sans interruption de 1904 à 1940...) ; en revanche, la majorité des conseillers sont des hommes de Renault, certains étant même des collaborateurs de l'usine. Dans les communes avoisinantes, Daubeuf, Connelles, Andé, Muids, où il possède également des fermes et des bois, il sait ouvrir largement son portefeuille pour résoudre les conflits d'intérêt.

Pour mener à bien ce « grand chantier » de 1935-1936, Louis Renault fait une fois encore appel aux talents de l'équipe de maçons de Domenico Cargnelli et, naturellement, veille à tout dans les moindres détails : « Il y eut un style "Renault" qui dès lors s'imposa aux barrières d'entrée et aux porches, non seulement du château, mais aussi aux maisons possédées par le Patron, grâce auquel on reconnaît encore les anciennes propriétés du Patron. Il y eut aussi des couleurs typiques (les peintures étaient fabriquées à Billancourt avec le même dosage) ; c'est alors qu'on commença à parler du "vert Herqueville". » Les moindres détails, pour Renault, cela peut aller très loin, comme dans cette note concernant la chasse aux courants d'air : « Peut-être, dans l'avenir, serons-nous amenés à mettre des rideaux en tissu caoutchouté pour éviter le refroidissement trop grand par les fenêtres ; ces rideaux pourraient être mis en place tous les jours de la semaine. Pour cela on n'aurait qu'à mettre quelques clous à crochet et à l'aide d'anneaux cousus après les rideaux on accrocherait ces derniers, de façon qu'ils soient le plus près possible des fenêtres. » Louis Renault, minutieux ou obsessionnel ?

Dans ce domaine idéal, quelque chose soudain le chiffonne : la modestie de la petite église du village et de son prêtre. Qu'à cela ne tienne : Louis Renault, « recevant un jour l'abbé Turlan, "son curé" qui portait des soutanes plutôt défraîchies, décida de lui en faire faire une neuve. Imaginez L. Renault, prenant lui-même les mesures de l'abbé Turlan... ». Quant à l'église : « E. et L. Boulangeot utilisèrent comme modèle des boiseries ou des motifs en provenance du château démoli. L. Renault en fit faire des moulages. C'est ainsi que l'autel fut restauré et que toutes les boiseries de la partie nord furent remises en état. L'église hérita de plusieurs tableaux, d'autres furent encadrés par les soins des ébénistes et l'église Saint-Germain, avec son cimetière où Louis Renault avait choisi de reposer, retrouva un éclat et une propreté dignes d'une chapelle seigneuriale[10]. »

Au bout du compte, le domaine d'Herqueville s'étend sur cinq communes et 1 700 hectares « dont 800 de terres labourables, 200 d'herbages et 700 de bois. Il est organisé en deux départements : agriculture et services généraux[11] ». Chaque département fonctionne selon un règlement intérieur d'une précision maniaque, naturellement établi par Renault.

Le Centre expérimental d'agriculture est confié à Paul Pommier, un ingénieur des Arts et Métiers qui ne connaît strictement rien au sujet. Mais Renault ayant remarqué, à l'Usine, ses capacités d'organisateur, estime que c'est l'homme qu'il lui faut pour que le domaine d'Herqueville devienne enfin rentable. Car Renault a de grands projets : il veut installer, pour commencer, une beurrerie, une cidrerie et se lancer dans l'élevage des vaches laitières, des porcs et des poules. Il a, naturellement, tout prévu : le cidre sera élaboré à la ferme d'Herqueville, puis conservé dans les cavités naturelles des falaises crayeuses — souvenir de ses ancêtres troglodytes ? Le petit-lait de la beurrerie servira à nourrir les porcins. Et, comme il est plus profitable de vendre les poulets prêts à cuire que vivants, il investit dans un abattoir à volailles. Son objectif est clair : « Ce Domaine doit être rentable ; je veux que d'ici trois ans, le déficit devienne un bénéfice annuel de 300 000 F minimum. » Ce ne sera jamais le cas, et le déficit ira en se creusant toujours plus : Renault a négligé l'aspect commercialisation, et il faut se résoudre à donner aux amis et visiteurs le beurre qui s'entasse à raison de soixante kilos supplémentaires chaque jour, tandis que le cidre, produit en quantité industrielle, a le plus grand mal à s'écouler. Mais si les fermes d'Herqueville auront été ses danseuses, il se sera bien amusé, y compris dans ses tentatives les plus loufoques comme l'élimination des chardons au lance-flammes modèle 14-18 ou l'élevage de fourmis pour nourrir les faisans de ses chasses…

Au fond, Herqueville est pour lui comme une immense cour de récréation où il peut se laisser aller à sa fantaisie et à ses caprices : « Bien souvent, il faisait transplanter des arbres d'un endroit à l'autre, en déplaçant toute une grosse motte de terre dans un baquet, pour ne pas abîmer les racines. Mais il lui arrivait de changer d'avis et, huit jours plus tard, il faisait à nouveau déplacer l'arbre qu'on venait de transplanter[12]. » Il lui arrive même de se comporter comme un affreux jojo en se livrant aux dépens de ses invités — et surtout de ceux de Christiane — à des plaisanteries d'un goût parfois douteux. Car Louis Renault a souvent l'humour très particulier et un peu lourd, que ce soit à l'Usine ou en privé.

Ainsi, Fernand Picard n'oublia jamais sa première entrevue en 1932 avec Renault, qui l'avait pour le moins décontenancé : « Riolfo me présenta : "Monsieur Renault, voici mon camarade Picard, dont je vous ai parlé." Intimidé, je regardais le "grand homme" qui me tendait une main molle. De taille un peu au-dessus de la moyenne, légèrement voûté, bien pris dans un costume croisé bleu marine qui mettait en valeur ses épaules carrées... Une chevelure abondante, châtain clair, coiffée en arrière découvrait un visage à la peau colorée et épaisse, que de profondes rides marquaient de chaque côté de la bouche mince. Les yeux, petits, sous des paupières lourdes, me regardaient avec curiosité ; un moment, j'y vis un air amusé. Me passant la main droite sous le menton, il dit : "Non, Riolfo. Vous ne le voyez pas, avec son air de jeune fille, commander à tous ces si-dis... Ils lui feraient un mauvais sort..." De fait, à vingt-six ans, j'avais l'air avec mon visage joufflu et mon teint rose d'en avoir dix-huit... » Le même Picard rapporte que Renault décida un jour de se passer des services du général en retraite Niessel, qui était son intermédiaire auprès des services de l'armée, et le remercia en ces termes : « Dans l'armée, vous étiez général, j'étais premier soldat, vous pouviez me foutre dedans. Ici, c'est moi qui suis général et je vous fous dehors[13]... »

Son goût pour la mystification et le trucage s'exerce tout particulièrement lors des chasses organisées dans les bois d'Herqueville. Outre l'épisode resté fameux des cochons domestiques qu'il a fait maquiller en sangliers, il y a, dans les taillis, ces petits couloirs en bois installés sur le passage du gibier, qui conduisent impitoyablement lièvres et lapins sur le fusil de Louis, qui fait forcément le plus tableau de chasse du jour. Il y a encore ces farces douteuses qui le font regarder de travers par les amis de Christiane : la crème au chocolat renversée « par inadvertance » dans un décolleté, la couleuvre glissée dans le lit d'une invitée... Dans son dos, on murmure qu'il devient gâteux, que son comportement — propension aux farces, perte des convenances sociales, tendance à se mettre facilement en colère — évoque fâcheusement les premiers symptômes d'une maladie de Pick. Il semble plutôt que Renault soit resté fidèle à cet humour fin et délicat des années 1900 où l'on se bousculait, toutes catégories sociales confondues, pour applaudir le Pétomane...

Deux mondes bien différents se croisent, en effet, à Herqueville : celui de Monsieur et celui de Madame. Louis, levé aux aurores, aime faire le tour du propriétaire en compagnie de Danny, son caniche noir, tout heureux de s'évader du tiroir du bureau de son maître où il passe le plus clair de son temps. Tandis que Dan gambade, Renault salue les uns et les autres, discute, dicte quelques remarques à son régisseur, fait la tournée des fermes, s'attarde dans l'atelier de menuiserie des Boulangeot père et fils, rend visite à « ses » Italiens, Cargnelli et les siens. S'il a invité des collaborateurs pour le week-end, ceux-ci sont priés de l'accompagner dans sa tournée, avant d'aborder les dossiers urgents qui motivent leur présence. Ensuite, selon le temps, il va ramer sur la Seine ou nager dans la somptueuse piscine couverte qu'il a fait aménager en 1925, une merveille de mosaïques Art déco, reliée à la Batellerie par une longue galerie. Très importantes aussi à ses yeux, les visites qu'il rend à chacun des collaborateurs ou des membres de la famille à qui il a réservé une résidence sur le domaine — c'est le cas des Lehideux, des Boullaire ou de sa secrétaire Yvonne Maille — ou une villa à Portejoie, le hameau qui s'étend sur l'autre rive de la Seine, juste en face d'Herqueville ; Serre, entre autres, y est logé pour un franc symbolique. Ce grand possessif n'est jamais aussi heureux que lorsqu'il a toute sa tribu autour de lui, à sa disposition.

Christiane se meut dans un tout autre univers. Celle que l'on surnomme la « Reine de Paris » règne sur sa petite cour en maîtresse absolue, jetant le même regard dominateur et amusé sur les hommes que sur son chow-chow. J.-B. Pontalis se souvient que « petit garçon, elle m'impressionnait beaucoup. Elle était très belle, mais je la trouvais hautaine, voire méprisante, assurée de sa richesse et de sa beauté[14] ». Pendant une bonne dizaine d'années, Christiane a joué les épouses parfaites, se permettant même, en 1931, d'éconduire ostensiblement le roi d'Espagne, Alphonse XIII, qui lui avait fait des avances insistantes. Vertu ou souci des convenances ? Christiane semble, en effet, mener une vie plus que libre, et il se murmure que certains samedis après-midi qui lui sont réservés la piscine d'Herqueville sert de cadre à des séances de baignade très particulières, renouvelées de l'Antiquité la plus décadente... Et si le roi d'Espagne n'a pas trouvé grâce à ses yeux, il n'en est pas allé de même du héros de l'aviation Ludovic Arrachart[*]. D'ailleurs, Christiane aime les aviateurs : elle recevra à Herqueville Mermoz et Saint-Exupéry — en tout bien tout honneur semble-t-il — et ne tardera pas à jeter son dévolu sur René de Peyrecave. Mais, en ce début d'année 1935, elle vit une folle passion, peut-être la première de sa vie, avec l'étrange Pierre Drieu la Rochelle, romancier à succès depuis les années 1920, maintenant tiraillé entre politique et littérature, entre fascisme et communisme.

Les deux amants se sont semble-t-il rencontrés le 31 janvier 1935 lors d'un dîner chez une amie commune, Nicole Loste. Depuis, ils ne se quittent plus, alors que le couple qu'elle forme avec Drieu est tout aussi improbable que celui qu'elle forme avec Louis : beaucoup plus tard, en 1969, Christiane confiera que « Drieu ne valait rien comme amant mais qu'ils s'étaient beaucoup aimés[15] ». Pour l'heure, elle est aux yeux de Drieu la sublime « Beloukia », titre d'un médiocre roman à clé qu'il

---

[*] Pilote de records, il s'écrase avec son appareil en mai 1933 lors d'un vol d'essais.

bâcle en quelques mois pour pouvoir lui en faire présent à la Noël 1935 : à Bagdad dans un Moyen Âge d'opérette, Beloukia (Christiane), mariée à l'infâme prince Mansour (Louis Renault), rencontre enfin l'amour sous les traits du bel et intrépide Hassib (Drieu)... Lorsque le livre paraît au début de 1936, il confirme les rumeurs dont bruissait un certain Paris depuis quelques mois, et les initiés se délectent du vers de Racine placé en exergue : « Et nous avons des nuits plus belles que vos jours. » Sans oublier ce passage bien plus scabreux, simple provocation ou vraie révélation : « ... et ensuite, ses nombreux amants et amantes, elle en avait joui avec une merveilleuse légèreté... »

En fait, si les deux protagonistes ont l'impression de vivre un roman d'amour exceptionnel, l'affaire ressemble plutôt, de l'extérieur, à un banal adultère bourgeois fait de rencontres furtives dans des lieux de fortune : appartement du quartier des Invalides aux rideaux tirés, petit hôtel miteux des Andelys proche d'Herqueville, pension de famille à Hyères alors que Christiane séjourne à Escampobar, maison de campagne dans un hameau de Seine-et-Marne, hôtel de gare à Marseille... Certains épisodes tiennent du vaudeville, comme le voyage clandestin de Drieu dissimulé dans le spider de la voiture de Christiane, ou le séjour de deux mois à Florence et Venise « en compagnie d'une petite-cousine », pendant lequel Louis adresse à Christiane des lettres pleines de sollicitude naïve : « Ne va pas trop vite avec ces chauffeurs italiens, habiles mais fous », « Profite bien de ton voyage, sois joyeuse, au retour, de retrouver la terre de France et tous les beaux coins que nous avons, pour lesquels j'ai tant travaillé avec tout mon cœur[16]. » La comédie cesse au printemps 1937 : Christiane avoue à Louis les dessous du voyage à Florence et note le 30 avril dans ses carnets, toujours dans son anglais approximatif : « *I said all to Mansour about Florence and all things* », « J'ai tout dit à Mansour à propos de Florence et du reste. » Tout ? Non, puisqu'elle note un mois plus tard : « *I said the name to Mansour of "Hassib"* », « J'ai révélé le vrai nom d'Hassib à Mansour[17]. » La vengeance de Louis sera glacée : dans un huis clos théâtral, lors d'une balade en mer au large de Giens avec Christiane et des amis de toujours, alors que toute la bande déjeune joyeusement, il sort de sa poche un télégramme qui, selon lui, vient d'arriver par TSF, l'ouvre, le lit à haute voix : il s'agit d'un mot très explicite de Drieu à Christiane. Un ange passe...

Tout cela n'aurait, au fond, guère d'importance si, à partir de 1937, Christiane ne s'était mis en tête de militer aux côtés de Drieu, alors même qu'il vient de choisir le camp fasciste. En sa compagnie, elle assiste aux conférences de Jacques Doriot avec qui elle déjeune, il la présente à l'influent Otto Abetz*... Comme la « Reine de Paris » n'est pas du genre à passer inaperçue, cela se sait très vite. Dans une France qui se déglingue, où les

---

* Alors animateur du Comité France-Allemagne, chargé de diffuser les idées nazies auprès des intellectuels français sous couvert d'amitié entre les peuples.

extrémismes se radicalisent, tout est bon pour dis-
créditer l'adversaire. Et Renault constitue un adversaire formidable, dans un contexte social particulièrement mouvementé : « Entre juin 1936 et
novembre 1938, l'agitation sociale ne va pratique-
ment pas cesser à Billancourt[18]. »

Lors des grandes grèves de mai 1936 qui ont
suivi la mise en place du gouvernement de Front
populaire (12 000 grèves, dont 9 000 avec occupation d'usine), les revendications chez Renault
sont à peu près les mêmes que partout ailleurs :
congés payés, réduction du temps de travail, augmentation de salaire. Et, comme partout ailleurs,
il n'est dans un premier temps pas question de les
satisfaire. Robert Doisneau, alors jeune photographe du service publicité de Renault[*], se souvient
de l'atmosphère bien particulière du moment :

Dans le bâtiment où se trouvait le service photo et publicité, j'étais noyé au milieu de cols blancs : petits employés,
dactylos frétillantes, filles du service courrier. Un bâtiment de
privilégiés. Nous avions un salaire modeste, mais celui des
ouvriers était bien inférieur. Et puis nous avions quinze jours
de vacances, les ouvriers aucun. Arrêter l'usine, c'était incon-
cevable. Dans les ateliers, la direction avait affiché des panon-
ceaux : « Une heure de perdue pour 40 000 ouvriers, ça fait
40 000 heures de travail perdues. » Avant 1936, je n'avais
aucune conscience de classe. À tel point qu'à l'annonce de la
première grève j'avais tout de suite pensé à... faire du canoë.

[*] Il y travaillera de juin 1934 à mai 1939.

Nous étions partis avec ma femme et un ami sur les bords de la Marne, à Noisy-le-Grand. Mais le soir, on se sentait tout de même quelque peu inquiets. Un copain était venu m'annoncer qu'une réunion avait lieu le lendemain au cinéma de Boulogne-Billancourt. J'y suis allé, n'y croyant pas tellement. Et puis j'ai été complètement bouleversé : la conviction des types qui prenaient la parole, la justesse des propos tenus, les injustices dévoilées. La réalité du travail à l'usine, c'était des gens qui se levaient à l'aube, faisaient des journées crevantes, avaient tout juste le temps de se laver après le travail à un robinet placé le long du mur extérieur avant de rentrer à la maison. À la sonnerie libératrice, c'était la fuite. Ils prenaient le métro, s'écroulaient sur un siège et s'endormaient.

De toute la période des grèves, je n'ai jamais pris une photo qui aurait pu risquer de servir de pièce à conviction à la direction. L'envie de canoë sur les bords de la Marne m'était passée. Il fallait s'inscrire au syndicat.

1936 a été une sorte de fête un peu bizarre et inattendue. Et en même temps une démonstration de volonté et de puissance : pas question de sortir de l'usine au milieu de cette fourmilière humaine qui gardait les portes. Au troisième étage du bâtiment où se trouvait le local des photographes, les cols blancs restaient stupéfaits de cette réaction aussi brutale. Qui aurait pu le prévoir ? La plupart des journaux expliquaient qu'il était impossible d'accepter les revendications ouvrières. Cela aurait augmenté le prix des voitures, et puis l'idée de voir des types en maillot de corps, prenant quelques jours de vacances sur la plage, aurait fait fuir les touristes[19].

Les négociations sont menées par François Lehideux, Louis Renault préférant se tenir à l'écart d'un mouvement qu'il ne comprend plus. Gabriel Sarradon, alors responsable des relations extérieures, se souvenait avoir été appelé par Renault à son domicile, avenue Foch, au premier jour de l'occupation : « Il me dit : "Il faut qu'ils travaillent tout de suite ; qui commande en face ?" Cela voulait dire les syndicats. Je lui citai un nom. "Bon, ne dites rien à personne, mais allez le voir, demandez-lui combien ils veulent de l'heure et revenez me voir." C'était moins simple ! Toute l'industrie était concernée, et le président du Conseil, Léon Blum, cherchait un compromis, un point d'équilibre entre les hausses de salaires et les hausses de prix qui allaient en résulter. Quand je reviens voir Louis Renault avec une réponse évasive, il tomba dans une espèce de prostration, de découragement. » Après les accords Matignon du 7 juin, il se lance frénétiquement dans la rédaction de notes interminables que personne ne lit, reprenant en particulier sa vieille marotte des cités-jardins, qui le travaille depuis le projet inabouti des usines du Mans : « Je vois beaucoup de petites cités reliées à la capitale par de belles routes, parcourues par des cars d'abord, des métros ensuite, vous permettant de gagner la ruche du travail, la vieille grande ville de commerce, de production. Cette cité devra être entourée d'une zone de terrains libres en culture, en forêts, destinés à alimenter cette cité en aliments de la vie quotidienne : lait, œufs, fruits, légumes, etc. » Se rend-il compte qu'il est en train de proposer son domaine d'Herqueville comme modèle d'aménagement du territoire ?

Malgré la reprise du travail, l'ambiance reste exécrable chez Renault, la politisation atteint des sommets entre ouvriers qui en viennent aux poings à tout propos, au gré d'une actualité il est vrai brûlante, entre guerre d'Espagne et affrontements entre fascisme, stalinisme et nazisme. Le refus déjà ancien de Renault de dialoguer avec les réformistes a laissé le champ libre aux purs et durs du bolchevisme. Cette agitation permanente va d'ailleurs valoir à Renault des attaques féroces d'où il ne les attendait pas : de la droite nationale-populiste, ces petits commerçants et ces patrons de PME souvent mis en difficulté, parfois acculés à la faillite, par les accords Matignon, et qui formeront bientôt le gros des bataillons pétainistes. Ils reprochent aux « trusts », aux « deux cents familles », d'être les alliés objectifs de Blum et des « rouges » pour mieux les ruiner et de les mettre sous la menace de hordes révolutionnaires, se plaignant d'avoir aux portes de Paris, par la faute d'un Renault, « une armée de trente-cinq mille hommes prête à mettre tout à feu et à sang[20] ».

Le 21 juin 1937, le gouvernement Blum démissionne, prélude à une valse de dirigeants aux politiques contradictoires. En avril 1938, la confusion sociale est à son comble chez Renault : lors d'une grève censée exiger des modifications immédiates de la convention collective, les ouvriers votent pour... l'ouverture de la frontière espagnole, qui ne dépend évidemment pas de la direction de l'entreprise. Cette grève pour rien est tout de même saluée par les communistes comme une grande victoire sur les patrons et leurs alliés, les « provocateurs trotskystes »...

Le 24 novembre 1938 à 14 heures 30, début d'une nouvelle grève. Selon les syndicats, la direction s'apprête à augmenter la durée du travail. Selon la direction, il s'agit d'une grève politique dirigée contre le gouvernement Daladier. Aucun des deux camps n'a tort : Daladier envisage, en effet, de rétablir le travail du samedi dans les usines d'armement pour résorber le retard pris dans les programmes ; le groupe Renault est concerné via sa filiale aéronautique Caudron-Renault. François Lehideux monte au créneau et répond par écrit, point par point, aux multiples revendications des syndicats. Exigences qui laissent parfois perplexe, ainsi : « ... dans le même atelier on nous a demandé, mercredi soir, en même temps, la réintégration de l'ouvrier Duhamel qui avait été mis, au mois de juillet, en avis de départ pour absence prolongée, conformément à la Convention, cet ouvrier étant absent depuis six mois. Il a été répondu que nous reprendrions Duhamel à la première vacance, et dès que sa situation de santé le permettrait, étant donné qu'il s'est présenté mardi matin au bureau d'embauche, appuyé sur deux cannes[21]. » En même temps, il est résolu, avec l'aval du ministre du Travail, Charles Pommaret, à ne tolérer aucune nouvelle occupation de l'entreprise. À 20 heures 30, policiers et gardes mobiles donnent l'assaut aux 3 000 à 4 000 grévistes retranchés dans l'usine. Le préfet de police, Roger Langeron, dirige les opérations malgré les réticences de Louis Renault, joint par téléphone : Langeron lui a fait comprendre qu'en l'occurrence c'est lui qui décide. L'évacuation est menée avec une rare violence : des ouvriers barricadés dans un atelier sont gazés aux lacrymogènes par les conduits d'aération, les militants arrêtés sont systématiquement passés à tabac avant d'être envoyés au Dépôt. François Lehideux, qui a été élevé dans du coton, est effaré. Comme il tente de protester, le préfet lui assène un « monsieur Lehideux, foutez le camp, ça ne vous regarde pas ce qui se passe ici[22] » ferme et définitif. À 3 heures du matin, tout est terminé, mais ce n'est pas fini. Contre l'avis général, François Lehideux prend la responsabilité d'un lock-out. *L'Humanité* s'insurge, d'autant plus que 290 salariés de Renault sont poursuivis pour « rébellion à la force publique en bande armée ». Et les condamnations tombent : de six jours à six mois de prison ferme, sans compter les amendes.

Cette fois, la presse modérée prend la parole pour s'opposer à *L'Humanité* en dénonçant la stratégie d'agitation permanente prônée par les communistes et leur volonté de déclencher une explosion sociale afin de s'emparer du pouvoir. Le 30 novembre, la grève générale voulue par la CGT est un échec cuisant. Partout en France, c'est le « grand nettoyage » dans les entreprises : blâmes, renvois, mises à pied, amendes... Renault, qui a licencié en bloc, réembauche de manière sélective : aucun communiste n'est repris, la manœuvre de Lehideux a parfaitement réussi : « À partir de la reprise du travail, le rendement de l'usine augmenta de façon spectaculaire et tout rentra dans l'ordre[23]. » Le PCF en sort affaibli et déconsidéré. Il en concevra une rancune tenace, bizarrement dirigée contre la personne de Louis Renault alors qu'il n'a jamais été aussi absent, et même tenu à l'écart, que dans cette affaire. Une rancune qui ne manquera pas de ressurgir lors du règlement de comptes final.

Christiane, elle, profite de l'affaire pour pousser ses pions, en l'occurrence René de Peyrecave contre François Lehideux. La sympathie qu'elle semblait éprouver pour lui lors de son entrée à l'Usine est maintenant bien loin. Pour d'obscures raisons, il lui a déplu. Serait-ce parce qu'en 1934 Louis avait envisagé ouvertement d'en faire le tuteur de Jean-Louis s'il venait à disparaître ? Parce qu'il s'est entouré d'un clan d'ambitieux qu'on pourrait qualifier de « technocrates » avant l'heure, dont un certain Jean Bonnefon-Craponne qui se fait un malin plaisir d'appeler le Patron « Al Capone » ? Parce qu'elle a le sentiment que ses intérêts sont menacés par ce jeune loup qui profite de la maladie de Louis pour s'emparer du pouvoir ? En tout cas, François Lehideux est en disgrâce. En revanche, elle n'a d'yeux que pour René de Peyrecave, aristocrate de longue lignée, héros de l'aviation pendant la guerre, intrépide, racé, royaliste… Bref, un homme selon son cœur et qui vient d'ailleurs de remplacer Drieu dans son lit, puisque les scandales de 1937 l'ont obligée à prendre ses distances avec le romancier, même si les deux amants ne rompront jamais. Dans ces conditions, il lui est facile de démontrer à Louis, affaibli et ayant des difficultés croissantes à suivre l'évolution d'une situation de plus en plus inextricable, à quel point l'action de François Lehideux est nocive pour l'Usine : il a défendu l'idée des congés payés dès 1934, il a accepté de négocier avec les grévistes en 1936, il a décrété l'évacuation, puis le lock-out en passant outre sa volonté... Elle lui rappelle aussi que son neveu souffre d'une tare originelle : descendant d'une dynastie de banquiers[*], il va forcément, un jour ou l'autre, précipiter Renault dans l'escarcelle des banques — ce qui, pour Louis, constitue l'abomination suprême. Christiane ne cessera ce travail de sape que lorsque Renault sera convaincu de la « trahison » de son neveu.

D'autre part, Louis se voit entraîné bien malgré lui dans le jeu politique par son entourage. Après Christiane qui s'est affichée avec Drieu dans les milieux doriotistes et pronazis, ce qui ne pouvait qu'éclabousser Renault, on découvre qu'un chèque de 3 000 dollars tiré sur un compte Renault a été encaissé par Eugène Deloncle, chef du groupe terroriste clandestin d'extrême droite La Cagoule, un chèque bien embarrassant signé François Lehideux. En fait, il semble bien que le chèque ne soit arrivé dans la caisse de l'organisation que par le jeu des endossements successifs, mais pour les

---

[*] La banque Lehideux avait été fondée en 1842 ; elle sera mise en liquidation en 1956.

mouvements de gauche la cause est entendue : Renault subventionne les « assassins pro-fascistes ». La présence, le 17 janvier 1937, de Louis Renault à la messe d'hommage à Mermoz à Notre-Dame de Paris n'arrange rien : comme bien d'autres dont Joseph Kessel, il est simplement venu saluer l'aviateur disparu en mer le 7 décembre précédent, mais le fait que la cérémonie ait été organisée par le Parti social français*, dont Mermoz était vice-président, est retenu contre lui.

Par chance pour Renault, la presse laissera échapper quelques éléments qui auraient pu lui être tout autant reprochés. Ainsi, toujours en 1937, la vente du *Chryséis* au comte Ciano, gendre de Mussolini. Ou la personnalité discutable d'un vieil habitué d'Herqueville, le jovial « Pepe », l'inamovible ambassadeur d'Espagne en France, José Maria Quiñones de León, nommé par Alphonse XIII — lui et Renault se connaissent depuis l'époque de la course Paris-Madrid. L'homme est double : d'un côté, l'aristocrate mondain, affable, artiste — il cultive l'amitié d'un Cocteau —, toujours prêt à rendre service ; de l'autre, le bras armé des dictateurs qui se sont succédé à la tête de l'Espagne : sous Primo de Rivera, « Pepe » organisait la surveillance policière des intellectuels espagnols exilés en France, multipliant contre eux les tracasseries ; après la parenthèse de la République, ce phalangiste de la première heure s'emploie, dès le début

<hr />

* Le PSF a succédé aux Croix-de-Feu après la dissolution des ligues par le Front populaire.

de la guerre civile, à tisser de bonnes relations entre Paris et le futur Caudillo.

Mais la pire fréquentation de Louis Renault n'est autre que celle d'Adolf Hitler en personne, qu'il va rencontrer à trois reprises à Berlin, en 1935, 1938 et 1939. Comment l'homme qui toute sa vie a redouté les foules et les meneurs a-t-il pu ainsi se laisser aller à dialoguer avec l'un d'entre eux, parmi les plus terrifiants de toute l'Histoire ? À ce premier paradoxe répond un second : le seul qui aurait pu éclairer Renault sur le charisme d'Hitler et les foules extatiques de Nuremberg, qu'il avait vues de ses propres yeux en 1935, n'est autre que Drieu la Rochelle ; mais les deux hommes se sont-ils jamais adressé la parole ?

Ces rencontres se sont à chaque fois déroulées à l'occasion du Salon de l'automobile de Berlin. Depuis l'arrivée du chancelier au pouvoir, Renault suit attentivement les mesures prises en faveur de l'automobile : politique de soutien à l'industrie nationale, volonté de multiplier par cinq à six le nombre de voitures particulières, construction d'un réseau autoroutier... Quoi qu'on en dise, un homme qui aime l'automobile à ce point ne peut être foncièrement mauvais. Et derrière les paroles belliqueuses se cache forcément un programme plus pragmatique, comme semble lui faire entendre Hitler lors d'une longue entrevue privée en mars 1935 : « Il faut instaurer entre la France et l'Allemagne une compréhension et une réconciliation » ; « La leçon essentielle à tirer de la guerre est qu'elle a gâché les acquis de plusieurs décennies et en a détruit les potentialités économiques pour des années » ; « Les instincts purement politiques doivent passer au second plan »... Entre langue de bois et bouillie pour les chats, les propos d'Hitler caressent dans le sens du poil un Renault qui les prend pour argent comptant. Visiblement, il n'a pas lu *Mein Kampf* et ignore la haute opinion que se fait Hitler de notre pays et de ses habitants : « Si l'évolution de la France se prolongeait encore trois cents ans dans son style actuel, les derniers restes du sang franc disparaîtraient dans l'État mulâtre africano-européen qui est en train de se constituer : un immense territoire de peuplement autonome s'étendant du Rhin au Congo, rempli de la race inférieure qui se forme lentement sous l'influence d'un métissage prolongé » ; et, quelques pages plus loin : « Toute puissance est aujourd'hui notre allié naturel, qui considère avec nous comme insupportable la passion d'hégémonie de la France sur le continent. Aucune démarche vis-à-vis de ces puissances ne doit nous paraître trop dure, aucun renoncement ne doit nous paraître impossible, si nous avons finalement la possibilité d'abattre l'ennemi qui nous hait si rageusement. » À Bertrand de Jouvenel qui lui demandait, en février 1936, pourquoi il n'avait pas modifié ces chapitres, le Führer avait eu l'aplomb de répondre : « Ma rectification ? Je l'apporte tous les jours dans ma politique extérieure toute tendue vers l'amitié avec la France [...]. Ma rectification, je l'écrirai dans le grand livre de l'Histoire ! »

En 1938, alors que la situation s'est largement

dégradée — l'annexion de l'Autriche, l'Anschluss, est effective depuis le mois de mars —, Renault est un peu refroidi. Lors du passage d'Hitler sur le stand du constructeur, il ose lui demander : « Ne pensez-vous pas, monsieur le chancelier, qu'une bonne entente entre l'Allemagne et la France est indispensable à la prospérité de nos deux pays et à l'équilibre de l'Europe ? » Hitler ne se laisse pas démonter : « Si on parle de guerre, et beaucoup trop, c'est la faute des journalistes français qui ont toujours ce mot au bout de leurs plumes[*] ! »

En 1939, les yeux de Renault se dessillent. L'un de ses collaborateurs, André Reynaud, de passage en Allemagne le 9 novembre 1938, lui a rapporté l'horreur de la « Nuit de cristal » dont il a été témoin direct. Il ne lui a probablement pas échappé que le Führer vient d'être désigné comme « homme de l'année 1938 » par le magazine américain *Time*[**], et ce n'est pas un compliment : l'illustration de couverture, légendée « Le dirigeant allemand Adolf Hitler interprétant l'hymne à la haine » le représente jouant de l'orgue au milieu d'une forêt de pendus. Quelques jours avant l'ouverture du Salon de Berlin, les membres d'une mission d'étude Renault ont constaté qu'on ne leur montrait que des fabrications secondaires parfois fort curieuses comme, chez Krupp, ce « tube de catalyseur haute pression » qui ressemble à s'y

---

[*] Propos certifiés exacts par l'ingénieur Grégoire, présent aux côtés de Renault (J.-A. Grégoire, *L'Aventure automobile*, Flammarion, 1953).

[**] Numéro du 2 janvier 1939 ; légende originale en couverture : « *German leader Adolf Hitler playing an hymn of hate.* »

méprendre à un canon de gros calibre... Cependant, pas question d'éviter Berlin : le gouvernement Daladier vient de décider d'une nouvelle politique de rapprochement économique avec l'Allemagne, dans un souci d'apaisement (!). Le 17 février 1939, jour de l'inauguration, Louis Renault attend les officiels de pied ferme. Il ignore encore que Jean, un des fils de son vieux collaborateur Samuel Guillelmon, s'est cru malin de lui préparer une « surprise » avec l'appui de Robert Coulondre, l'ambassadeur de France. Jean, que tout le monde appelle « Kiki », en a assez de se faire régulièrement rabrouer comme un gamin par le Patron : lors d'une réunion, il avait lancé « j'ai une idée ! », à quoi Renault avait répondu : « Kiki, vous n'avez qu'une idée, moi j'en ai trente ; taisez-vous. » Cette fois, Kiki a eu une idée, et quelle idée ! Pour officialiser la bonne entente entre l'industrie française et le Reich, il a organisé un coup de propagande spectaculaire : la rencontre Hitler-Renault, ignorant que les deux hommes se connaissent déjà. Sourires imperceptibles, serrements de main, échanges de propos de circonstance sous le regard de Goering, crépitement des flashes... Tout est réuni pour une photo qui deviendra presque aussi célèbre et scandaleuse que la poignée de main de Montoire.

Les années noires

En mars 1939, la guerre est devenue inévitable : à l'Anschluss a succédé l'affaire des Sudètes, puis l'invasion de la Tchécoslovaquie ; les étendards à croix gammée se multiplient sur l'Europe centrale. Fin août, la signature du pacte germano-soviétique annonce l'attaque imminente de la Pologne. En France, c'est, littéralement, la débandade. Le pays voit se profiler chaque jour plus proche une guerre à laquelle il n'est pas prêt. Manque de chars, d'avions de chasse, de camions, de canons, de munitions, de masques à gaz, de tout... Les programmes d'armement ont pris des retards considérables, entre les grèves systématiques qui affectent l'industrie depuis plusieurs années et l'incapacité des dirigeants à décider en temps utile. La mobilisation partielle du 24 août est une belle pagaille, la mobilisation générale du 1er septembre une pagaille noire. François Lehideux, mobilisé dès le 22 août, ne tarde pas à en faire l'expérience tragi-comique : « De ces véhicules hétéroclites, je me rappellerai toujours deux d'entre eux. J'allais les revoir tant de fois dans les semaines suivantes !

L'un était un camion peint en rouge, sur lequel figurait en grosses lettres, écrites en diagonales, le nom de son propriétaire : la firme d'apéritif, célèbre à l'époque, "Byrrh". L'autre était une camionnette élégante. Le flanc de ses pneus était peint en blanc, et sur la peinture anthracite était écrit en lettres manuscrites "Elizabeth Arden". Lorsque les camions se présentèrent au quartier que j'avais moi-même regagné en traversant la place de l'École militaire, l'arrivée du "camion Byrrh" provoqua une explosion de joie, d'hilarité et de quolibets. Celle de la petite camionnette d'"Elizabeth Arden" aussi, bien que différente. Ainsi, c'était avec ce matériel que nous allions partir en guerre[1] ! »

À partir de ce mois d'août 1939 commence une étrange lutte d'influence entre François Lehideux, René de Peyrecave, Louis Renault et, bientôt, le ministre de l'Armement, Raoul Dautry — nommé le 13 septembre, près de deux semaines après la mobilisation…

Dans un premier temps, Louis Renault ne supporte pas le départ au front de Lehideux qu'il considère comme une trahison. Vers la fin septembre, il lui délègue René de Peyrecave, porteur d'une lettre où il lui demande de revenir à l'usine, mais Peyrecave aurait « omis » de la lui remettre… Renault se vexe du silence de Lehideux. Le 9 novembre, ce dernier reçoit un ordre de mutation au ministère de l'Armement. Convoqué par Dautry, il le rencontre le 11 novembre. Dautry l'informe que ça ne va pas à Billancourt, le matériel ne sort pas aux cadences prévues. Le lundi

13 novembre au soir, Dautry, escorté de son directeur de cabinet, Bichelonne, et de Lehideux, rencontre à Billancourt Louis Renault, Pierre Rochefort et Charles Serre. Plusieurs dizaines de cadres de Renault et du ministère participent également à la réunion. Après un panégyrique en règle de Renault — les deux hommes se connaissent et s'apprécient de longue date —, Dautry change de ton et énonce les mesures qu'il a décidées pour remédier à l'inertie de l'entreprise : « Devant la carence des usines Renault, il avait décidé de confier à un industriel de talent, M. Rochette, directeur général de la société Skoda, filiale de Schneider en Tchécoslovaquie, la tâche de suivre l'activité quotidienne des usines Renault. M. Rochette serait responsable vis-à-vis de lui des problèmes de fabrication et lui en rendrait compte. La France, dit-il, était en guerre, elle jouait son destin, on ne pouvait plus attendre davantage ceux qui s'obstinaient à l'oublier. Rochette viendrait chaque jour à Billancourt et lui rendrait compte ensuite des fabrications réalisées par les usines. Il aurait comme adjoint le lieutenant Lehideux[2]. » La nouvelle fait l'effet d'une bombe, pour Renault comme pour Lehideux, qui n'était pas prévenu — c'est du moins ce qu'il affirmera par la suite.

Dès le lendemain matin, François Lehideux se présente avenue Foch pour s'expliquer avec son oncle et lui faire part de son intention de tout laisser tomber et de retourner à son unité. Réponse véhémente de Renault : « Ah non ! C'est trop facile ! Vous m'avez abandonné il y a quelques semaines et maintenant vous recommencez ! Non et non. Ce qu'ils veulent, c'est détruire l'usine. Dautry sait où il va. Depuis des semaines, j'ai demandé votre retour à Billancourt. Il n'a rien fait. Maintenant, ils vous envoient pour permettre à Rochette de mieux détruire l'usine, toute ma vie. Ne comprenez-vous donc pas que vous êtes le seul à pouvoir empêcher ces gens de tout casser[3] ? » Un peu perplexe, Lehideux passe dans la foulée voir Dautry au ministère, qui lui apprend qu'en effet il a tenté de le faire revenir, « mais on m'a dit que vous ne vouliez pas quitter votre régiment. J'ai vu Peyrecave plusieurs fois, il n'arrive à rien ». Et pour cause, semble-t-il...

Après quelques rounds d'observation, la cohabitation Renault-Rochette vire rapidement à la guérilla, notamment lorsque Rochette propose, à la mi-décembre 1939, de faire évaluer les postes de travail par le cabinet Bedeaux, le meilleur expert français en organisation industrielle. Dans une entreprise à l'organigramme flottant et aux définitions de poste floues, une telle étude se justifie. Pour le Patron, c'est un crime de lèse-majesté : selon lui, cela permettrait de dire « que M. Renault ne peut plus diriger sa maison[4] ».

Là réside sa grande crainte : être mis sur la touche au nom de l'intérêt national, d'autant plus que sa santé traverse une mauvaise passe. Fernand Picard note à la date du 18 décembre : « Je regardais M. Renault pendant son exposé. Il paraissait vraiment très vieux, très diminué, malgré ses cheveux sans fils d'argent. Il réagissait à peine, l'œil éteint, et quand il prit la parole ce fut pour se plaindre, en enfant gâté qu'on malmène[5]. » Après les fêtes de fin d'année, son aphasie devient, selon les témoins, « terrible ».

Renault est alors un homme profondément malheureux : meurtri par l'infidélité de Christiane, inquiet des capacités réelles de Jean-Louis à lui succéder, déçu à tort ou à raison par le comportement de François Lehideux… C'est cet homme désemparé que décrit J.-B. Pontalis, cet « oncle Louis » qui étouffe de n'avoir personne à qui parler, qui vient un soir se confier à son neveu, le petit Loulou :

— Alors, encore dans tes livres ?

Loulou avait laissé son livre sur le traversin. Qu'allait-il arriver au vicomte de Bragelonne ? Sans la visite de Louis, il eût fini le troisième tome ce soir.

— Pourquoi faire ? Ça ne sert à rien.

À l'âge du petit, Louis entrait dans les ateliers de mécaniciens où se fabriquaient les premières automobiles ; c'était un cancre, la honte de ses parents ; depuis, il n'avait jamais aimé lire, ni discuter. Loulou aurait bien voulu lui expliquer qu'il se plaisait au lycée, qu'il se passionnait pour les histoires que racontaient les livres, pour ces histoires-là seulement. Mais c'était justement ce qui irritait oncle Louis : « À quoi ça sert ? » comme la femme de chambre qui s'étonnait : « Pourquoi rester dans les livres ? » et puis Loulou avait sommeil. Louis ne bougeait pas : il n'aurait donc jamais fini ? fini quoi ? il n'avait pas commencé, il n'avait rien dit. Il se taisait, recroquevillé, soudain sortaient des sons obscurs, une bouillie de mots, un soupir lourd, effrayant. La mère prétendait qu'elle ne dormait jamais que d'un œil ; pourtant elle couchait à côté et rien n'avait bougé.

— Qu'est-ce que tu veux que je fasse ?

Allons bon ! Voilà qu'il lui demandait son avis.

Non, ce n'était pas à lui qu'il s'adressait. Loulou s'étendit tout à fait, ferma les yeux. Tout devenait confus dans sa tête comme dans celle de Louis. Quand il rouvrit les yeux, Louis était toujours là, immobile sur le lit, sa lanterne à la main. Quelques jours plus tôt, Loulou avait lu un gros livre, relié en maroquin sur la vie d'oncle Louis. C'était exaltant comme la vie de Turenne : une épopée, un exemple. À douze ans, il avait du génie. Oncle Louis... oncle Louis...

— Oncle Louis, vous devriez aller vous coucher, dit Loulou.

Louis ne répondit pas, les mots s'engluaient toujours.

— Je n'aime pas les phrases... Marchal... fait de la peine... pas d'histoires, tu comprends... elle est gentille, tu sais... pas d'histoires...

Ce que Louis disait, ce qu'on disait de Louis, ce que le petit avait entendu, les phrases de sa mère, ce qu'il savait, tout cela se brouillait en lui : « Un grand cerveau... le génie de la mécanique... c'est la guerre qui a multiplié sa fortune... une des plus belles fortunes du monde... la plus jolie femme de Paris... le Patron le plus dur d'Europe... un homme très simple, très sensible au fond... il n'aime pas qu'on lui résiste... il a abandonné l'Usine pendant les grèves... grand-croix de la Légion d'honneur... un fils qui ne le vaut pas... »

Tandis que Louis, se grattant le mollet répétait, inlassable :

— Pas d'histoires... Elle est gentille, tu sais... pas d'histoires...

Les mots venaient maintenant par brusques hoquets ; Louis les rejetait comme des caillots. Sûrement, un jour, il étoufferait dans sa plainte et ce serait fini[6].

« Elle est gentille », c'est Andrée Servilanges, la dernière conquête de Louis Renault. Par quel hasard cet homme « qui n'aimait pas le théâtre, quand il y allait, il arrivait très en retard et partait avant la fin[7] » s'est-il rendu, à l'automne 1937, au

Théâtre des Arts, pour assister à une pièce de boulevard, *Sixième étage*[*] ? Andrée Servilanges y joue
le rôle de la fille légèrement infirme d'un vieux
comptable, romancier populaire à ses heures. Ce
soir-là, Louis est aussitôt charmé par l'actrice —
ou attendri par le personnage assez fleur bleue
qu'elle incarne, car il peut se montrer sentimental
à ses heures. Andrée n'a pas la beauté altière de
Christiane, mais elle est jolie, souriante, pétillante
— vivante, tout simplement. Selon une méthode
éprouvée, Louis la couvre de fleurs jusqu'à ce
qu'elle accepte de quitter son mari, André Moreau, directeur du théâtre. Il obtient d'elle ce qu'il
n'avait jamais obtenu de Jeanne Hatto, la promesse de ne jamais remonter sur les planches —
elle tiendra d'ailleurs parole, ne reprenant sa carrière qu'après la mort de Louis. En 1939, il l'installe dans un hôtel particulier rue Berlioz, à deux
pas de l'avenue Foch. Il lui réserve également une
villa à Portejoie, La Pommeraie. Contrairement
aux traditions bourgeoises, Louis s'arrange pour
que cette liaison se déroule au vu et au su de tous
— et surtout de Christiane. Il veut qu'elle sache,
que Paris sache, qu'à soixante ans il est encore capable de séduire une jeunesse de vingt-six ans. A-
t-il éprouvé d'emblée un certain sentiment pour
Andrée Servilanges, ou n'était-elle au départ qu'un
instrument dans un plan de vengeance ? En tout
état de cause, il semble bien qu'au final Louis ait
trouvé auprès d'elle une tendresse et une attention

* Pièce d'Alfred Gehri, auteur dramatique suisse (1895-1972).

qu'il ne ressentait pas, ou plus, avec Christiane, et qu'elle ait su adoucir ses dernières années.

Avec Andrée Servilanges se clôt le chapitre finalement très bref de Louis Renault et des femmes. Celui à qui l'on a prêté d'innombrables conquêtes aura connu une vie privée assez paisible : outre Jeanne Hatto, Andrée Servilanges et Christiane, l'épouse légitime et les maîtresses officielles, on lui prête Marthe Chenal — sans certitude ; selon les uns, leur relation se situerait à la fin de la Première Guerre mondiale, selon les autres au début des années 1920 — et la danseuse Mona Païva, en l'honneur de qui il aurait créé la série des Renault « Mona », Monaquatre, Monasix et Monastella, vers 1930. A également circulé le nom d'Aimée Morot-Dubuffe, une cousine de Christiane — quelle imprudence ! Pour J.-B. Pontalis, qui ne voit pas d'autres noms à ajouter à la liste, « les femmes, ça fait partie de sa légende, mais ce qu'il préférait, c'était bricoler ! Sa grande passion était l'Usine et son amour les travaux manuels. Ce n'était vraiment pas un séducteur ni un cavaleur[8] ».

Dans cette ambiance plus que tendue, qu'il s'agisse de la famille, de l'entreprise ou du pays, Jean-Louis a le plus grand mal à trouver sa place. Élevé à Herqueville, il a passé toute sa petite enfance aux bons soins d'une nurse anglaise qui l'élève selon des méthodes « scientifiques » : « Il ne fallait pas qu'il mange plus que les grammes, les centilitres, etc., prévus dans son programme de nourrisson, puis de bébé ; en ne mangeant pas trop, il pousserait en hauteur, il grandirait mieux[9] », se souvenaient avec un certain effarement les Boulangeot. Le dimanche, l'enfant est rituellement présenté aux invités à la fin du déjeuner, avant de retourner à la nurserie. Plus tard, Louis décide que son fils n'ira pas à l'école, pas plus qu'au lycée ou à l'université : il sera éduqué par des précepteurs, puis complétera sa formation sur le tas, à l'Usine. Certes, Renault a de solides raisons personnelles de contester l'utilité de l'école, mais il en oublie un aspect essentiel, au moins aussi important que l'acquisition des connaissances : la socialisation. Il oublie aussi que lui-même a grandi dans une grande fratrie, avec des parents unis et une mère très présente, tout ce petit monde baigné dans l'agitation parisienne. Jean-Louis, fils unique, solitaire et presque abandonné dans la campagne normande, ne parviendra jamais à vraiment trouver sa place dans la société. Tout gamin, s'il tente d'aller vers les autres enfants, il se montre maladroit, presque brutal. Adolescent, lorsqu'il fait ses premières armes à l'Usine, le contact est tout aussi difficile : « Nous étions beaucoup, parmi les ingénieurs, à nous interroger sur les raisons qui avaient incité le patron à imposer à son fils unique cette éducation bornée aux limites de l'usine, au lieu de préparer un homme ouvert sur le monde moderne, capable de comprendre son évolution et d'en tirer les enseignements nécessaires en temps voulu », note Fernand Picard, qui ajoute, plus prosaïquement : « Les ouvriers, dans les ateliers où Jean-Louis passait, le regardaient avec curiosité, certains même avec mépris [...]. Sa maladresse inévitable devant la nouveauté les faisait rire et gouailler. "T'as vu l'Aiglon. C'est même pas un faucon[10] !" »

Pour l'instant, l'« Aiglon » a devancé l'appel et tue le temps comme il peut dans une unité de l'arrière. Louis a eu du mal à supporter sa décision de s'engager et s'en est ouvert par lettre à Jean-Louis dont la réponse est riche d'enseignements sur les rapports aussi difficiles qu'affectueux entre le père et le fils — et leur commune difficulté à maîtriser la syntaxe : « J'ai bien pensé avant de te parler de mon engagement que ce désir allait te causer de la peine, j'ai bien compris la cause de cette douleur, mais peut-être n'as-tu pas toujours compris quelles étaient les circonstances exactes de cette décision. À plusieurs occasions tu m'as laissé entendre que mon attitude à ton égard te causait de la peine parce que c'était pour toi un indice d'un manque de confiance que je pouvais avoir à ton égard — un désintérêt que je pouvais avoir à l'égard de l'usine —, il n'en est rien. Je suis heureux de pouvoir te le dire encore aujourd'hui en toute franchise et sincérité. Bien au contraire, si aujourd'hui j'ai décidé de partir, c'est dans le ferme espoir que dans un délai qui sera le plus court possible je puisse rentrer en n'ayant rien à me reprocher — ce à quoi tu me répondras qu'il n'était pas utile de devancer l'appel de la classe. Mais je crois, ou plus exactement je suis certain que tu estimes qu'un chef doit faire plus que son strict devoir. D'ailleurs ton attitude au cours de ta vie semble parfaitement soutenir cette thèse. Je suis sûr que tu dois réaliser mon état d'esprit malgré la douleur que ça peut te causer. » ; et, plus loin : « J'ai voulu prouver à tous ceux qui m'ont entouré, à tous ceux qui m'entoureront que je suis digne de la place que j'aspire à tenir, place que j'aurai en partie gagnée ; je tiens lorsque je reviendrai à pouvoir m'imposer par les services que j'aurai rendus, services qui seront une preuve que je peux réussir. Évidemment tout cela est bien peu, car en somme je m'imposerai par toi, mais malheureusement la tâche est trop grande pour que dès le début je puisse le faire. Ce ne sera que petit à petit que je pourrai le faire. Mais mon attitude actuelle sera une petite preuve que je ne profite pas d'une place que tu m'auras réservée, mais que j'aurai un peu gagnée[11]. » Cette lettre ne peut qu'éveiller chez Louis un écho douloureux, le souvenir de cet autre jeune homme qui devait lui aussi lui succéder, qui voulait lui aussi, dans une autre guerre, faire son devoir et qui en est mort : Jean.

Depuis quelques jours, la mort au front n'est plus une hypothèse : la « drôle de guerre » a brutalement pris fin le 10 mai 1940. Une semaine plus tard, tout le monde a compris, en haut lieu, que l'armée française ne tiendra pas, même si personne n'imagine encore à quel point sa retraite sera une débâcle.

Dans ce contexte de crise, Renault est convoqué le 24 mai par le président du Conseil, Paul Reynaud, à la demande de Raoul Dautry. En pénétrant dans son bureau à l'hôtel Matignon, il a la surprise d'y retrouver, outre Reynaud et Dautry, le maréchal Pétain et le général Weygand. De quoi s'agit-il pour déplacer d'aussi hautes personnalités ? De lui confier une mission officielle : le gouvernement a décidé de l'envoyer aux États-Unis pour obtenir des industriels américains la construction en série de chars d'assaut aux normes françaises dans les plus brefs délais. Renault est abasourdi : d'une part, une mission d'achat française officielle, tout à fait compétente, se trouve déjà sur place, d'autre part, depuis la nationalisation des usines d'armement par le Front populaire, c'est à l'État de s'occuper de la question, non à un industriel privé. Mais sa principale objection, qu'il ne peut naturellement pas exprimer, est qu'il s'agit là d'une nouvelle manœuvre du clan Dautry-Lehideux pour l'écarter. Dautry, qui connaît bien Renault, saura cependant trouver les mots qu'il faut pour le convaincre en lui rappelant sa notoriété outre-Atlantique, la solidité des liens qu'il a tissés avec ses confrères américains. Il lui fait valoir que le président Roosevelt sera très heureux de le rencontrer. Bref, il le flatte et le valorise suffisamment pour que Renault accepte, non sans quelques conditions que l'on s'empresse de satisfaire :

être accompagné de sa femme et de son fils, qui lui servira de secrétaire, ainsi que des collaborateurs de son choix.

Il n'en demeure pas moins que la finalité de la « mission » consiste à éloigner Louis Renault de la France. Pour une fois, tout le monde y a intérêt : François Lehideux, qui y voit l'occasion de reconquérir son pouvoir perdu, René de Peyrecave, qui préfère que Renault ne voie pas Billancourt tomber aux mains des Allemands, ce qui ne saurait tarder au rythme où la Wehrmacht progresse, Christiane, inquiète du mauvais état de santé de son mari — au début d'avril, il s'est senti mal au point de rédiger son testament — et qui envisage peut-être de le faire bénéficier des avancées de la médecine américaine.

Une fois décidé, Renault prépare pour une fois très superficiellement son voyage, ce qui montre assez qu'il y croit peu : une lettre au président Roosevelt, une courte visite à l'ambassadeur des États-Unis à Paris, William Bullitt, un dossier succinct sur l'objet de sa mission — de toute façon, un groupe d'experts français doit le rejoindre sur place. Et, surtout, il ajoute un codicille à son testament : pour la première fois de sa vie, il va prendre l'avion, ce qui le terrorise.

Le voyage se déroule en réalité en hydravion, avec escales et sans anicroches : décollage de Marseille le 28 mai, étapes à Lisbonne, aux Açores, à

Miami, arrivée à New York le 1er juin. Une fois sur place, Renault multiplie les réunions et les contacts, rencontre effectivement, accompagné de Jean-Louis, le président Roosevelt, retrouve ses confrères de la General Motors, se dépense sans compter au mépris de sa santé, quadrille les États-Unis et même le Canada, mais comprend vite que la machine tourne à vide. Chacun l'écoute fort courtoisement, approuve ses propositions, mais personne ne s'engage. Le groupe d'experts qui doit venir l'épauler se fait attendre — il n'arrivera qu'un mois plus tard — et Renault n'a rien à présenter. Quant à la mission officielle française, elle n'apprécie guère ce « concurrent » qui vient déranger son travail. De toute façon, tout cela n'a plus aucune importance : le 14 juin, un télégramme de Samuel Guillelmon lui apprend que Billancourt a été évacué la veille sur ordre du gouvernement militaire de Paris. Le 17 juin, Pétain, au pouvoir depuis la veille, demande l'armistice. Rideau.

Comme la mesquinerie ne perd jamais ses droits même dans les grandes tragédies, la mission officielle en profite pour régler ses comptes avec ce gêneur de Renault : « Dès que la Mission française à New York a eu connaissance des pourparlers d'armistice, elle m'a fait comprendre que ma présence aux États-Unis ne se légitimait plus et, qu'en conséquence, je pouvais regagner la France par les voies les plus rapides », racontera-t-il par la suite à Dautry dans une lettre du 6 juin 1941.

Les voies les plus rapides ? En quelques jours, les temps ont changé. Les routes aériennes avec la

France sont coupées. *A priori*, pas de difficultés pour faire New York-Lisbonne, mais pour la suite du voyage il faudra se débrouiller sur place. Très vite se posent des problèmes de visas : d'évidence, la nationalité française est devenue le moyen le plus efficace de se faire refouler. Finalement, les Renault parviennent à prendre un hydravion pour les Açores où ils se retrouvent bloqués pendant trente-six heures dans l'attente d'un autre hydravion pour Lisbonne, avec à la clé un nouveau souci de visas : les leurs n'étant valables que jusqu'aux Açores, ils ne peuvent rejoindre la capitale portugaise. Le problème réglé, ils atteignent Lisbonne le 30 juin, après un vol éprouvant. Mais pour passer du Portugal en Espagne, il faut encore solliciter d'autres visas... Ils parviennent enfin à Madrid le 2 juillet, où trois voitures les attendent pour les ramener en France via la Catalogne et le poste frontière de Port-Bou, atteint le 3 juillet. Après la traversée d'une Espagne dévastée par une guerre qui vient à peine de s'achever, ils découvrent les routes françaises envahies par les épaves de l'exode, tristes témoins d'une guerre qui vient de commencer. De Port-Bou, le convoi se dirige vers Toulouse, puis remonte vers le Périgord : c'est là que René de Peyrecave a organisé l'accueil des Renault, dans un château proche de Périgueux, propriété d'un cousin et ami, le marquis de Fayolle.

Située à une vingtaine de kilomètres à l'ouest de Périgueux et à cinq kilomètres du petit bourg de Tocane-Saint-Apre, la base de repli a été soigneusement préparée : plusieurs voitures, des chauf-

feurs, une ligne téléphonique spéciale, deux bi-
moteurs Goéland stationnés sur l'aérodrome de
Périgueux. Sont également présents à Tocane Pierre
Rochefort et sa secrétaire Blanche Latour et, très
discrètement, « Mme Moreau », Andrée Servilanges. Quelques heures à peine après son arrivée au
château de Fayolle, Renault a déjà oublié qu'il
souffrait terriblement des reins et presse de questions Peyrecave sur les événements de ces dernières semaines. Outre les détails des péripéties de
l'évacuation, il découvre les termes de la saisie
provisoire de son entreprise, décidée le 14 juin :
« Les ateliers et bureaux de Renault à Paris-
Billancourt et les stocks s'y trouvant sont réservés
aux autorités allemandes... », et apprend l'installation, le 26 juin, de trois commissaires allemands
désormais chargés des usines, tous trois issus du
groupe Daimler-Benz : le docteur Karl Schippert,
le prince von Urach et Alfred Vischer. Autant
d'informations qui font bouillir Renault qui n'a
qu'une envie : retourner à Paris et reprendre enfin
ses affaires en main. Il tourne en rond à Fayolle,
dans ce château perdu en pleine nature, et s'agace
de son inaction. Il n'apprécie guère, non plus, les
escapades de Christiane qui, apprenant que Drieu
se trouvait replié du côté de Sarlat, à La Roque-
Gageac, s'est empressée de traverser le département pour le rejoindre. Mais Peyrecave lui donne
de bonnes raisons de temporiser : le côté provisoire de l'armistice, qui devrait rapidement débou-
cher sur un traité de paix, l'impossibilité de loger
dans ses propriétés de l'avenue Foch et d'Herque-

ville, occupées par les soldats allemands... Dans un premier temps, Renault accepte de prendre son mal en patience et continue à ronger son frein dans la campagne périgourdine. Mais, le 13 juillet, se sentant remis des fatigues du voyage en Amérique, il décide de partir pour Vichy dès le lendemain, où il arrive assez tôt pour assister au spectacle quelque peu étrange du premier 14-Juillet de la défaite. S'il espérait par la même occasion mettre de la distance entre Christiane et Drieu, c'est raté : comme par hasard, le romancier est lui aussi à Vichy. Le séjour de Louis et Christiane se prolonge jusqu'au 20 juillet. Qu'a fait Renault pendant toute cette semaine, en dehors d'une visite à ses collaborateurs du service commercial et du service des relations extérieures repliés sur Vichy[*] ? Rien n'en a transpiré. Il semble seulement qu'il ait pris à cette occasion la ferme décision de revenir à Paris, mais il n'a, pour l'instant, pas fixé de date.

À peine sont-ils de retour à Fayolle, le 20 juillet au soir, qu'une automobile couverte de poussière arrive en trombe dans la cour du château : c'est François Lehideux qui vient directement de Paris pour informer Renault de la situation aux usines. Il lui propose de profiter des circonstances — chacun de son côté de la ligne de démarcation, lui, Lehideux, à Paris, et Renault à Fayolle — pour faire lanterner les Allemands en opposant à toutes leurs demandes la nécessité d'en référer au Patron,

---

[*] La comptabilité et la production sont, elles, à Angoulême, à 75 kilomètres de Fayolle.

qu'il est si difficile de rencontrer... Renault semble acquiescer, mais flaire un piège : une fois « placardé » à Fayolle, ne risque-t-il pas de se faire évincer définitivement dans les mois qui viennent, à la vitesse où vont les événements ? Confie-t-il ses doutes à Christiane et à Peyrecave ? En tout cas, le 22 juillet, Louis Renault part en voiture pour la capitale, muni d'un *Ausweis* établi en un temps record. Christiane le suit dans une autre voiture. Il n'est pas interdit de penser que Drieu l'accompagne, lui à qui une « obligeante dame », ainsi qu'il l'a noté dans son *Journal*, fit franchir la ligne de démarcation pour qu'il puisse rentrer à Paris.

Le 23 juillet au matin, François Lehideux a la surprise de sa vie lorsqu'on lui annonce que « monsieur Renault vient d'arriver ».

Le 23 juillet, cela fait aussi près d'un mois et demi que l'Usine est placée sous contrôle de l'occupant et, pour l'instant, aucune de ses exigences n'a été satisfaite, qu'il s'agisse de construction ou de réparation de matériel militaire. D'une certaine manière, le retour de Renault est une bonne nouvelle pour les Allemands : au lieu de subordonnés qui se réfugient derrière l'absence de directives, ils vont enfin pouvoir régler directement la question avec le grand patron. Encore faut-il parvenir à rencontrer ce diable d'homme qui n'est jamais là : le 23 et le 24 juillet à Paris, mais le 25 et le 26 à Herqueville — pour mesurer l'ampleur des dégâts causés par des occupants pas si « corrects » que ça — et le 29 et le 30 à Lyon, pour des motifs qu'il n'a jamais révélés. En attendant, nombre de patrons français des industries mécaniques semblent être rassurés par le retour de Renault et commencent à leur tour à regimber face aux demandes allemandes. Le 31 juillet, Renault est enfin à Paris, et le général Zuckertort, le représentant direct de Berlin pour la France, le convoque pour l'informer que s'il n'accepte pas de réparer des chars à Billancourt, l'usine sera vidée de ses stocks et outillages. Renault répond qu'il ne peut rien décider sans l'agrément du gouvernement. Le lendemain 1er août, Renault est de nouveau convoqué, suite au refus qu'il vient d'opposer à la demande de réparation de chars abandonnés par les armées françaises formulée par le commissaire Sieburg, récemment adjoint aux trois commissaires déjà en poste à Billancourt. Nouvel ultimatum : il a vingt-quatre heures pour se décider, sinon l'usine sera vidée. À partir de là, les versions divergent : les Allemands prétendent que Renault a finalement accepté, qu'ils détiennent une sténographie de cet accord. Renault a toujours affirmé n'avoir rien lâché, simplement continué à gagner du temps. Un point reste certain : à ce jour, personne n'a vu la sténographie en question, ce qui est étonnant quand on sait à quel point les nazis furent des maniaques de l'archivage. Mais les Allemands vont se comporter exactement comme si le document existait : le dimanche 4 août, alors qu'il se trouve à son domicile, François Lehideux est

« invité » par des soldats revolver au poing à se rendre à l'hôtel Majestic. Là, il se retrouve devant un véritable tribunal qui l'accuse de « résistance passive » et s'entend ordonner de réparer les chars sans délai car telle était la volonté de Louis Renault : « Vous nous menez en bateau depuis un mois, ça ne peut plus durer. Vous allez réparer des chars pour l'armée allemande, d'ailleurs M. Renault a donné son accord[12]. » Donné son accord ? Lehideux tombe des nues. Quelques minutes plus tard, un nouveau rebondissement lui met la puce à l'oreille :

À mon tour, je pris la parole. La situation était plus complexe que ne l'avait évoquée le ministre. Je dus m'interrompre rapidement. Le docteur Sieburg, jusqu'alors absent, arriva et remit une lettre au ministre, qui en prit connaissance et qui, sans me la montrer, la donna au major. Celui-ci me la lut. La lettre émanait de Louis Renault. Elle avait été remise la veille à Sieburg. Elle précisait que François Lehideux, administrateur délégué des usines, avait toute l'autorité et la capacité juridique nécessaires pour régler les problèmes en discussion.

Je n'ai pas lu cette lettre. Écrite en français, elle fut traduite au général Zuchertort. Deux points me frappèrent immédiatement : d'abord l'arrivée tardive de Sieburg, et ensuite et surtout le fait qu'il ne remette que ce matin 4 août un document de cette importance à Schmidt* et aux autres responsables allemands. J'eus l'impression de me trouver en face d'une pièce assez bien montée. Ma deuxième réflexion fut, elle aussi, rapide : si réellement cette lettre était de Louis Renault, elle indiquait son choix. En me désignant comme le décideur, connaissant mon opinion, Louis Renault avait choisi le non[13].

* Ministre du Reich présenté comme venu spécialement de Berlin pour cette réunion.

290

Archives vides, documents non montrés et simplement lus aux personnes concernées... la thèse d'un bluff ne manque pas de corps.

Simultanément, Louis Renault a alerté l'ambassadeur de France en... France (comprendre de la zone libre en zone occupée), Léon Noël, en lui demandant de lui indiquer la position officielle. Après moult atermoiements, Noël finit par lâcher « qu'il fallait essayer de conclure un accord et faire un simulacre de fabrication ». En clair, personne ne veut se mouiller dans cette affaire, pas même le gouvernement de Vichy qui se refuse à donner des directives claires à son représentant — qui choisira de démissionner avec éclat le 19 août.

L'affaire se résoudra finalement en « bottant en touche » : deux ateliers, Astra et Fiat, indépendants de l'usine de Billancourt, sont cédés aux Allemands, qui les exploiteront en toute indépendance avec leur propre personnel. Seul lien avec l'usine Renault, la fourniture de l'électricité et des fluides. Une centaine de chars y seront réparés, avant que l'atelier Fiat ne déménage à Issy-les-Moulineaux en juin 1943.

De cet accrochage sérieux avec les autorités d'occupation va naître la rumeur de la « faute » de Louis Renault : nombreux sont ceux qui croient qu'il a effectivement donné son accord, soit par conviction (ceux-là sont minoritaires), soit par faiblesse (et ils sont la majorité). En tout état de cause, il s'en dégage un large mouvement de soutien à François Lehideux qui semble seul capable de garder la tête claire, alors que Renault apparaît comme un homme à bout de souffle, miné par la maladie. C'est au nom de cette « faute » que Renault sera condamné quatre ans plus tard par la Résistance et une bonne partie de l'opinion publique, mais pour l'instant la question qui taraude les Français, surtout en zone occupée, est d'avoir du travail pour gagner de quoi manger. *L'Humanité*, devenu clandestin, s'en fait l'écho en réclamant la reprise du travail et en appelant les ouvriers à « s'organiser en Comités populaires d'entreprise » car, « devant la carence et le mauvais vouloir évident des capitalistes, les ouvriers ont le devoir d'agir, de procéder à l'ouverture des usines et de les faire fonctionner[*] ». Pour produire quoi ? et surtout pour qui ? C'est le nœud du problème : il n'y a plus qu'un seul client possible, l'Allemagne, qui d'ailleurs paye généreusement... avec l'argent qu'elle extorque à la France au titre de l'indemnité d'occupation.

Renault, de son côté, a le sentiment que son neveu complote ouvertement contre lui. Il y a en effet complot, mais à un autre niveau : à Vichy, le directeur du Travail et de la Main-d'œuvre, Alexandre Parodi, le secrétaire d'État au Travail, René Belin, le secrétaire d'État à l'Intérieur, Adrien Mar-

---

[*] Numéro du 24 juillet 1940. C'est la période des tractations entre Jacques Duclos, qui dirige alors le PCF, et Otto Abetz, ambassadeur de l'Allemagne nazie à Paris depuis le 8 juillet. Sur ce point, cf. notamment Pierre Daix, *Tout mon temps*, Fayard, Paris, 2001.

quet, et le secrétaire d'État aux Finances, Yves Bouthillier, mettent au point un projet selon lequel Louis Renault se retirerait dans sa propriété d'Escampobar où seraient installés un bureau d'études et un atelier. « Le Gouvernement lui donnerait toutes facilités pour transporter le personnel et le matériel qui lui seraient nécessaires et qu'il y prépare l'après-guerre tranquillement[14] », se souvenait François Lehideux, qui a toujours affirmé s'être insurgé contre cette proposition.

Renault, naturellement doué d'antennes, a senti le vent et a envoyé aux nouvelles René de Peyrecave qui lui confirme la réalité du plan. Renault décide alors de jouer son atout maître : Pétain en personne. Et il gagne : le 3 septembre 1940 au matin, il est convoqué à Vichy par un René Belin sûr de son fait qui s'apprête à lui remettre un « ordre de mission » pour de longues vacances bien méritées au soleil de la Méditerranée. Au déjeuner qui regroupe le maréchal et ses ministres, Pétain demande « innocemment » à Belin et Bouthillier quel âge a donc ce Renault qui serait si vieux, si diminué qu'il ne pourrait plus diriger ses affaires. Apprenant qu'il a soixante-trois ans, le maréchal (qui en a quatre-vingt-quatre) réplique : « Alors c'est un jeune homme[15] ! » Le coup du jeune homme, c'est un des « trucs » de Pétain ; en l'occurrence, la cause est entendue, il faut laisser Renault tranquille. Dans la foulée, Pétain et Renault signent un accord qui met implicitement sur la touche François Lehideux :

M. L. RENAULT reconnaît que, dans les circonstances actuelles, il est préférable :

a) qu'il ne soit pas amené, par ses fonctions, à avoir avec les représentants de l'Administration allemande, des contacts obligatoires ;

b) qu'il ne puisse être rendu personnellement responsable de la politique sociale des Usines.

En conséquence, il décide :

1°) de ne conserver en plus de ses fonctions de Président du Conseil d'Administration des Usines que les Directions de la conception, des Études et des Fabrications ;

2°) de déléguer ses pouvoirs actuels de Président délégué à un Comité de direction composé de trois membres du Conseil d'Administration des Usines.

Le Ministre, Secrétaire d'État à la Production Industrielle et au Travail, demande que ces Administrateurs soient choisis parmi ceux qui, au cours de ces dernières années, ont eu aux côtés de M. RENAULT la direction effective des Services de l'Usine et des filiales, ou la gestion de ses intérêts personnels.

MM. de PEYRECAVE, GUILLELMON et ROCHEFORT paraissent le mieux répondre à ces conditions. Il leur serait adjoint dans quelque temps Mr LOUIS et Mr SERRE.

Il est entendu qu'à la majorité de Jean-Louis RENAULT la composition de ce Comité pourrait être modifiée sur la demande de M. RENAULT en vue de faire à son fils la place qui lui revient de droit.

Ces dispositions ont été soumises à M. le Maréchal PÉTAIN qui les a approuvées.

VICHY le 3 septembre 1940

(suivent les signatures de Louis Renault et de Philippe Pétain)[16]

Selon une légende bien ancrée, ce jour-là, Louis Renault et François Lehideux se seraient croisés au garage Renault de Vichy. Louis aurait bondi sur son neveu pour lui administrer une paire de claques. Lehideux démentira toujours, mais, gifles ou pas, la rupture est consommée. Il ne reste plus à

François Lehideux qu'à démissionner, et à Louis Renault de le rayer de son testament.

Conforté dans son rôle de patron, Renault recommence à échafauder des programmes de fabrication les plus divers, auxquels les commissaires allemands répondent par des lettres d'instructions courtoises, mais implacables : « votre production devra être limitée... » ; « vous ne pourrez pas construire... » ; « nous n'y attachons pas d'intérêt. La fabrication doit cesser ». Pendant ce temps, les stocks de matières premières s'amenuisent dangereusement, les fournitures — pneus, essence, alcool... — manquent. Pour parachever cette dramatique fin d'année 1941, l'état de Renault ne s'améliore pas : il a très mal supporté son arrestation par la Gestapo à Herqueville, le 22 octobre, pour une sombre histoire d'abattage clandestin. Même s'il a été relâché au bout de quelques heures, l'épisode l'a visiblement marqué. Cette année-là, Fernand Picard décrit un homme usé : « Qui rencontre aujourd'hui cet homme voûté, au pas hésitant, au regard vague, aux traits tirés, bredouillant des mots presque sans suite péniblement articulés, a peine à croire qu'il est en présence d'un des plus grands constructeurs de l'industrie moderne. » En revanche, lorsque l'étreinte de la maladie se relâche, il retrouve pour quelques heures une énergie et une vivacité d'esprit déconcertantes. Mais l'évidence a fini par s'imposer aux yeux de tous : Renault est devenu incapable de diriger son entreprise.

De toute manière, il n'éprouve de véritable intérêt que pour Herqueville dont il ambitionne plus que jamais de faire le centre d'un grand projet agricole. En témoigne un luxueux album photo préparé par le service de documentation des usines en 1942, tout entier à la gloire du « Domaine agricole expérimental d'Herqueville — Eure » : la beurrerie est devenue « laboratoire laitier », les étables sont « à la hollandaise », les bois font l'objet d'une « exploitation forestière modèle »... Un domaine qui vaut à Renault, en ces temps de ravitaillement incertain, de très nombreux amis, ravis de passer un week-end dans ce paradis alimentaire d'où l'on revient toujours avec un colis bien garni. Dans sa générosité, il parvient même à approvisionner régulièrement Jeanne Hatto, qui vit à Roquemaure-du-Gard, pays de vignoble où il n'y a pas grand-chose à se mettre sous la dent.

Ses relations avec Christiane deviennent de plus en plus chaotiques. D'abord, elle s'affiche de nouveau avec Drieu : ils se voient tous les jours ou presque, participent ensemble aux mondanités du Paris de l'Occupation, comme l'inauguration de l'exposition « La France contre le bolchevisme » le 1er mars 1942. Ensuite, Christiane a osé s'installer à l'Usine, avec la bénédiction du nouveau directeur général qui n'est autre que René de Peyrecave. Elle occupe un bureau voisin de celui de Louis, à l'étage de la direction générale, et s'occupe des « services sociaux » de l'usine : Travail, Famille...

Louis supporte mal ce qu'il considère comme du paternalisme déguisé, paternalisme qui a toujours été sa bête noire. Jusqu'au jour où il explose et envoie, fin 1941, une lettre de licenciement à sa propre épouse, la priant de quitter ses fonctions à Billancourt. Elle lui répond par une longue lettre du 19 décembre 1941, où elle lui jette tous les griefs accumulés depuis ces dernières années : « J'ai l'impression de bien te servir, de toujours te défendre comme je l'ai fait en toutes circonstances aussi bien dans le monde qu'à l'usine », « de ton côté tu ne cesses de faire mon procès à tes collaborateurs, à ton fils même, car tu n'as pas craint de raconter à Jean-Louis tout ce qui pouvait ébranler sa confiance et son affection pour moi sa mère. Il faut vraiment que j'aie une profonde et immense tendresse pour toi pour ne pas t'en vouloir à mort et t'avoir pardonné », « loin de contrarier tes sentiments, je m'efface souvent pour te laisser plus libre », « tu n'hésites pas devant les domestiques à me mortifier et cela de longue date aussi bien à Herqueville qu'à Paris », « je ne vois pas ce qui te permet de penser que nous pourrions devenir la proie et les victimes de flatteurs salissant le souvenir de ton nom[17]. » De son côté, Christiane supporte de plus en plus mal la liaison de Louis avec Andrée Servilanges, qu'elle a surnommée la Geisha : Louis s'est installé avec elle au 88, avenue Foch et fait la navette entre son nouveau domicile et son bureau du 90, après avoir fait aménager un accès direct. Ce qui devait arriver était arrivé : le 18 mars 1941, Christiane notait sur son carnet : « Surpris

Louis avec Geisha[18]. » En riposte, elle avait à son tour ouvert à Drieu les portes de l'avenue Foch.

En 1942, les états d'âme du couple Renault ne tardent pas à passer au second plan : le 3 mars vers 21 heures 10 débute le premier bombardement de Billancourt par la Royal Air Force. Pendant deux heures, le site va recevoir près de cinq cents tonnes de bombes. Le lendemain, un premier bilan fait état d'environ 500 morts et 1 200 blessés, dans leur immense majorité des civils atteints à leur domicile. La propagande de Vichy s'empare de l'événement pour dénoncer ces libérateurs qui ne sont que des assassins. En réponse, et propagande pour propagande, les Britanniques font larguer des tracts affirmant : « les usines Renault travaillaient pour l'armée allemande, les usines Renault ont été frappées », et reprennent l'information, déjà diffusée dans un tract de 1941, selon laquelle « les Allemands se servaient de chars français sur le front russe », ajoutant : « l'opération effectuée le 3/4 mars interrompra leur fabrication en série[19] ». « Interrompra » d'autant plus sûrement qu'aucune fabrication n'a jamais commencé à Billancourt. L'image qui illustre cette contrevérité représente, effectivement, un char français utilisé par des Allemands et tombé aux mains des Soviétiques sur le front de l'Est : lors de la débâcle, la Wehrmacht n'avait eu qu'à se servir... La même image aurait pu être prise en Afrique du

Nord, où les Allemands utilisent aussi nombre de chars pris aux Français, mais l'impact psychologique eût été bien moindre sur ceux qui regardent alors l'URSS avec les yeux de Chimène.

Le texte au verso du tract démontre, chiffres à l'appui, que la France fait un effort tout particulier pour fournir les Allemands en camions, et que Renault accomplit à lui seul le quart de cet effort. Là aussi, les chiffres sont faux, et si les circonstances n'étaient pas aussi tragiques, ils pourraient prêter à sourire : la plupart des camions qui sortent des usines Renault méritent à peine de figurer dans les statistiques, étant volontairement fabriqués avec des matériaux de piètre qualité, les aciers ordinaires remplaçant discrètement les aciers spéciaux. Ce qui avait valu quelques ennuis à Fernand Picard : « Dès le 25 juillet [1941], j'étais violemment pris à partie par un major de l'armée allemande qui m'informait que nos camions ne résistaient pas à l'utilisation sur les pistes, que les moteurs s'usaient et consommaient trop d'huile, que nos ressorts de suspension cassaient[20]. » Il faut dire que les rares stocks de bonnes matières premières, après avoir été soigneusement répertoriés dans une double comptabilité occulte, allaient grossir les réserves secrètes de l'usine, véritable trésor de guerre dissimulé dans les anciennes carrières de Meudon.

Après le bombardement et l'évaluation des dégâts se pose d'emblée la question : faut-il reconstruire ?

Renault, qui était aux sports d'hiver à Saint-Moritz, est prévenu par télégramme. À midi, il réunit la direction pour leur faire part de sa décision : oui, l'Usine doit être remise en état le plus tôt possible. Et, à chaque nouveau bombardement, le 4 avril 1943, le 3 septembre 1943 et le 15 septembre 1943, Renault, obstinément, reconstruira sans se soucier des conséquences ni du malaise croissant que suscite son entêtement : l'Usine est blessée, il faut réparer l'Usine. Contrairement à Peugeot, qui a organisé le sabotage de ses installations en collaboration avec son personnel résistant, ce qui a permis de ralentir efficacement la production tout en échappant pour l'essentiel aux bombardements alliés, Renault ne veut rien entendre. Il semble aussi qu'il ait été approché par certains émissaires de la Résistance qui lui ont glissé qu'un financement, ou, mieux, la présence de Jean-Louis à Londres, serait interprété comme un signe de sincère bonne volonté le jour venu. Fernand Picard affirme avoir eu, vers le 13 mars 1944, une conversation en ce sens avec Louis Renault, au cours de laquelle ce dernier lui aurait confié que René de Peyrecave lui avait donné le même conseil, mais les choses en restèrent là[21]. Pourtant, nombre de vieilles connaissances de Renault ont déjà rejoint le camp gaulliste : Raoul Dautry, Alexandre Parodi, Léon Noël... Entre la maladie du père, qui pourrait excuser bien des choses, et un geste patriotique spectaculaire du fils, il y aurait alors de quoi examiner le cas Renault avec plus d'indulgence. Peine perdue : en ce début de 1944, Renault a d'autres soucis, de vrais soucis : faire creuser dans les sous-sols de la Batellerie une cave secrète pour dissimuler quelques trésors personnels dont ses meilleures bouteilles, en particulier sa collection de vieux portos dont les plus vénérables remontent à 1815.

Le vieux monde n'en finit pas de s'écrouler, un nouveau, encore confus et inquiétant à sa manière, se profile à l'horizon, un peu à l'image de cette grenouille à roulettes qui pétarade dans le parc d'Herqueville et que Christiane mènera droit au fossé : un engin qui ne ressemble pas vraiment à une voiture et qui sera pourtant la voiture de demain — la 4 CV. Alors que Renault est depuis longtemps devenu un symbole et que l'époque s'apprête à mettre à bas les vieux symboles, Louis ne pense plus qu'à ses portos.

L'impasse

Au printemps 1944, la France entière retient son souffle dans l'attente d'un débarquement que l'on devine imminent. Quelques-uns redoutent, la grande majorité espère. Dont Louis Renault, dont le patriotisme de toujours s'accommode mal de l'Occupation. Mais, même malade et diminué, il n'est pas naïf, ou gâteux, au point d'imaginer qu'il n'aura pas de comptes à rendre. L'expérience lui rappelle qu'à l'issue du conflit précédent, malgré son auréole d'artisan de la victoire, les autorités lui avaient lourdement fait payer la note par le biais de l'impôt de guerre, avec la « contribution exceptionnelle » de 1918-1920, puis le « reversement forfaitaire » des années 1930, sans parler de diverses accusations infamantes lancées contre lui par la presse et même depuis la tribune de l'Assemblée. Il sait qu'il est souvent haï, que les tracts de la propagande alliée l'ont accusé, pour justifier les bombardements de l'usine, de s'être mis au service des Allemands. Il sait aussi que la victoire reviendra à plus ou moins brève échéance à ces Alliés qui n'ont aucune bienveillance envers lui. Ils vaincront parce qu'ils bénéficient du rouleau compresseur industriel des États-Unis, dont il observe de près le développement depuis plus de trente ans : son dernier voyage d'études sur place remonte à moins de quatre ans, même si ces années ont paru une éternité, et il est probablement l'un des Français les mieux informés sur les réalités de la puissance américaine. Et puis, tapie au fond de lui, toujours cette peur viscérale de la foule et des meneurs qui ne se déchaînent jamais tant que dans les périodes troubles.

Est-ce pour cette raison qu'il envoie Pierre Rochefort, le 13 mai 1944, retirer pour lui sur l'un de ses comptes « neuf cent mille francs, en trois paquets » ? Envisage-t-il l'éventualité du financement d'un départ précipité ? Prévoit-il de devoir payer un quelconque « impôt révolutionnaire » exigé par tel ou tel groupe armé se prévalant de la Résistance ? En tout cas, le 12 août, soit une semaine avant les premiers combats de la libération de Paris, il charge le même Rochefort de retirer 500 000 francs supplémentaires.

En ce mois d'août 1944, alors que les armées alliées ont enfin repris leur progression après des semaines de piétinement dans le bocage normand, Louis Renault tourne en rond à Paris. Il s'ennuie et il s'inquiète. Il s'ennuie parce que l'usine est fermée depuis le 23 juillet et que son unique activité se limite à des conférences de direction sans véritable objet, dont le seul mérite est d'entretenir le contact entre cadres supérieurs. Il s'inquiète parce que les Allemands sont de plus en plus nerveux et menaçants : le 20 juillet, jour de l'attentat contre Hitler, il a trouvé l'avenue Foch bloquée par les SS et n'a pu rentrer chez lui. Persuadé que ce déploiement de forces était dirigé contre lui, il a fait demi-tour pour se réfugier chez ses amis de Flers, où il mettra des heures à retrouver son calme.

Le mercredi 16 août, Louis Renault apprend avec plaisir le départ du prince von Urach. Au petit matin, avec l'aide de son chauffeur, le commissaire a entassé ses dossiers dans le coffre de sa voiture, et direction l'Allemagne ! Le même jour, les membres du gouvernement, Pierre Laval en tête, sont rassemblés *manu militari* par les Allemands au ministère des Travaux publics, boulevard Saint-Germain, avant de prendre à leur tour, et sous bonne escorte, la route de l'Est : Laval et son équipe viennent d'être « invités » par Hitler à constituer un gouvernement français en exil... Ce 16 août, toujours, Blanche Latour, qui a succédé à Yvonne Maille au poste de secrétaire de Louis Renault, termine la dactylographie d'une brève « Vie de Louis Renault » : trois feuillets qui ressemblent à un plaidoyer. Ainsi, à propos de la crise économique des années 1920 : « Louis Renault arriva à la surmonter en jetant dans les fournaises de l'Usine sa fortune personnelle. Quant aux bénéfices de guerre qu'il avait faits entre 1914 et 1918, il ne put même pas en conserver suffisamment pour remplacer ses outillages usés, et il ne lui resta finalement rien après la reprise normale faite par l'État sur les bénéfices de guerre. » Ou, au sujet de ces dernières années : « Les occupants lui demandèrent dès le début de continuer ses fabrications de guerre : il s'y refusa énergiquement[1]. » Renault, en effet, n'a pas supporté l'accusation d'avoir construit de son plein gré des chars pour les Allemands. Et comme il sait bien que ce texte ne suffira pas à convaincre, il a tenu à ce que sa comptabilité personnelle — en particulier ses déclarations de revenus — soit scrupuleusement mise au net par Rochefort et son équipe, afin de prouver qu'il ne s'est pas enrichi au cours de la guerre — les enquêtes ultérieures montreront que c'est effectivement le cas.

Le vendredi 18 août, Louis Renault part en voiture pour Herqueville, malgré les risques de se faire mitrailler par l'aviation de chasse alliée qui a tendance à tirer sur tout ce qui bouge. Arrivé là-bas sans incident, il s'empresse d'organiser la protection du domaine et de ses occupants dans la perspective de l'arrivée prochaine des armées alliées, des accrochages violents avec les forces allemandes encore bien présentes dans le secteur n'étant pas à exclure. Dès le lendemain, il revient à Paris où les premiers combats de rue viennent de commencer. Il semble que, par précaution, il n'ait pas regagné l'avenue Foch, préférant loger chez Aimée Morot-Dubuffe, les périodes insurrectionnelles étant, par définition, propices aux arrestations arbitraires et aux exécutions sommaires. Le dimanche 20 août, il se rend à Billancourt, où les services de sécurité, en bonne part composés de résistants, veillent sur les installations — les tours de garde sont organisés par René de Peyrecave. Il y retourne le 23, et de nouveau le 25, circulant ouvertement à bicyclette pour économiser l'essence, escorté de son fidèle valet Clément Pouns. Cette fois, il est pris à partie par un groupe de FFI, mais l'intervention de Charles Serre, également présent, lui permet de se dégager. Il faut dire que ce jour-là l'ambiance est plus que tendue à Billancourt : le matin même, « Pierre Lorrain, directeur des ateliers et services d'entretien des usines, qui était de garde cette nuit aux usines avec Jean Hubert, a été tué d'une balle dans la tête, à la pointe aval de l'île Seguin, en assistant à la montée du drapeau sur la centrale, victime de la fusillade entre la colonne de SS et la division Leclerc[2] ».

Dimanche 26 août, le général de Gaulle traverse triomphalement, de la place de l'Étoile au parvis de Notre-Dame, « Paris outragé ! Paris brisé ! Paris martyrisé ! mais Paris libéré ! ». Le soir même, une fête est organisée au magasin Renault des Champs-Élysées pour marquer l'événement. En chemin, et toujours à bicyclette, Louis Renault et Serre font un détour par la pelouse de Bagatelle où stationne un détachement américain. Avisant un GMC, Renault plonge sous le capot du véhicule pour en étudier la mécanique ! Un peu plus tard, les deux hommes retrouvent aux Champs-Élysées Christiane et Jean-Louis, René de Peyrecave et sa famille, Samuel Guillelmon, Pierre Rochefort, Jean Hubert... On trinque à la victoire et, selon les témoins, Louis se montre d'une rare gaieté, malgré les nuages qui s'amassent.

Depuis le 22 août, en effet, premier jour de parution officielle des quotidiens jusqu'alors clandestins, les éditorialistes tirent sur lui à boulets rouges. *L'Humanité* a ouvert le feu avec sa une barrée d'énormes titres vengeurs : « Mort aux Boches et aux traîtres[3] ! », « Arrière les lâches et les combinards[4] ! », « Métallos parisiens, aux armes ! ». Dans ce même numéro, un article, titré « Justice ! contre les traîtres et les profiteurs de la trahison[5] », s'en prend aux « hommes des trusts parce que, maîtres de l'économie depuis plus de cinquante ans, ils ont par soif de profits provoqué progressivement l'affaiblissement économique, démographique, politique et militaire de notre peuple ; par haine des travailleurs ils ont saboté les fabrications de guerre et subventionné la 5e colonne hitlérienne[6]... »

Louis Renault figure au premier rang de ces « hommes des trusts » vilipendés qui doivent rendre gorge. Pour l'instant, il continue ses activités au grand jour, comme si de rien n'était. Le 28 août, il assiste, à l'église de Saint-Cloud, aux obsèques de Pierre Lorrain ; ce sera sa dernière apparition publique. Le 29, la décision est prise de rouvrir l'usine ; c'est chose faite le 1er septembre, sous l'autorité de Peyrecave qui conseille à Louis Renault de ne pas se montrer à Billancourt pour l'instant. Au même moment, Christiane, jusque-là restée à Paris, part pour Herqueville qui vient d'être libéré par une unité de la 2e armée britannique, la brigade Bolton. Là-bas, tout s'est finalement bien passé après une grosse frayeur : la Wehrmacht avait installé un bataillon de chars Tigre pour protéger sa retraite, mais une fois la Seine traversée, tout ce beau monde a disparu vers l'est, non sans avoir fait main basse sur les provisions du village. Puis les premiers Britanniques ont fait une entrée sensationnelle en kilt et grandes chaussettes, mitraillettes et cornemuses en bandoulière ! L'Écosse et son folklore venaient de libérer Herqueville.

Le lendemain, samedi 2 septembre, Christiane retrouve très naturellement son rôle de châtelaine et organise un bal de la Libération sur les pelouses du parc de la Batellerie, illuminé grâce à une génératrice. Les réserves de champagne, enterrées sur ordre de Louis au début de la guerre, revoient la lumière et sont largement mises à contribution. Tout va à nouveau pour le mieux dans le meilleur des mondes. Ne reste plus qu'à éloigner Louis de l'agitation parisienne, le temps que les esprits se calment et que l'ambiance se normalise ; de nombreux signes laissent à penser que ce sera bientôt le cas : depuis le 30 août, les agents de police parisiens ont repris leur service, les FFI sont maintenant encadrés par des officiers en uniforme, et Paris ne ressemble déjà plus à la ville insurgée qu'elle était encore une semaine plus tôt.

Le 5 septembre aux aurores, Renault arrive à Herqueville. Quelques heures plus tard, deux voitures quittent la Batellerie. Dans la première, Christiane ; dans la seconde, Louis, en costume de voyage et lunettes noires, et Clément Pouns. Direction Le Mans, où des chambres sont retenues au Grand-Hôtel. En fait, ce n'est qu'une étape rapide, destinée peut-être à brouiller les pistes : arrivée au Mans, Christiane repart immédiatement pour Paris où elle arrive vers 17 heures. De son côté, Louis est accueilli par Robert de Longcamp, chef du département des moteurs à Billancourt. Le lendemain, mercredi 6 septembre, ils repartent ensemble pour Moulicent, aux environs de Longny-au-Perche. La famille le Féron de Longcamp y possède depuis le XIVe siècle un château perdu dans le bocage, la Grande Noé, qui sera pour Renault un asile d'autant plus sûr que Longcamp, résistant depuis 1942 au sein de l'OCM, est devenu un membre important des FFI de l'Orne.

Il va profiter de ces vacances forcées pour entretenir sa forme physique, comme s'en souvenait Robert de Longcamp : « Durant son séjour à Moulicent, chaque jour, nous courions dans les allées du parc, j'avais grand peine à le suivre et il riait aux éclats de me voir distancé. » Si les muscles répondent bien, la maladie se montre en revanche plus présente que jamais : « L'aphasie dont il était atteint ne lui permettait de s'exprimer intelligiblement qu'une heure par jour et il perdait la mémoire des noms. Mais il était surtout obnubilé par la haine qu'il sentait grandir à son égard. Il avait très peur de la prison et me disait : "Si l'on me met en prison, je suis fichu[7] !" »

À ces quelques détails près, rien ou presque n'a transpiré de ce séjour. Seule une photographie un peu floue l'atteste, la dernière connue où l'on voit Louis Renault vivant. Au bas du perron, bien reconnaissable, de la Grande Noé, Renault discute avec ses hôtes. Toujours élégant même à la campagne — costume sombre à fines rayures, chemise blanche, cravate —, il apparaît de profil, portant des lunettes épaisses, et semble parler avec véhémence, profitant certainement d'un moment de répit dans sa maladie, tandis que Longcamp l'écoute avec grande attention. Que se sont-ils dit ? Mystère. Les très rares allusions que Longcamp fera par la suite à ce sujet laissent supposer qu'il s'agit de graves secrets qu'il préférera lui aussi emporter dans la tombe.

Pourquoi, alors qu'il se trouvait à l'abri, Renault a-t-il choisi de quitter sa retraite et de se présenter le 22 septembre au juge d'instruction qui, entretemps, avait été chargé de son dossier ? En fait, son état général s'était dégradé au point qu'il avait dû se faire hospitaliser, comme en témoigne une lettre[*] de Christiane Renault, expliquant à une amie que Louis « était entré en clinique depuis quarante-huit heures, étant extrêmement fatigué », ce que confirmera implicitement par la suite son urologue, le professeur Marion. Dans ces conditions, sa sécurité devenait difficile à assurer — Longcamp aurait été averti que le secret de la présence de Renault était éventé —, sans parler des soins, qui n'étaient peut-être pas à la hauteur de ce

---

[*] Signalée par Emmanuel Chadeau dans son livre *Louis Renault*, Plon, 1998.

qu'exigeait l'état du patient. Autant revenir à Paris, d'autant plus que Louis s'inquiète pour Christiane ; Peyrecave, lors d'un bref voyage secret à Moulicent, l'a informé des difficultés qu'elle rencontre : le 8 septembre, elle a eu maille à partir avec des membres du Comité de libération du XVIe arrondissement, venus en armes au 90, avenue Foch pour s'assurer de la personne de Louis Renault. Devant leurs questions, Christiane, Jean-Louis et Rochefort ont joué les imbéciles, d'autant plus facilement que les domestiques n'étaient au courant de rien. Le petit groupe a perquisitionné l'immeuble pour vérifier, sans oublier au passage de « réquisitionner » les provisions. Nouvelle alerte, trois jours plus tard, à Herqueville, envahi par des FFI, qui entendent bien être récompensés pour avoir « protégé » les bâtiments, le bétail et le matériel. Si les résistants parisiens ont faim, les Normands préfèrent l'argent : le groupe qui occupe la ferme de Portejoie estime que 3 000 francs par homme serait une juste rémunération, tandis qu'à Connelles le tarif est plus modeste : 2 000 francs seulement.

Tant qu'à faire, Renault ne serait pas mécontent de crever une bonne fois pour toutes l'abcès des accusations qui pèsent sur lui. La campagne de presse initiée par *L'Humanité* continue, en effet, à se déchaîner. Mais bien pire, et Peyrecave ne le lui a pas caché, le secrétaire général à la Justice, le communiste Marcel Willard, a reçu le 29 août une lettre de dénonciation. Outrepassant ses fonctions — il n'est pas ministre de la Justice —,

Willard, dont la devise du moment est « Il faut faire vite, et faire peur », prend l'initiative, le 1er septembre, de transmettre au procureur de la République. Celui-ci décide de poursuivre et désigne le juge Marcel Martin comme magistrat instructeur, assisté de l'inspecteur Guy, qui reçoit, le 5 septembre, un mandat d'amener au nom de Louis Renault.

La nouvelle fait immédiatement le tour des salles de rédaction, d'autant que les jours passent et que Renault reste introuvable. Le 19 septembre, *L'Humanité*, sous la plume de Georges Cogniot, son rédacteur en chef et porte-voix de Maurice Thorez en exil, hurle à grands points d'exclamation, dans un éditorial intitulé « Épuration ! Épuration ! » :

Renault n'est pas arrêté ! Renault est soi-disant en fuite ! On a laissé échapper Renault...

Renault, qui est personnellement propriétaire de 95 % des affaires qu'il dirige, a réalisé pour SIX MILLIARDS de transactions avec les Boches.

A-t-il « travaillé » pour eux sous la contrainte ?

Voici la réponse :

Les bombardements de l'aviation anglo-saxonne ayant causé des pertes à cette maison, l'État de Vichy lui-même a refusé de l'indemniser, en déclarant que les usines Renault n'avaient pas été réquisitionnées par l'occupant, puisqu'elles s'étaient mises spontanément à la disposition des Allemands dès l'armistice. Tout le monde sait, d'ailleurs, que le Directeur général de Peyrecave mouchardait en personne à la Gestapo tous les ouvriers suspects.

L'opinion de la Résistance unanime est claire :

Louis Renault doit payer pour les soldats des Nations unies tués à cause de son empressement volontaire à fabriquer du matériel pour l'ennemi. Il doit payer pour les centaines d'innocents disparus dans les bombardements aériens que sa trahison avait rendus nécessaires. Il doit payer pour les ouvriers patriotes livrés aux bourreaux.

À cette réclamation de la France, s'opposent, par malheur, dans les milieux de justice, des personnages très, très haut placés[*].

En agissant ainsi, ces gens ne sont rien d'autre que des fauteurs de désordres. Comme le dit M. Debu-Bridel « l'anarchie commence lorsque les pouvoirs publics faillissent à leur mission[8] ».

L'éditorial se termine comme il se doit par un vibrant : « Il faut châtier les traîtres ! » Autant dire que le réquisitoire, qui ne recule devant aucune approximation, est bouclé et Renault condamné avant même d'être entendu. Peyrecave aussi, par la même occasion.

Trois jours après *L'Humanité*, les autres quotidiens prennent le train en marche. Le 22 septembre, *Le Parisien libéré* dénonce : « M. Louis Renault est inculpé. L'affaire est entre les mains d'un juge d'instruction. Celui-ci ne l'a pas encore mis sous mandat d'arrêt. Tranchons le mot : il n'a pas osé. » *Combat*, *Le Populaire*, *Résistance* et *L'Aurore*, qui titre « Les gros s'échappent », osent, eux, la fausse nouvelle : « On apprend de Madrid, où il vient d'arriver, que Louis Renault, recherché par le gouvernement français pour son attitude collaborationniste, s'est enfui de France… »

* Marcel Willard venait d'être remplacé le 10 septembre par le très gaulliste et catholique François de Menthon, au grand dam du PCF.

Mais que contenait cette dénonciation qui avait déclenché une telle agitation ? Elle mérite d'autant plus d'attention qu'elle est, et restera, l'unique pièce du dossier d'accusation de Louis Renault :

Je sais que vous êtes décidé à punir tous ceux qui, mauvais Français, se sont mis à la disposition des Allemands et ont agi contre les intérêts de notre pauvre pays.

Parmi ceux-là, un des plus coupables est M. Louis Renault, directeur des usines Renault, à Boulogne-sur-Seine. Ce mauvais Français a mis ses usines à la disposition des Autorités d'occupation et a fabriqué pour eux des avions. Nous demandons son arrestation et qu'il soit déchu de sa qualité de français. Il est Grand Croix de la Légion d'honneur.

Il a profité de la situation pour se remplir les poches. Faites donc saisir ses biens qui devront être répartis, mi au Secours National, mi aux Œuvres des prisonniers de guerre. C'est un exemple à faire qui devra être suivi pour tous ceux qui ont prêté leur concours aux Allemands contre la France[9].

Cette lettre ne contient rien, ne faisant que reprendre des accusations déjà formulées de-ci de-là. C'est pourtant sur ce ramassis de ragots que Renault sera inculpé de commerce avec l'ennemi et d'atteinte à la sûreté de l'État... Ce qui frappe aussi à la lecture, c'est le style, qui n'a rien de commun avec les outrances révolutionnaires du moment, mais correspond bien à l'identité du signataire, un certain Renault (*sic*) de la Templerie. Un ton et un patronyme qui évoquent plus les beaux quartiers et *Maréchal nous voilà* que la banlieue rouge et *L'Internationale*... De fait, il s'agit d'un vieux bonhomme de soixante-dix-sept ans qui vit fort bourgeoisement dans le XVIe arrondissement. Lorsqu'il sera interrogé sur ses motivations, le 11 décembre 1944, par le commissaire de police judiciaire Perez y Jorba, voici tout ce qu'il trouvera à répondre : « Je ne suis ni parent ni ami de l'industriel Renault. Je ne le connais pas personnellement, mais je suis très lié avec le père de M. François Lehideux qui a été ministre. Il a été administrateur délégué de la société des automobiles Renault et il a justement donné sa démission pour ne pas travailler pour les Allemands. Lorsque j'ai vu que François Lehideux, qui est un homme très propre et très bien, avait été arrêté et que Renault qui avait travaillé pour les Allemands était laissé en liberté, j'ai écrit la lettre que vous avez en votre possession, pour signaler le cas de Renault. Je ne sais rien de l'affaire Renault, je sais que le bruit a couru à l'Automobile-Club que Renault avait touché, après le bombardement de ses usines, une somme de 500 millions à titre de dédommagement et que par la suite il aurait en outre touché 200 millions pour prendre des commandes allemandes[10]. » En bref, un fatras de on-dit, prétendument mis au service de la défense de la probité d'un ministre de Pétain... Interrogé par la suite à ce sujet, François Lehideux déclarera : « C'était un client des usines Renault, une espèce de vieux crétin qui reprochait à Renault que ses filles ne se soient pas mariées à l'autre guerre, leurs fiancés possibles ayant été

315

tués parce que Renault avait prolongé le conflit en faisant des chars ; il lui en voulait beaucoup[11]. » Selon d'autres sources, la Templerie n'aurait pas toujours affirmé n'être « ni parent ni ami[12] » de Renault : avant la guerre, il se serait régulièrement présenté aux usines pour tenter d'obtenir une voiture gratuite en se prétendant proche parent ! On peut tout de même en retenir que ce curieux personnage était loin d'être inconnu à Billancourt.

Autre point curieux : alors que depuis les tracts alliés de 1942 Renault se voit reprocher d'avoir construit des chars et des camions pour les Allemands, la dénonciation n'évoque que la fabrication d'avions. C'est mettre le doigt là où ça fait mal, car le comportement de la branche aéronautique du groupe, Caudron-Renault, n'a pas été irréprochable : à la suite de manœuvres complexes pilotées par Vichy, Caudron s'est retrouvé en première ligne pour la construction des avions-écoles et des avions d'observation de la Luftwaffe en collaboration avec la firme allemande Siebel, elle-même placée sous l'autorité directe du maréchal Goering[*]. Tout cela s'est accompli, côté français, sous la présidence du vrai patron de Caudron, qui n'est autre que René de Peyrecave.

Reste l'épineuse question de savoir s'il s'agit vraiment d'une initiative personnelle ou si cette lettre a été soufflée à la Templerie. Pour certains,

---

[*] Commandant en chef de la Luftwaffe, numéro 2 du régime nazi, Hermann Goering a fondé et dirigé un gigantesque groupe industriel, les Reichswerke Hermann-Göring, alors la plus grande entreprise publique du monde.

il s'agirait d'une manipulation dont la responsabilité incomberait à François Lehideux : « Pour apparaître comme un résistant, l'ancien ministre du maréchal a sans doute besoin de dénigrer son oncle par alliance. Devenu maître, depuis 1939, dans la diffusion de rumeurs dénonciatrices et de ragots accusateurs, il se construit une image angélique à bon compte. Le discrédit qu'il fait porter sur Louis Renault dès la drôle de guerre est d'ailleurs une aubaine pour l'accusation dont les arguments n'ont toujours aucune consistance. Peut-on encore douter de la culpabilité d'un homme que son neveu accuse* ? » J.-B. Pontalis s'étonne de cette thèse : « Complot ? Dénonciation ? Je n'ai jamais entendu parler de ça ! D'ailleurs, je ne vois pas ce que Lehideux pouvait dénoncer puisqu'il était au moins aussi compromis, en tant que secrétaire d'État à la Production industrielle. S'il dénonçait le collaborationnisme de Louis Renault, le sien était encore plus évident[13] ! » Si François Lehideux n'est pour rien dans cette dénonciation et s'il ne s'agit pas d'un acte individuel, alors qui ? Dans les *Mémoires* de François Lehideux figure ce passage pour le moins ambigu : « Louis Renault fit l'objet d'un mandat d'amener à la suite d'une dénonciation. Ses collaborateurs négocièrent, me dit-on, sa comparution devant le juge Martin. » Ses collaborateurs, mais lesquels ? Et que signifie au juste l'expression « négocier une comparution » ?

* Laurent Dingli, *op. cit.* L. Dingli s'y montre le principal tenant de la thèse d'un complot de François Lehideux contre son oncle.

Une seule certitude : au cours de sa vie, Louis Renault s'est fait beaucoup d'ennemis, y compris dans les milieux patronaux ; nombreux sont ceux, et pas uniquement au PCF et à la CGT, qui aimeraient le voir définitivement mis hors jeu d'une manière ou d'une autre, et son groupe passer, en tout ou partie, dans d'autres mains.

Le jour même où la presse titre en gros sur la « fuite » de Louis Renault, le 22 septembre 1944, celui-ci se présente spontanément devant le juge Martin. Brève entrevue de pure forme, puisqu'il ne s'agit que d'un interrogatoire d'identité. Après avoir pris rendez-vous pour un nouvel interrogatoire le lendemain, Renault ressort libre. Ce n'est pas si fréquent dans ce contexte de justice expéditive, mais le juge Martin est connu pour sa modération ; ce « petit bossu très gentil », comme s'en souvenait François Lehideux qui avait eu affaire à lui, n'a rien d'un inquisiteur, d'un coupeur de têtes ou même d'un idéologue. Plutôt compréhensif et humain, il fera de son mieux pour tenter de protéger Louis Renault, mais ne sera pas obéi.

Renault comptait-il vraiment se rendre à ce rendez-vous ? Il semble que Christiane, qui a dîné le 21 au soir avec René de Peyrecave, ait organisé une entrevue entre Renault et lui, prévue pour le 23 au soir. S'agissait-il de mettre au point une défense commune, ou de mettre à nouveau Renault en lieu sûr ? Mystère. De toute façon, rien ne sera possible, car le samedi 23 septembre au petit matin, René de Peyrecave est arrêté à son domicile, puis incarcéré à Fresnes quelques heures plus tard. Dans l'après-midi, Renault se présente de nouveau devant le juge Martin : a-t-il choisi de venir pour aider Peyrecave ? Pense-t-il sincèrement ressortir libre, comme la veille ? Il s'est fait accompagner de ses deux avocats, Me Ribet et Me Charpentier, et de Pierre Rochefort, mais la comparution tourne court : après un bref interrogatoire — Renault a le plus grand mal à s'exprimer et c'est Rochefort qui assure la « traduction » —, le juge Martin lui signifie son placement en détention, et l'inspecteur Guy, présent dans le cabinet du juge, opère immédiatement l'arrestation, agissant en vertu du mandat de dépôt. Le juge téléphone dans la foulée à la prison de Fresnes pour informer de sa décision d'écrouer Renault et demander son admission directe à l'infirmerie centrale où il sera placé au secret, en cellule individuelle. Sage précaution : le prisonnier est indiscutablement malade, et le juge sait aussi à quoi s'en tenir sur l'insécurité qui règne dans une prison où certains gardiens, quand ce ne sont pas les codétenus, jouent les épurateurs sauvages.

Sur le moment, Renault comprend mal ce qui lui arrive : en quelques minutes, sa vie a basculé. Il se retrouve dans sa voiture personnelle, conduite par Rochefort, mais encadré par deux policiers, l'inspecteur Guy et son adjoint, et en route pour la prison... L'inspecteur Guy n'a pas oublié la scène : « Durant tout le trajet, il s'efforça de retenir ses larmes, mais en vue des murs de Fresnes, il n'y tint plus, s'effondra en pleurs sur mon épaule : "Ah, monsieur Guy ! S'il n'y avait pas mon fils je me suiciderais[14] !" » Malgré le style très « procès-verbal » — combien de prévenus se sont ainsi « effondrés en pleurs sur l'épaule » d'un policier ou d'un gendarme... — le témoignage sonne juste : Renault vient de subir un choc psychologique terrible et va s'enfoncer dans le cauchemar au fil des semaines qui vont suivre.

Le 27 septembre, il est examiné par trois experts, les docteurs Paul, Heuyer et Piedelièvre. Ils constatent que le patient a perdu sept kilos en quatre jours, qu'il est devenu incontinent, tient des propos incohérents... Ils en concluent qu'il présente « une aphasie sensorielle avec apraxie et agnosie, pouvant laisser suspecter un début de démence sénile, vraisemblablement à forme de maladie d'Alzheimer ». Diagnostic étonnant dans la mesure où il ignore les antécédents médicaux de Renault — dix ans d'insuffisance rénale majeure ! — mais dont les conclusions sont plus intéressantes quand elles affirment que « son état était incompatible avec son maintien en détention et qu'il était nécessaire qu'il soit placé dans un hôpital psychiatrique[15] ». En clair, Renault doit selon eux quitter Fresnes le plus vite possible pour être placé dans un lieu plus sûr. Le fait que trois à cinq hommes montent la garde en permanence devant sa cellule aurait-il inquiété plutôt que rassuré les médecins ?

Pourtant, Renault a eu la chance de tomber sur une infirmière qui l'a pris en pitié, lui parle de tout et de rien, tente de le distraire et glisse chaque soir un gardénal dans son bol de tilleul pour qu'il passe des nuits reposantes. Malheureusement, celle-ci quitte ses fonctions le 29 septembre.

Ce même jour, sur ordonnance du juge Martin, les docteurs Heuyer, Genil-Perrin et Abély se livrent à une nouvelle expertise de l'état mental de Louis Renault. Au terme d'un long rapport assez contourné, remis le 3 octobre, ils concluent à leur tour qu'« il est totalement irresponsable de ses actes » et qu'« il est donc nécessaire qu'il soit interné d'office dans un hôpital psychiatrique[16] ». Comme le précédent, ce rapport, et avec lui la compétence des experts, a été très contesté. Ne signifierait-il pas lui aussi, à sa manière, « tout sauf Fresnes » ?

Vers le 1er ou le 2 octobre, des témoignages d'avocats qui ont pu apercevoir Renault par le judas de sa cellule montrent que son état s'aggrave. L'un d'eux a remarqué que « les gestes de cet homme étaient très lents, on sentait un homme fatigué, usé [...]. Il était silencieux, il ne parlait ni ne gémissait. Il semblait dans un état mental déficient[17] ».

Le mardi 3 octobre, Christiane Renault est enfin autorisée à se rendre à Fresnes. Elle rapporte cette visite en détail :

Je fus introduite dans une cellule de l'infirmerie par deux FTP en civil, armés, et qui n'étaient nullement des gardiens réguliers de la prison. Malgré la présence de ces deux hommes, je pus parler tout bas au prisonnier et lui dire que je ferai tout

pour essayer de le sortir le plus rapidement possible. Quand ?
me dit-il [.] Je lui dis : j'espère dans environ sept à huit jours. Il
parut fort effrayé. Je lui dis tout de suite pour le tranquilliser :
peut-être que dans deux ou trois jours j'y arriverai. Il me répondit : ce sera trop tard, ils m'auront tué avant, c'est la nuit
qu'ils viennent[18].

« C'est la nuit qu'ils viennent »… cette phrase
restera à jamais mystérieuse. Pour Christiane, elle
signifie que des hommes viennent, de nuit, maltraiter Louis ; des hommes, ou plus précisément
des FTP (francs-tireurs et partisans, bras armé du
PCF), auxquels appartient le chef des FFI, le colonel Rol-Tanguy, ancien ouvrier tôlier à Billancourt, responsable de la cellule communiste de
l'usine, licencié en 1925 pour fait de grève : il a
donc de solides motifs de vengeance. De son point
de vue à elle, tout se tient, la boucle est bouclée.
Selon d'autres sources, Renault, dans sa solitude
et son désarroi, aurait été terrorisé par les hurlements qui résonnaient la nuit dans la prison, certains
groupes armés ne se privant pas de maltraiter les dé-
tenus. Enfin, l'hypothèse d'hallucinations, provo-
quées par l'urémie dont il souffre, n'est pas à reje-
ter : au cours des crises nocturnes, le malade peut
avoir l'impression que sa chambre est envahie par
une foule malveillante.

À partir du 4 octobre, des témoignages contradictoires, et difficilement vérifiables, s'accumulent :
un visiteur de prison dit avoir vu « un homme sans
connaissance, dans un état affreux et la tête entourée de bandages[19] », et le brigadier qui l'accom-
pagnait l'aurait informé que ce prisonnier avait été

tabassé pendant la nuit — mais le témoin ne semble pas avoir la certitude absolue qu'il s'agissait bien de Renault. Le même jour, Me André Yung, avocat à la cour d'appel, parvient lui aussi à observer Renault par le judas de sa cellule, sans pouvoir l'approcher ; il décrit quelqu'un de mal en point : « Il était très agité, se retournant sans cesse sur son lit, et gémissait. Il m'a paru "agonisant" ; c'est tout au moins l'impression qu'il m'a faite à ce moment. » À quelques heures d'intervalle, un autre avocat parviendra à s'approcher de Renault, qu'il trouve « dans un état d'inconscience absolue[20] ». Mais, dans ces deux témoignages, pas question de bandages, pas plus que les examens médicaux ultérieurs ne signaleront d'hématomes.

Pour autant, les craintes de Christiane ne ressortent pas du fantasme. Le juge Martin lui-même s'inquiète pour la sécurité de Renault, car les justiciers autoproclamés se multiplient dans les couloirs de Fresnes et autres lieux de détention. Ces RMS, les « résistants du mois de septembre », comme les appellent ironiquement les Parisiens (la ville est libérée depuis fin août...), rivalisent de zèle épurateur pour mieux faire oublier leurs propres turpitudes : ainsi, le sinistre docteur Petiot, recherché par toutes les polices, a réussi à s'engager fin août 1944 dans les FFI ; en septembre, devenu le capitaine Valéry, enquêteur à la Sécurité militaire, il reprend ses activités criminelles sous prétexte d'épuration. Démasqué, il est arrêté le 31 octobre par un officier des Services de sécurité de la France libre, le capitaine Simonin... alias

Soutif, un ancien de la Gestapo ! Dans de telles eaux troubles, tout peut arriver, surtout le pire.

Bien informé, le juge Martin ordonne, le 4 octobre au soir, le transfert sous surveillance policière de Louis Renault dans un hôpital général, équipé pour soulager son urémie. Le 5 octobre au matin, rien n'est réglé. De toute façon, le directeur de la prison tient absolument à faire interner le malade dans un service de psychiatrie, et ce sera chose faite avant la fin de la journée. Il sera d'abord question d'envoyer Renault à Henri-Rousselle, à Sainte-Anne, mais c'est finalement à Ville-Évrard, à Neuilly-sur-Marne, qu'il sera admis.

Le 12 octobre, Me Ribet, l'avocat de Renault, téléphone au juge Martin pour l'alerter sur la dégradation rapide de l'état de santé de son client. Le juge désigne de nouveau comme expert le psychiatre Paul Abély, à qui le professeur Marion, spécialiste en urologie, fait parvenir une lettre l'informant des antécédents de Renault, qui souffre depuis fin août de graves troubles urinaires d'origine prostatique nécessitant une sonde à demeure. Le 13 octobre, Abély ne signale pourtant rien d'anormal, tout en précisant « dans les limites de ma compétence ». Heureusement, le docteur Dublineau, chef de service à Ville-Évrard, a bien décelé les troubles et établit un certificat médical où il précise que le patient nécessite des soins urgents dans un établissement approprié. Une fois de plus, le juge réagit très vite et commet deux nouveaux experts, urologues cette fois. Mais ces derniers vont attendre trois jours avant de se rendre au chevet de Renault, dont l'état devient critique et qui se plaint également de douleurs crâniennes de plus en plus violentes. Le 16 octobre, après un nouveau cri d'alarme des docteurs Marion et Dublineau, le juge Martin signe l'ordre de transfert à la clinique Saint-Jean-de-Dieu, dans le VIIe arrondissement de Paris, où opère le docteur Marion. Louis Renault y arrive le mardi 17, dans un état comateux, mais toujours sous une étroite surveillance policière qui ne se relâchera qu'après sa mort. Il reçoit enfin des soins pour sa vessie et des injections d'antalgiques, mais continue d'évidence à souffrir de maux de tête abominables qui provoquent des crises terribles, obligeant à le sangler à son lit. En début de soirée, les frères de Saint-Jean-de-Dieu lui administrent l'extrême-onction. Le 21 octobre, il sort brièvement du coma, parvient à échanger quelques mots avec Christiane et Jean-Louis. Puis il glisse dans une inconscience de plus en plus profonde. Dans l'après-midi du 23, selon la légende, il ouvre un instant les yeux, reconnaît Clément Pouns qui le veille à ce moment-là, lui sourit et balbutie : « L'Usine… » Son dernier mot : il meurt le lendemain matin, mardi 24 octobre 1944 à 6 heures 45.

Le jour même, le docteur Paul enfile sa blouse de légiste pour se livrer à l'autopsie de Renault et conclut à « un décès dû à des complications cérébrales d'origine vasculaire[21] ». Christiane Renault traduit aussitôt dans ses carnets : « congestion pulmonaire, infection générale, hémorragie, choc émotif, choc nerveux, choc violent qui a provoqué l'hémorragie méningée ». Elle croit dur comme fer, et une bonne partie de la famille Renault avec elle, tout comme René de Peyrecave[22], que Louis a été assassiné. Assassinat prémédité, brutalités ou non-assistance à personne en danger ? La question reste entière. Mais, indiscutablement, la mort rapide de Louis Renault, quelles qu'en soient les causes exactes, aura été la conséquence directe de son incarcération.

Une fois le permis d'inhumer délivré par le docteur Paul, le corps de Renault est embaumé, avant d'être transporté le lendemain à 7 heures 15 à son domicile de l'avenue Foch. Une photographie prise sur son lit de mort ne dit rien de son état : il disparaît sous un buisson d'orchidées blanches — ses fleurs favorites — mêlées de fougères dont les ombres portées brouillent le visage, certainement remodelé par l'embaumeur. Le samedi 28, un millier de personnes se retrouvent pour ses obsèques à Saint-Honoré-d'Eylau, place Victor-Hugo, dans le XVIe arrondissement de Paris. Une croix géante d'orchidées blanches orne le cercueil, tandis que sa grand-croix de la Légion d'honneur est exposée sur un coussin. Deux jours plus tard, le 30 octobre, accompagné des seuls intimes — Jeanne Hatto, la toujours fidèle et bienveillante, est venue —, il est selon son vœu de longue date enterré dans le petit cimetière d'Herqueville, à l'ombre de l'église. Une simple tombe recouverte d'une dalle de pierre grise : « Louis Renault, 1877-1944 ». Autour, quelques herbes folles et des fleurs des champs.

À l'Usine, l'activité continue. Après l'arrestation de Louis Renault et de René de Peyrecave, Samuel Guillelmon et Jean Louis[*] ont assuré un bref intérim. Le 27 septembre, le Conseil des ministres a décidé la « réquisition en usage ». Le 5 octobre, Pierre Lefaucheux est nommé administrateur provisoire. Le 7, pour bien marquer son nouveau pouvoir, il choisit de s'installer dans le bureau personnel du Patron. Le 9, alors que Louis Renault agonise, c'est là qu'il convoque Jean-Louis et lui tient un discours fielleux dont il ressort qu'il est un lâche et son père un traître, espérant le pousser à démissionner. Comme Jean-Louis, habilement, s'y refuse, il reçoit le 17 novembre une lettre de licenciement, prétextant de vagues « modifications [...] dans l'organisation des services[23] ». Dans quelques semaines, le 16 janvier 1945, la SAUR deviendra la RNUR, Régie nationale des usines Renault, toujours sous la direction de Lefaucheux. L'année suivante, au Salon de l'auto, la France entière découvre avec stupéfaction et envie l'ultime création de Louis Renault : la 4 CV, première voiture française à dépasser le million d'unités produites. Mais pas question d'associer le nom ou la mémoire de Louis Renault à sa petite dernière, contrairement à ce que pouvait espérer Fernand

* Jean Louis (1899-1974), ingénieur des Arts et Métiers, centralien, engagé en 1938 par Louis Renault à la Direction générale aux côtés de René de Peyrecave. À ne pas confondre avec Jean-Louis Renault.

Picard en lui rendant hommage le jour de sa disparition :

Je ne veux, ce soir, retenir que son œuvre grandiose, sans chercher à savoir pourquoi et comment il l'a édifiée. C'est à l'ouvrage qu'on juge l'ouvrier. Il laisse au pays une de ses plus grandes entreprises industrielles. J'ose espérer que, devant sa mort, nombre de rancunes qui le poursuivaient jusque dans sa cellule s'apaiseront, qu'on ne cherchera pas à salir sa mémoire, que ses plus féroces ennemis méditeront sur la tristesse et la misère de sa fin, et jugeront que la peine a dépassé suffisamment les fautes pour ne retenir que ce que sa vie a de grandeur[24].

En 1946, il est beaucoup trop tôt pour espérer un tel recul. De part et d'autre, les passions restent exacerbées, les rancunes tenaces et les blessures à vif. Dans ces conditions, le dossier Renault, toujours ouvert, ne va pas tarder à revenir au premier plan de l'actualité.

Post mortem

L'existence d'un géant comme Louis Renault se poursuivant bien après son dernier soupir, sa mort physique va préluder à une longue série de rebondissements, telles les répliques d'un séisme, qui s'étaleront sur plus de dix ans. Certains seront lamentables, ainsi cette accusation formulée par Emmanuel d'Astier de la Vigerie, publiée dans *France-Dimanche* du 26 janvier 1947 : il assure que le soir même du premier bombardement de l'usine de Billancourt, le 3 mars 1942, il dînait chez Larue, un grand restaurant parisien, où il avait parfaitement reconnu l'industriel, venu en compagnie d'officiers allemands fêter « la livraison à l'Allemagne du millième char Renault ». « Témoignage » des plus suspects : certes grand résistant, d'Astier de la Vigerie est alors député « apparenté PCF » et fondateur du quotidien *Libération*[*], qui avait pris la tête de la campagne de presse réclamant l'arrestation de Louis Renault. Mais aussi

---

[*] Né dans la clandestinité en 1941, proche du parti communiste français par ses positions, le journal *Libération* paraîtra jusqu'en 1964. Seul le titre sera repris en 1973 par Jean-Paul Sartre et Serge July.

« témoignage » qui tombe à pic, alors que la Régie et les Renault négocient un compromis — dont l'idée même paraît insupportable aux tenants d'une épuration massive et sans nuances.

Autre campagne de presse peu glorieuse, celle menée en janvier 1949 une fois de plus par *France-Dimanche*, relayé par la presse populaire, qui prend prétexte d'un banal fait divers pour en tirer un feuilleton scabreux : fin 1948, les « héritiers Renault » (lire Christiane) demandent à Andrée Servilanges de libérer la maison de la rue Berlioz où Louis Renault l'avait installée avant guerre. Celle-ci refuse, arguant que son amant l'avait assurée qu'elle pourrait y demeurer à vie. D'où procès en référé, puis sur le fond — qu'elle perd successivement, aucune disposition à son profit ne figurant explicitement au testament du défunt. Par dépit, elle semble alors s'être livrée à quelques confidences, glissées à l'oreille du célèbre chroniqueur judiciaire Géo London, qui va broder à plaisir sur le thème d'un Louis Renault non seulement bigame, mais toujours doté d'une belle verdeur... Le journaliste vante la « fougue amoureuse » de l'industriel, Andrée Servilanges lui ayant révélé (c'est du moins ce qu'il écrit) : « Il y avait, entre nous, une grande différence d'âge, mais je ne m'en aperçus à aucun moment de notre liaison[1]. » L'œil collé au trou de la serrure, le lecteur se régale de ce croustillant vaudeville, Christiane est furieuse, Andrée se sent vengée, et la mémoire de Louis Renault en ressort encore plus flétrie.

Nouvelle empoignade en place publique, avec le

coup de sang de Pierre Lefaucheux en octobre 1950. À la suite d'un discours très consensuel de l'inamovible baron Petiet, toujours président de la Chambre syndicale des constructeurs d'automobiles, prononcé à l'occasion du banquet annuel de l'organisme, où l'orateur exalte la mémoire des pionniers de l'automobile et leur contribution à la victoire de 1918, Lefaucheux voit rouge. Face à ce qu'il considère comme une apologie voilée de Louis Renault, il proteste dès le lendemain par une lettre incendiaire adressée non seulement à Petiet, mais encore aux membres de la Chambre syndicale, au président de la République, à l'ensemble du gouvernement et, pour faire bonne mesure, à la presse de gauche et d'extrême gauche — bref, à la France entière. Lettre dans laquelle il se sent obligé d'écrire : « ... les Usines Renault ont été nationalisées en raison des faits de collaboration reprochés à leur propriétaire[2]... » Reprochés, certes, mais d'autant moins établis que René de Peyrecave, coïnculpé avec Louis Renault, vient de bénéficier l'année précédente d'un non-lieu prononcé par la Haute Cour de justice. L'initiative de Lefaucheux n'a pas les résultats escomptés — il reçoit en retour une salve d'appels à la modération — mais il se déchaîne contre Jean-Louis Renault qui a eu le malheur de lui faire parvenir une lettre de protestation. Commençant par le traiter d'« insolent » — Lefaucheux semble poursuivre Jean-Louis d'une vindicte particulière depuis leur entrevue houleuse du 9 octobre 1944 —, il finit par lui servir comme argument ultime : « Il vous a suffi de naître[3]. » Argument d'autant plus bas que Lefaucheux ferait bien de se l'appliquer : n'est-il pas l'héritier d'une prospère dynastie d'armuriers, la firme Lefaucheux, inventeurs et fabricants du fameux revolver du même nom, qui a longtemps équipé l'armée française et quelques autres ? L'affaire se tasse après une série d'échanges fielleux, mais le récent patron de la jeune Régie aura encaissé de certains confrères quelques banderilles imprévues, sous forme d'allusions à ceux qui doivent à la Résistance des places inespérées...

En réalité, les affrontements les plus rudes se déroulent en coulisses, entre les tenants de la nationalisation à outrance qui, au-delà des actifs de la société Renault, réclament l'attribution à la Régie de la totalité des avoirs de Louis Renault, y compris ses biens personnels, et la famille, qui va tout faire pour éviter de se voir intégralement dépouillée. Chaque camp ne manque pas de moyens de pression. Côté Régie, la direction se prévaut de l'appui du ministre de la Production industrielle, le communiste Marcel Paul, pour obtenir l'interprétation la plus large possible de l'ordonnance de nationalisation, selon laquelle l'entreprise est en droit de réclamer tous les biens de Louis Renault « qui seraient utiles à l'exploitation technique, financière et commerciale des usines Renault ou au fonctionnement de leurs œuvres sociales[4] ». Côté

Renault, les biens domiciliés à l'étranger, donc non concernés par les lois françaises, restent considérables, en particulier les comptes en devises domiciliés aux États-Unis, dont la Régie aurait un besoin urgent pour financer les machines-outils neuves qui lui manquent cruellement. Elle s'était empressée, dès le début de 1945, de réclamer le déblocage de ces sommes à son profit, mais s'était vue déboutée sans appel par les tribunaux de l'État de New York qui, par principe, et ce n'est pas une surprise, ne reconnaissent pas la notion de nationalisation sans indemnités.

Les autorités françaises vont alors se lancer dans une stratégie d'intimidation des héritiers Renault en multipliant les menaces de sanctions : confiscation des propriétés de l'avenue Foch, d'Herqueville et d'Escampobar, qui seraient en quelque sorte « rendues au peuple » : l'hôtel particulier deviendrait le siège social de la Régie, Escampobar accueillerait une maison de repos pour les ouvriers et des colonies de vacances, tandis que le domaine d'Herqueville serait rayé de la carte sous sa forme actuelle, remplacé par « une usine de 5 000 ouvriers avec les habitations pour y loger le personnel, l'implantation d'une colonie de vacances, d'une maison de repos et d'un préventorium[5] ». Saluons au passage la cohérence urbanistique du projet qui associe usine et préventorium... Ce n'est pas tout : par mesures de rétorsion, impôts divers et amendes fiscales exorbitantes menacent de s'abattre sur les héritiers, à tel point que ceux-ci seraient non seulement intégralement ruinés, mais encore redevables de sommes colossales à l'État. En revanche, s'ils acceptaient de remettre à la Régie, « de leur plein gré », tous les biens qu'ils possèdent encore, l'ardoise fiscale pourrait être effacée...

Face à ces exigences formulées par Marcel Paul en février 1946, Christiane Renault se rebelle. Le 14 février, elle écrit à son avocat, Me Gide :

[...] on réclame de moi, en plus d'une acceptation pure et simple des confiscations dont j'ai déjà été la victime, la remise pure et simple des biens que je possède encore à l'étranger, faute de quoi on procédera à de nouvelles mainmises sur mes biens français. Par contre, si j'accepte, on déclare qu'on me laissera enfin tranquille.

Mais que devient dans tout cela le principe de ne demander à la succession Renault que les biens nécessaires à l'exploitation de la Régie, et qu'est-ce qui me prouve que dans trois mois, un autre ministre ne recommencera pas, pour son compte, la même opération[6] ?

La pression va se relâcher dans la mesure où la Régie s'aperçoit, tout compte fait, qu'il n'y a pas grand-chose à retirer de la confiscation des propriétés Renault, sinon des dépenses supplémentaires. Et les caisses sont de plus en plus vides, alors que Pierre Lefaucheux a bien conscience que l'avenir de l'entreprise est suspendu à la mise en production dans les plus brefs délais de la nouvelle 4 CV. L'argent frais bloqué aux États-Unis étant plus que jamais nécessaire, le temps est venu d'entamer des négociations constructives. Le dialogue se trouve facilité par une certaine perte d'influence des communistes, malgré le poids électoral du Parti : le très orthodoxe et très intransigeant Marcel Paul quitte son poste le 28 novembre 1946, à la chute du gouvernement de Georges Bidault, et ne sera jamais rappelé au pouvoir ; le gouvernement suivant, formé par Léon Blum, ne compte plus aucun communiste ; et si Paul Ramadier accueille à nouveau des ministres communistes dans le gouvernement tripartite qu'il forme fin janvier 1947, il les révoque dès le 4 mai de la même année. Dans ce contexte un peu moins tendu, un premier compromis sera signé le 15 mars 1947. Mais discussions complémentaires et contentieux s'enchaîneront jusqu'en 1951 avant que l'affaire ne soit définitivement réglée.

Entre-temps, le juge Martin a sereinement poursuivi son instruction, entamée le 4 septembre 1944. Malgré l'enquête méticuleuse et objective menée par l'inspecteur Guy, le dossier d'accusation de Louis Renault reste à peu près vide, mis à part la lettre de dénonciation de Renault de la Templerie et deux ou trois autres encore plus extravagantes — ainsi, un certain Toraille prétend connaître une cuisinière qui aurait travaillé pour Louis Renault et qui lui a confié que son patron avait écrit personnellement à Hitler pour obtenir l'évacuation de l'hôtel particulier de l'avenue Foch... Même les investigations menées en Afrique du Nord sont restées sans résultats, sauf à Alger, où l'on reproche « aux établissements Renault [il s'agit probablement du concessionnaire local] d'avoir vendu à la Commission d'armistice italienne une voiture automobile, et d'avoir omis d'en faire la déclaration ». Ce n'est pas avec de telles broutilles que l'on peut espérer étayer le chef d'inculpation de « commerce avec l'ennemi »... D'autre part, l'examen des activités des usines Renault durant l'Occupation, diligenté par les experts Caujolle et Fougeray, a montré que l'entreprise n'a en aucune façon travaillé avec zèle pour l'occupant, bien au contraire. Ainsi, selon les termes du rapport du commissaire du gouvernement, à partir de 1942 « les programmes [de fabrication] ne furent jamais exécutés en totalité et [...] le retard alla en s'accumulant chaque trimestre au point que les Allemands durent renoncer à tout programme d'ensemble à partir de 1944 ». Le rapport remarque également que, concernant les pièces détachées pour chars, « la direction des usines Renault a toujours manifesté la plus grande répugnance à accepter ces commandes, qu'elle les a souvent déclinées ». Même chose pour les chenillettes : « À une demande formulée le 13 janvier 1943 de reprendre la fabrication des chenillettes, la direction a répondu par une fin de non-recevoir basée sur des considérations techniques [7]. »

Au terme des quatorze pages du rapport, qui, chiffres à l'appui, ne laisse aucun point litigieux dans l'ombre, le commissaire conclut que le seul véritable reproche que l'on puisse faire à Louis Renault est « qu'il s'est efforcé au début de l'occupation de prendre des contacts directs avec les Allemands, alors qu'il lui était facile de se retrancher derrière les décisions du COA*. Son attitude a fortement affaibli la position prise par les services officiels : résister aux injonctions allemandes. Si, par la suite, Renault et les dirigeants de la SAUR ont essayé de freiner la mainmise de l'ennemi, l'initiative de contacts directs doit être retenue comme charges. Ce comportement aurait pu être sanctionné par avis judiciaire. Louis Renault étant décédé, l'action publique se trouve éteinte[8] ».

On est bien loin de la caricature du patron collaborateur frénétique et profiteur de guerre qui doit payer « pour les soldats des Nations unies tués à cause de son empressement volontaire à fabriquer du matériel pour l'ennemi », « pour les ouvriers patriotes livrés au bourreau », comme le clamait *L'Humanité* du 19 septembre 1944, tandis que trois jours plus tard *Le Parisien libéré* tonnait contre celui qui « a encaissé, par ce trafic de trahison, un bénéfice net personnel d'au moins 300 millions ». Bien loin aussi des motifs de l'ordonnance de nationalisation. D'autant plus loin que l'ultime grief retenu contre Louis Renault résiste mal à l'examen : l'« initiative de contacts directs » avec les Allemands, vers juillet 1940, demeure très douteuse, et le COA ne sera créé, rappelons-le, que le 30 septembre 1940 : impossible, début août 1940, de « se retrancher derrière les décisions » d'un organisme qui n'existe pas en-

---

* Comité d'organisation de l'automobile, décrété le 30 septembre 1940.

core. Quant au reproche d'avoir affaibli la résistance aux « injonctions allemandes » des services officiels (donc issus du régime de Vichy), il y a de quoi rester rêveur. D'ailleurs, le commissaire ne se méprend pas sur la portée très relative de ces charges, en écrivant prudemment que « ce comportement aurait pu être sanctionné[9] ». « Aurait pu »... un conditionnel pour le moins troublant, après plus de quatre années d'enquête serrée : si ces contacts ont réellement eu lieu, il n'y a aucune raison d'employer un conditionnel ; si ce n'est pas le cas, Louis Renault doit être définitivement blanchi. Mais, du même coup, c'est l'ensemble du processus de nationalisation qui est remis en question : dans ces conditions, celle-ci n'aurait plus lieu d'être ! Une marche arrière politiquement impensable...

Cependant, ces conclusions, révélatrices d'un certain retour au calme dans les esprits après la frénésie d'épuration des années 1944-1945, annoncent logiquement la décision de la Cour de justice, en date du 30 avril 1949 :

En ce qui nous concerne, nous, commissaire du gouvernement,

Attendu que Louis Renault est décédé,

Déclarons l'action publique éteinte en ce qui le concerne.

Attendu, en ce qui concerne de Peyrecave, que les faits visés dans la prévention ne sont pas établis,

Décidons le classement de la procédure,

Disons que le dossier de l'information sera déposé au Greffe de la Cour de Justice pour y avoir recours si besoin est[10].

Affaire classée ? Pas tout à fait…

Pour Christiane Renault, l'heure de la contre-attaque a sonné. Avec un triple objectif : prouver que Louis Renault a été assassiné, obtenir sa réhabilitation et, pourquoi pas, la restitution des biens confisqués. De son point de vue, ce plan n'est pas utopique : elle a suivi de près l'affaire Berliet, similaire, parallèle même, à l'affaire Renault. Le 4 septembre 1944, le constructeur lyonnais de poids lourds Marius Berliet est arrêté et emprisonné par les FTP, pour les mêmes motifs que Louis Renault. Deux de ses fils sont à leur tour arrêtés le 13 septembre. Sur ordre du commissaire de la République de Lyon, Yvon Farge, l'usine est réquisitionnée, confiée à un administrateur. En juin 1946, la Cour de justice de Lyon condamne l'industriel à deux ans de prison et à la confiscation de ses biens. Malgré son âge (plus de quatre-vingts ans), il contre-attaque vigoureusement. Il refuse toute transaction et le fait savoir haut et fort, partant du principe que s'il est coupable, il doit tout perdre, mais s'il ne l'est pas, tout doit lui être rendu. Il décède le 17 avril 1949, mais ses fils continuent le combat. Avec succès : le 22 juillet 1949, le Conseil d'État restitue l'entreprise à la famille Berliet. Une décision qui conforte Christiane dans sa démarche.

Patiemment, discrètement, elle va tisser sa toile, partant à la recherche de témoins susceptibles de prouver que son mari a été victime, lors de son séjour à Fresnes, de mauvais traitements volontaires, afin d'étayer la thèse d'un complot visant à l'élimination physique de l'industriel pour faire main basse sur ses biens. De là, elle espère pouvoir remonter jusqu'aux commanditaires du meurtre afin de les dénoncer publiquement. Une fois les coupables démasqués et l'injustice démontrée avec éclat, le reste du plan devrait s'exécuter sans trop de difficultés.

Reste cependant un écueil de taille : l'image désastreuse de Louis Renault dans l'opinion publique. Il n'est pas plus aimé ni admiré mort que vivant... Elle décide donc d'utiliser une technique de communication déjà employée par Renault lui-même en 1931, avec le concours de Jean Boulogne : prendre l'initiative de la rédaction d'une biographie tout à sa gloire, montrant à quel point l'homme public s'est rendu utile à son pays, et combien l'homme privé mérite d'être mieux connu — sur l'air de « mauvais caractère mais bon cœur ».

Mais la démarche de Christiane Renault pour réhabiliter son mari et surtout le laver de toute accusation de collaboration se révèle vite ambiguë. Pour commencer, elle ne retient que les témoignages favorables, voire complaisants — faut-il préciser qu'un François Lehideux, par exemple, n'a pas droit à la parole, même s'il aurait beaucoup à dire ? Dès le départ, le projet est desservi par cette approche déséquilibrée, la biographie bascule dans l'hagiographie. Ensuite, elle choisit comme rédacteur un collaborateur notoire, Georges Albertini, ancien secrétaire du Rassemblement national populaire, le parti fasciste fondé en 1941 par Marcel Déat. Albertini se met au travail fin 1951 ou début 1952, mais se récuse rapidement. Christiane Renault pense alors à Lucien Combelle, ancien secrétaire de Drieu la Rochelle et ancien rédacteur en chef de *Révolution nationale*. Comme Albertini et pour les mêmes raisons, il a tâté des cachots de Fresnes. Libéré en 1951, il est ravi de mettre sa plume au service de Christiane. À partir des documents précédemment remis à Albertini, il rédige, sous le pseudonyme de Lucien Dauvergne, un *Louis Renault ou un demi-siècle d'épopée automobile française*, vantant les louanges du fondateur de la marque. Rédigé en 1953, l'ouvrage, en apparence agréé par sa commanditaire, doit paraître aux Éditions de La Table ronde. Il est effectivement imprimé et sa mise en vente programmée pour le mois de mai 1954. Or, au dernier moment, Christiane fait volte-face, interdit la vente du livre, réclame le retrait des exemplaires déjà en librairie et exige même que le titre soit rayé du catalogue de l'éditeur — autant d'ordres intégralement exécutés. Pourquoi ce revirement ? Un article signé « un admirateur de Louis Renault », publié dans le magazine d'extrême droite *Rivarol*, affirme qu'un « accord secret » aurait été conclu entre Christiane Renault et la Régie, thèse confirmée à mots couverts par Combelle lui-même : « Il s'est trouvé sans doute des influences suffisantes pour que, brusquement, il y ait revirement », confiera-t-il en 1978. Mais la vraie raison réside peut-être dans l'évocation plus qu'elliptique — quatre lignes seulement en pages 218 et 219 —, et d'ailleurs inexacte, des derniers jours de l'industriel : « Arrêté le samedi 23 septembre 1944, Louis Renault est emprisonné à Fresnes. Transféré d'urgence à la clinique de Ville-Évrard par les soins de l'Administration Pénitentiaire, il y meurt le 24 octobre... » Un peu court pour un ouvrage dont le but premier est de démontrer qu'il y a bien eu assassinat.

Accord secret ou non, Christiane Renault ne s'avoue pas battue : cette fois, elle confie la mission à Marc Augier, dont le passé collaborationniste n'a rien à envier à celui de ses prédécesseurs : ancien combattant de la LVF (Légion des volontaires français, ensuite intégrée à la Waffen-SS), il s'est réfugié en Argentine à la Libération. Amnistié, il est rentré en France en 1953. Lui aussi va travailler à partir de la même matière qu'Albertini et Combelle — le dossier constitué par Christiane et les témoignages de fidèles, René de Peyrecave en tête — mais sous sa plume la vie de Louis Renault se transforme rapidement en une épopée romanesque épique et trépidante, traversée de sexe et de violence, bien loin de toute vérité historique. Signé « Saint Loup », ce *Renault de Billancourt*, véritable saga *people* avant la lettre, paraît en novembre 1955 chez Amiot-Dumont, et simultanément en feuilleton dans la presse régionale française et même dans une revue flamande.

Au plan éditorial, c'est un franc succès, qui relance la carrière littéraire d'Augier/Saint Loup. En revanche, si la révélation de l'existence de « preuves » de l'assassinat (les radiographies de

Louis Renault dans son cercueil) fait l'effet d'une bombe, le sensationnalisme du roman, l'outrance du style vont à l'encontre du but recherché. Selon ses orientations, la presse reste discrète (ainsi *Le Monde*) ou se déchaîne contre Christiane Renault, qui, selon *Libération*, « prépare le dossier de réhabilitation de son mari à bord d'un yacht ancré à Canto de Mar, petit port de cette Espagne franquiste où traître et collabos en rupture de ban ont pu trouver refuge et attendent des jours meilleurs[11] ».

Indifférente à ces attaques, Christiane Renault choisit de profiter sans délai du tumulte médiatique déclenché par *Renault de Billancourt* pour passer à l'action. Le 20 janvier 1956, elle dépose, auprès du président du tribunal de grande instance de la Seine, une plainte contre X, avec constitution de partie civile, pour homicide involontaire. Et comme on ne se refait pas, elle choisit pour défenseur Me Jacques Isorni, l'avocat de Pétain à la Haute Cour de justice... Malgré la présence d'un second défenseur, Me Jean-Denis Bredin, jeune talent du barreau de Paris notoirement de gauche, l'effet est désastreux. Jean-Louis, d'ailleurs, ne tarde pas à se désolidariser publiquement de l'action de sa mère. Dans un article de *Paris-presse l'intransigeant* paru le 28 janvier 1956, il déclare, sous le titre « Je déplore la plainte de ma mère », qu'il ne réclame pas la condamnation des « bourreaux de Fresnes », mais la réhabilitation de son père.

Christiane, elle, n'en démord pas : Louis a été battu à mort, elle veut savoir par qui et sur ordre de qui. Elle l'explique sans détours dans sa déposition du 25 février au juge d'instruction Baures :

> Avant les obsèques, j'ai pensé à faire radiographier le corps, et spécialement la tête, car je me demandais, ayant la conviction que mon mari avait été frappé, s'il n'avait pas présenté une fracture du crâne. C'est ainsi que j'ai été amenée à m'adresser au docteur Raulot-Lapointe qui est venu à mon domicile avec un matériel portatif, et qui a procédé à plusieurs radiographies dans la chambre mortuaire. Je crois que le docteur a dû faire quatre ou cinq radiographies. J'ai déposé à l'instruction celle qui m'a été indiquée comme étant la plus nette. À l'époque, le docteur Raulot-Lapointe avait dit, à moi ou à mon secrétaire, qu'il n'y avait pas de fracture du crâne. Je n'avais pas cherché plus loin.
>
> J'avais conservé ces radiographies dans mes archives. J'avais été amenée plusieurs fois à consulter, en tant que cliente, le docteur Truchot. J'ai été amenée à lui parler des radiographies dont il s'agit, car je croyais que le docteur Raulot-Lapointe était décédé, et je voulais que ces radiographies soient tout de même interprétées en détail, d'une façon sérieuse.
>
> Le docteur Truchot les a examinées, il m'a confirmé qu'il n'y avait pas de fracture du crâne, mais, par contre, il m'a dit que ces radios révélaient une fracture de la première vertèbre cervicale. Il a été très affirmatif sur ce point. Je me rappelle parfaitement qu'il m'a dit qu'on avait fait à mon mari « le coup du lapin »[12].

Pour étayer ses propos, elle produit le certificat établi par le docteur Truchot : sur une ordonnance à son en-tête (« Docteur Pierre Truchot, radiologiste de l'hôpital Cochin, rue Bénouville, sur rendez-vous »), il est écrit de manière très lisible : « fracture de la 1re vertèbre cervicale », puis, rajouté en haut et à droite du feuillet, de la même main : « en avant et en arrière — très net ».

Malheureusement, quinze jours plus tôt, le 10 février, le corps de Louis Renault avait été exhumé, puis autopsié le 13 par cinq légistes, les docteurs Dérobert, Griffon, Michelon, Piedelièvre, et surtout le fameux docteur Paul, considéré comme le meilleur expert de l'époque. Il avait déjà procédé à la première autopsie de Louis Renault trois jours après son décès, le 27 octobre 1944, et se retrouve en quelque sorte en terrain connu. L'examen attentif du cadavre se révèle négatif : tout comme le crâne, les cervicales sont intactes. Interrogé, le docteur Truchot affirme, en dépit du document en possession de Christiane, n'avoir jamais parlé de fracture de la vertèbre, mais d'un simple déplacement.

À partir de cette exhumation, décevante pour les tenants de la thèse du meurtre, va se développer une curieuse légende, selon laquelle cette première cervicale aurait purement et simplement disparu. Selon Anthony Rhodes, Clément Pouns, le fidèle valet de chambre de Louis Renault, aurait constaté à l'ouverture du cercueil que la tête était détachée du corps et que la vertèbre incriminée avait été tranchée avec un rasoir (« *cut out of the neck with a razor* »). Ce qui soulève tout de même un problème pratique : les radiographies ayant été prises après que la double bière (zinc et chêne) ait été fermée et plombée, comment la vertèbre a-t-elle pu s'évaporer d'un cercueil toujours intact près de douze ans plus tard ? Joli tour de passe-passe…

Tel qu'il est cité, le témoignage de Clément Pouns apparaît très douteux. Concernerait-il en fait l'autopsie et non l'exhumation ? Dans ce cas, Pouns aurait pu apercevoir la dépouille de son ancien maître quelque peu malmenée par l'intervention des légistes — mais la présence de l'ancien valet lors de l'autopsie s'expliquerait mal. En tout cas, cette rumeur vaut toujours à Louis Renault l'honneur douteux de figurer, aux côtés de Jack London, Nelson Rockefeller ou encore Jean-Paul Ier, sur la liste des « 10 personnalités mortes dans des circonstances suspectes et jamais autopsiées[13] », bien qu'il ait été en réalité par deux fois autopsié.

Moins romantique, la justice fait méthodiquement son travail, mais faute d'éléments convaincants, une ordonnance de non-lieu est rendue le 6 février 1957. Elle était d'ailleurs tellement attendue que *Le Figaro* l'avait annoncée dès le 30 novembre 1956, sans être démenti. Cependant, le 3 mai 1957, la chambre des mises en accusation ordonne un supplément d'enquête, qui n'apporte à son tour aucun élément nouveau. Le non-lieu se voit donc définitivement confirmé le 15 décembre 1957. « L'important témoin » annoncé par Me Isorni n'avait semble-t-il pas grand-chose de décisif à déclarer ; le seul élément nouveau révélé par l'enquête aura été la mutilation du cahier d'écrou de la prison de Fresnes : les pages correspondant à la période d'incarcération de Louis Renault ont été arrachées. Mais on ne saura jamais par qui, ni pourquoi — destruction, ou mise en sécurité, de preuves gênantes ? Au final, la plainte contre X ne débouche sur rien, X reste X.

Tout cela est un peu inconsistant et finalement très ennuyeux ; le public, au départ alléché par ce qui s'annonçait comme un beau scandale, s'est lassé : face au mariage de Grace Kelly avec le prince Rainier de Monaco, à la nationalisation du canal de Suez et au lancement du premier Spoutnik par l'URSS, la vertèbre de Louis Renault ne fait plus recette... Même Christiane Renault ne suit l'affaire que de loin, préférant croiser en Méditerranée sur son yacht, *L'Amazone*. Le 14 juin 1956, elle se remarie avec un grand d'Espagne, don Ignacio de Urquijo y Losada, marquis de Otero. Désormais marquise, elle réalise enfin le rêve de sa vie, devenir une authentique aristocrate. Ce jour-là, ce roturier de Louis Renault est définitivement mort et enterré.

Pénalement, le dossier est aussi classé qu'un dossier peut l'être. Moralement comme en termes de droit, le problème de la condamnation sans jugement et de la confiscation sans indemnités qui en découle reste entier. Il faudra encore attendre dix ans pour qu'une loi spéciale, votée le 26 juillet 1967, ouvre officiellement un « droit à indemnisation » des héritiers Renault. Mais cette loi avant tout symbolique, mal ficelée, votée en catimini juste avant les vacances parlementaires, élude la question essentielle de la culpabilité de l'industriel — et de son éventuelle réhabilitation.

Ne supportant plus ce refus évident des autorités de reconsidérer ce déni de justice, Robert de Longcamp se décidera, tardivement, à sortir partiellement du silence obstiné qu'il observait depuis le séjour de Louis Renault à Moulicent en septembre 1944. En 1982, il écrit à Robert Badinter, alors ministre de la Justice de François Mitterrand, une longue lettre en forme de plaidoyer pour la reconsidération de l'attitude officielle, qu'il conclut ainsi :

Les récents changements politiques, le fait que la garde des Sceaux ait été confiée à l'éminent et courageux avocat que vous êtes, laissent cependant espérer que l'ordonnance signée Charles de Gaulle pourrait être réformée dans l'exposé des motifs.

Cela n'aura pas manqué, au surplus, d'avoir, me semble-t-il, d'heureuses conséquences :

— Affirmer la totale indépendance de la justice vis-à-vis du pouvoir syndical comme du pouvoir politique.

— Renforcer par son autocritique la position rigoureuse prise par le gouvernement concernant les droits de l'homme et du citoyen qui ont été méconnus en 1944.

— Démontrer que la nationalisation de la SAUR était la meilleure façon de poursuivre l'œuvre de Louis Renault.

— Enfin redonner à la régie la fierté de son long passé et la possibilité de se réclamer du génial pionnier de l'automobile qu'a été son fondateur[14].

Cet appel à la repentance n'aura pas plus d'écho qu'une lettre précédente, envoyée trois mois plus tôt… Mais peut-être ne fallait-il pas froisser le dernier « gardien du temple », l'allié communiste d'alors, pour qui toute remise en question du dogme d'un Louis Renault au service de l'Allemagne reste taboue. On peut ainsi lire, dans *L'Humanité* du 4 juin 1994, sous le titre « Louis Renault réhabilité ? », un article de Pierre Agudo qui débute ainsi : « Scandalisés, de nombreux salariés de chez Renault nous ont fait savoir que, depuis peu, un portrait de Louis Renault est exposé dans le hall d'entrée du conseil d'administration de l'entreprise à Boulogne-Billancourt. La photographie de cet ancien collaborateur, condamné à la Libération pour avoir mis ses usines à la disposition de l'occupant nazi, figurerait aussi en bonne place dans tous les établissements de la Régie, au côté des portraits de tous ceux qui ont dirigé Renault. Notamment celui de Pierre Lefaucheux, cet ancien résistant nommé par le gouvernement du général de Gaulle premier P-DG de l'entreprise nationale. » Dans le numéro du 17 janvier 1995, on découvre une « piqûre de rappel » sur le même sujet, par le biais d'un article intitulé « Qui était Louis Renault ? », qui se boucle sur cette phrase des plus explicites : « C'est toute la Résistance, dans et au-delà de l'entreprise, que la tentative de réhabilitation du collaborateur Louis Renault insulte aujourd'hui. »

Toute l'affaire est là : Louis Renault incarnait un passé honni, la Régie représentait l'espoir d'un monde meilleur. La nationalisation aura été le geste nécessaire, le rituel purificateur, pour transformer le repoussoir en modèle à suivre, passer de l'oppression à la liberté.

Et si ce geste avait été inutile ?

C'est là une des dernières, et des plus agaçantes, zones d'ombre qui planent encore sur la vie et la mort de Louis Renault. Selon une rumeur persistante, il aurait par testament légué l'entreprise à ses ouvriers. Ainsi, Louis M., forgeron au Mans, puis à Billancourt, affirmait en 1970 : « Quand le père Renault est mort en prison, il a laissé un testament comme quoi l'usine Renault devait appartenir aux ouvriers. Aucun parti politique n'est d'accord. Même les communistes, parce que dans les pays communistes, les usines appartiennent à la collectivité, mais pas aux ouvriers[15]. » Jean Hubert, secrétaire général des usines et à ce titre très proche du patron pendant une quinzaine d'années, se souvient que celui-ci lui avait souvent répété : « Je souhaite laisser mes usines à mon fils et à ceux qui travaillent avec lui. J'espère que tout ira bien. Mais si ces successeurs ne se montraient pas à la hauteur de leur tâche, j'aimerais mieux et de beaucoup les laisser à la nation[16]... » Dans les premiers jours de son incarcération à Fresnes, alors qu'il s'exprimait encore avec une certaine cohérence, en apprenant la réquisition de son entreprise, prélude à la nationalisation, il avait confié à l'infirmière qui veillait sur lui : « Ils ont nationalisé mes usines, ils sont idiots, à ma mort ils auraient eu bien davantage, j'avais fait un testament, quand je suis parti en Amérique, j'avais pris mes dispositions et je donnais mes usines à mes ouvriers [*]. » Fernand Picard note dans ses *Mémoires*, pour la période du 5 au 7 décembre 1944 : « Parallèlement, la presse annonçait la nouvelle que, par son testament, Louis Renault léguait ses usines à l'ensemble de son personnel — nouvelle qui ne fut jamais confirmée. » « Jamais confirmée » peut-être, mais jamais démentie non plus… En revanche, un document quasi inconnu en France vient donner un certain corps à l'information. Il s'agit d'un article du magazine américain *Time* du 18 décembre 1944 :

Le Gouvernement français se retrouve dans l'embarras : Louis Renault, le défunt roi de l'automobile, avait le sens des responsabilités sociales — et peut-être le sens de l'humour.

La disparition de Renault, en octobre dernier, lui a évité un procès pour collaboration. À sa mort, le Gouvernement français, sous la pression des gauchistes [**], pour la plupart ouvriers de Renault, décréta le séquestre des usines, premier pas important dans son nouveau plan de nationalisation progressive. Cette décision allait permettre, pensait-on, d'éviter que les avoirs de Renault passent à sa femme et à son fils Jean.

Mais le Gouvernement a soudain dû suspendre son décret. Le testament de Renault, rédigé dix ans plus tôt, vient d'être ouvert. Il laisse les usines à ses 40 000 ouvriers. Que va maintenant faire le Gouvernement ? Si les ouvriers réclament leurs droits conformément au testament de Renault, le programme

---

[*] Lettre de l'infirmière à Christiane Renault, 12 juin 1953. La réquisition a été décidée le 27 septembre, la presse s'en est fait l'écho le 28 ; l'infirmière ayant quitté ses fonctions le 29, ces propos de Louis Renault dateraient donc du 28 septembre.

[**] Sous la plume d'un journaliste américain, le terme signifie « communistes ».

de nationalisation va être ébranlé. S'ils ne le font pas, ils devront partager leur héritage avec le Gouvernement[*].

Le rédacteur de cet article (non signé) semble plutôt bien renseigné : il sait, par exemple, que Jean-Louis Renault se faisait appeler « Jean ». Et si l'on examine de près la chronologie des événements, de l'incarcération de Louis Renault à l'ordonnance de nationalisation, comment ne pas s'étonner : Renault est écroué le 23 septembre 1944, la « réquisition en usage » des usines est prononcée dès le 27 septembre 1944 et, le 3 octobre, Pierre Lefaucheux est nommé administrateur provisoire. Le 24 octobre, Renault meurt. Là, pendant plus de deux mois et demi, rien ne se passe, jusqu'à l'ordonnance du 16 janvier 1945 créant la Régie. Les fêtes de fin d'année ont peut-être retardé l'avancement du dossier, mais la trêve des confiseurs n'explique pas tout. Par la suite, l'affaire sera présentée par Saint Loup — donc avec l'aval de Christiane Renault — comme une mau-

[*] *Time*, vol. XLIV n° 25, lundi 18 décembre 1944, traduction de l'auteur. Voici le texte original publié sous le titre « The Cares of Ownership » : *The French Government was embarrassed : Louis Renault, late great automobile magnate, had had a sense of social responsibility — and perhaps also a sense of humor.*

Renault's death last October saved him from a trial for collaboration. When he died, the French Government, urged on by leftists, many of them Renault workers, decreed the seizure of the automobile plants as an important step in its new plan of progressive nationalization. This, it was believed, would prevent the Renault holdings from going to Renault's wife and son Jean.

But the Government suddenly halted its decree. Renault's will, made ten years ago, had been opened. He had left his automobile works to his 40,000 workers. What would the Government do now ? If the workers demanded their rights according to Renault's will, it would jar the nationalization program. If they did not, they would have to share their inheritance with the Government.

vaise interprétation du codicille ajouté par Louis Renault à son testament en 1940, juste avant son voyage en famille aux États-Unis, codicille dans lequel l'industriel déclare « j'institue pour légataire universel : l'Institut de France ». Mais la note de Saint Loup est rédigée de façon parfaitement ambiguë : « C'est par une indiscrétion commise au Greffe de la Cour de Justice en 1944, que ce testament est parvenu à la connaissance du public, et sous forme de légende. Le bruit courut en effet, et n'a cessé de se confirmer depuis, que Louis Renault avait légué l'ensemble de ses usines à ses ouvriers. » « N'a cessé de se confirmer... » Alors, légende ou information, qu'en est-il réellement ? Que signifie cette brève allusion de Fernand Picard, toujours en décembre 1944, à des « forces difficiles à identifier » qui s'emploient à contrecarrer le projet de nationalisation ? Y a-t-il eu des tractations en coulisses ? L'entreprise a-t-elle failli devenir une forme de SCOP (Société coopérative ouvrière de production) par la volonté même de son fondateur ? C'est toute la face de l'industrie française qui en aurait été changée...

Aujourd'hui, Louis Renault repose enfin en paix, la Régie n'existe plus, le silence règne à Billancourt. Seule demeure une grande marque, qui eut un jour un prénom.

ANNEXES

GÉNÉALOGIE

ALFRED RENAULT
27 octobre 1828
† 07 juin 1892

épouse
(6 avril 1861)

LOUISE-BERTHE MAGNIEN
1842
† 1911

▼ (5 enfants)

MARIE-JOSEPH-GEORGES
18 août 1863
† 1886

FERNAND
28 novembre 1865
† 22 mars 1909
épouse
(1er juin 1891)
CHARLOTTE DANCONGNÉE
1872
† 1935
▼ (3 enfants)

MARIE-BERTHE
4 février 1868
† 1889
épouse
(1888)
CHARLES RICHARDIÈRE
???
† 1912

MARCEL
14 mai 1872
† 26 mai 1903

LOUIS
12 février 1877
† 24 octobre 1944
épouse
(26 septembre 1918)
CHRISTIANE BOULLAIRE
17 février 1895
† 1979
▼ (1 enfant)

FERNANDE
1895
† 14 mars 1992
épouse
(1919)
HENRI LEFÈVRE-PONTALIS
9 novembre 1892
† 30 avril 1933

MARIE-JEAN
1892
† mars 1916

FRANÇOISE
1904
† 4 juillet 1986
épouse
(7 mai 1929)
FRANÇOIS LEHIDEUX
30 janvier 1904
† 21 juin 1998

JEAN-LOUIS
24 janvier 1920
† 5 juin 1982
(4 mariages)

Destins de quelques personnages, lieux et biens qui ont compté dans la vie de Louis Renault

Briséis : sloop de 47 pieds (14,15 mètres) construit en 1930 par le chantier Camper & Nicholson à Portsmouth (modèle unique n° 136), spécialement conçu pour naviguer dans les parages de Chausey. *Briséis* semble avoir passé la quasi-totalité de la Seconde Guerre mondiale à l'abri du grand hangar à bateaux de l'île. Il est vendu en 1947 par Christiane Renault : une photographie le montre re-mâté sur son ber devant le hangar, « au moment de son réarmement avant livraison à son nouveau propriétaire, M. Pichenier », selon la légende de l'image. En 1952, *Briséis* est racheté par Gaston Thubé, premier champion olympique français en voile, médaille d'or aux Jeux de Stockholm en 1912, qui l'utilisera jusqu'à sa mort survenue en 1974 à l'âge de quatre-vingt-dix-huit ans. *Briséis* est actuellement (2008) la propriété de Daniel Imbert, président de l'association marseillaise Avenir Traditions Marines, qui le fait régulièrement naviguer en Méditerranée et envisage de rétablir le système de propulsion électrique voulu par Louis Renault.

Chausey : « Château Renault », l'ancien fort de la Grande Île restauré par Louis Renault, est resté la propriété de Christiane Renault jusqu'en 1976. Le bâtiment et ses annexes sont parfaitement entretenus, sauf le grand hangar à bateaux, ruiné. Les autres améliorations apportées aux infrastructures de l'île par Renault — chemin d'accès au fort, maisons de pêcheurs des Blainvillais, chapelle... — sont toujours visibles.

Chryséis : le premier *Chryséis* était un 60-pieds (18 mètres) à coque bois, vendu vers 1906, dont le sort n'est pas connu. Lui succède en 1906 un trois-mâts de 120 pieds (36 mètres) à coque acier, construit aux chantiers Dubigeon de Nantes (coque n° 0227), gréé en goélette et équipé de deux moteurs auxiliaires Renault de 50 CV. Taillé pour la haute mer, ce second *Chryséis* évolue difficilement sur la Seine, ce qui poussera Louis Renault à faire construire d'autres unités plus maniables, comme *Cypris*. *Chryséis* partira alors pour le port du Niel, à Escampobar, d'où il croisera en Méditerranée.

En 1937, le yacht est vendu au gendre de Mussolini, le comte Galeazzo Ciano. À la mort de Ciano en 1944, *Chryséis* devient la propriété du Duce. En 1945, le navire, considéré comme prise de guerre par les Américains, est envoyé aux États-Unis. Il apparaît par la suite dans plusieurs films, dont *Chitty Chitty Bang Bang* (1968) et *Les Sept Cités d'Atlantis* (1978). En 1998, il est repris par un couple, Pat et Bonny Hicks, qui le transforment en hôtel flottant. Démâté, affublé d'un pont supplémentaire pour accueillir onze chambres avec salles de bains et jacuzzis, *Chryséis*, devenu *Stacia Leigh Bed & Breakfast*, est amarré au quai n° 22 du port de Galveston, Texas. Surchargée, la vieille coque coule sur place le 26 avril 2004, avant d'être renflouée et mise au sec. À fin octobre 2005, la banque du couple Hicks, devenue propriétaire du bateau, était à la recherche d'un sponsor pour participer à son sauvetage, tout en envisageant sa démolition au cas où aucun financement ne serait trouvé.

Cypris : ce yacht classique de 30 pieds (9,20 mètres), de la catégorie des 5-mètres J. I. (jauge internationale), a été construit en 1913 par William Fife au chantier Fife & Sons à Fairlie, sur la côte ouest de l'Écosse. Selon les registres de la Lloyds, il était le seul de sa catégorie en France en 1914. *Cypris* resta longtemps le bateau préféré de Louis Renault, avec lequel il naviguait sur la Seine lors de ses séjours à Herqueville.

Les tribulations de *Cypris* après la mort de Louis Renault restent assez mal connues ; parmi ses multiples propriétaires successifs figure le clown Achille Zavatta. Il fut retrouvé par hasard à l'état d'épave en janvier 2003 à Thonon-les-Bains, sur le lac Léman, par Frédéric Maingret, charpentier de marine et propriétaire du chantier naval des Îleaux à Noirmoutier, où *Cypris* est actuellement (2008) en cours de restauration.

Davenay (Suzanne) : de son vrai nom Louise Jousse, elle poursuivra sa carrière de danseuse après la mort de Marcel Renault. Elle deviendra professeur de rythmique au conservatoire de Versailles, puis vice-présidente de l'Union des professeurs de danse et d'éducation physique de France. Elle est décédée à Versailles le 28 janvier 1951.

Escampobar : le domaine de la presqu'île de Giens a été démantelé et vendu par lots au début des années 1950. Décidée par Louis Renault, la route d'accès au port du Niel, où mouillait le *Chryséis*, existe toujours. En revanche, la jetée et les installations portuaires ainsi que les cabanons qu'il avait fait édifier pour les pêcheurs ont été détruits pendant la Seconde Guerre mondiale, tandis que son garage à bateaux subsiste, mais très délabré, après avoir été occupé par plusieurs restaurants et buvettes. Une association locale, les Amis du Niel, a récemment lancé un projet de réhabilitation du bâtiment pour le transformer en « maison de site » destinée à accueillir les randonneurs et les plaisanciers.

Herqueville : le domaine fut partagé entre Jean-Louis Renault et sa mère selon des modalités complexes (tantôt pleine propriété, tantôt nue-propriété pour l'un et usufruit pour l'autre), ce qui ne manqua pas de donner lieu à de multiples contentieux. Vers 1956, le domaine compte encore 1 500 hectares sur les 1 700 qu'il occupait du vivant de Louis Renault, et cinq fermes sur sept. Jean-Louis développe l'élevage bovin et porcin et se lance, à partir de 1957, dans le mouton. D'autre part, il ajoute une dimension industrielle au domaine : en 1950, il installe une usine de déshydratation de luzerne puis, en 1954, une unité de production de potage instantané en sachets, à base de légumes produits sur le domaine. Enfin, il lotit une partie des terrains et construit un immeuble de rapport. En 1966, il met l'ensemble en gérance et s'établit sur la Côte d'Azur. À sa mort, en 1982, ses nombreux héritiers décident de démembrer Herqueville. Même si une partie des anciens terrains agricoles est maintenant bâtie et si quelques friches industrielles, vestiges des entreprises de Jean-Louis Renault, dénaturent par endroits le site, la plupart des bâtiments édifiés par Louis Renault subsistent. La Batellerie, bien entretenue, a conservé son décor d'origine.

Hatto (Jeanne) : de son vrai nom Jeanne-Marguerite Frère (Andelot-Morval, 30 janvier 1879-Roquemaure ? mars 1958). Après sa séparation d'avec Louis Renault, elle restera jusqu'à la fin en contact étroit avec lui — le 27 septembre 1944 encore, elle lui envoie une lettre des plus affectueuses qu'il ne lira jamais, étant emprisonné depuis quatre jours. Elle vivra entre son hôtel particulier de la rue du Colonel-Moll, dans le XVIIᵉ arrondissement de Paris, et sa propriété de Roquemaure, dans le Gard — deux cadeaux de Louis, qui lui verse également une rente importante et veille à subvenir à tous ses besoins financiers. Elle continuera d'être liée à des personnalités importantes comme le général Messimy, Léon Daudet ou le prince Radziwill, comme en témoignent des correspondances intimes (conservées à la Bibliothèque de l'Arsenal à Paris).

Lehideux (François) : (Paris, 30 janvier 1904-id., 21 juin 1998). Après sa brouille avec Louis Renault et sa démission du poste de directeur général de la SAUR, il devient directeur responsable du Comité d'organisation de l'automobile (COA). Le 11 octobre 1940, il est nommé commissaire à la Lutte contre le chômage par le maréchal Pétain, puis, le 23 février 1941, il entre comme secrétaire d'État chargé de la délégation à l'Équipement national dans le gouvernement de l'amiral François Darlan. Le 18 juillet 1941, il succède à Pierre Pucheu au poste de secrétaire d'État à la Production industrielle. Au retour aux affaires de Pierre Laval, le 18 avril 1942, il préfère quitter le gouvernement et reprend ses fonctions au COA jusqu'en 1944.

À la Libération, il est arrêté le 28 août 1944. Inculpé par le juge Martin, le 30 août 1944, d'intelligence avec l'ennemi, il est emprisonné à Fresnes. Le 19 juillet 1946, il obtient la liberté provisoire. Le 17 février 1949, il bénéficie d'un non-lieu prononcé par la Haute Cour de justice pour charges insuffisantes et faits de résistance.

Après la guerre, il intègre la société Ford France, qu'il dirige de 1950 à 1953. Administrateur de plusieurs sociétés dont les cimenteries Poliet & Chausson, il est également membre du Conseil économique et social de 1959 à 1961. Il présidera, de 1984 à sa mort, l'Association pour défendre la mémoire du maréchal Pétain (ADMP).

Marin-Marie : pseudonyme de Paul Durand Couppel de Saint-Front (Fougerolles-du-Plessis, 1901-Saint-Hilaire-du-Harcouët, 1987). Docteur en droit, étudiant aux Beaux-Arts, il fait son service militaire en 1925 sur le *Pourquoi-pas ?* du commandant Charcot, puis s'embarque avec lui comme cameraman. De mai à août 1933, il accomplit une première traversée de l'Atlantique en solitaire et à la voile sur *Winibelle II*, de Douarnenez à New York. En 1934, il devient peintre officiel de la Marine. En 1936, il réussit, toujours en solitaire, la première traversée de l'Atlantique sur une vedette à moteur diesel, l'*Arielle*, reliant New York au Havre en dix-neuf jours. En 1938, il provoque un incident diplomatique avec le Royaume-Uni en débarquant sur la Maîtresse-Île des Minquiers pour affirmer la souveraineté française sur cet archipel, en litige depuis le XIIIᵉ siècle.

Officier du chiffre en 1940, il est témoin, depuis le croiseur *Strasbourg*, du torpillage de la marine française par les Britanniques à Mers el-Kébir. En 1941-1942, avec l'appui de Louis Renault, il négocie avec le général commandant la place de Saint-Malo et parvient à le convaincre de ne pas évacuer les 85 habitants de Chausey, puis de lever le blocus de l'île.

Après la guerre, il poursuit sa carrière de peintre et d'écrivain et se fixe à Chausey après un dernier grand voyage à Bora-Bora en 1969.

Petiet (Charles) : surnommé « le baron Petiet » (Paris, 20 janvier 1879-Paris, 1ᵉʳ octobre 1958). Jeune ingénieur, il entre en 1901 chez Panhard. En 1903, il fonde sa propre marque, Ariès. Fin diplomate, à la fois énergique et conciliant, il occupe jusqu'à la fin de sa vie des fonctions de tout premier plan dans de multiples instances professionnelles. Ainsi, il succède en 1918 à Louis Renault à la présidence de la Chambre syndicale des constructeurs automobiles, poste qu'il occupera jusqu'en 1953. En 1936, désigné pour présider la délégation patronale, il signe les accords de Matignon. Également président du Comité du Salon de l'automobile, qu'il organisa pour la première fois en 1919, il décède à la veille de l'ouverture de celui de 1958.

Renault (Christiane) : (Paris, 17 février 1895-id. ? 1979). Après le compromis du 15 mars 1947 intervenu entre le ministre de la Production industrielle et les héritiers Renault, Christiane va d'abord s'employer à obtenir de la nouvelle Régie le paiement des sommes prévues par cet accord — et dont le règlement ne sera parfait qu'en 1952. Elle se lance ensuite dans une campagne visant à réhabiliter son mari et à prouver son assassinat, campagne qui culmine avec les procès (perdus) de 1956-1957. À la même époque, elle passe une grande partie de son temps à croiser en Méditerranée à bord de son yacht *L'Amazone*, faisant fréquemment escale dans les ports espagnols — cette fréquentation assidue de l'Espagne franquiste lui sera reprochée par la presse française. Le 14 juin 1956, elle réalise son rêve de grandeur en épousant Don Ignacio de Urquijo y Losada, marquis de Otero, titre nobiliaire qui remonte au règne de Don Carlos II. Elle en divorcera au bout de deux ans, mais conservera son titre de marquise et celui de « Dame de l'Ordre souverain militaire de Malte », dont le marquis était chevalier. Par la suite, presque oubliée, elle partagera son temps entre Paris, Herqueville et Chausey — où elle passe rituellement le mois d'août jusqu'à la vente de la propriété en 1976 — et les côtes méditerranéennes. Elle repose dans le cimetière d'Herqueville aux côtés de Louis Renault.

Renault (Jean-Louis) : enfant unique de Louis et Christiane Renault (Paris, 24 janvier 1920-Cannes, 5 juin 1982). Voué à prendre la direction de l'entreprise, il comprend vite qu'il n'en a pas les capacités. Pour se démarquer, il décide de se faire appeler « Jean » et non « Jean-Louis », et se met à fumer la pipe. En juillet 1943, il épouse par amour, mais au grand déplaisir de son père qui estime qu'il s'agit d'une mésalliance, la fille du gérant d'un palace parisien, le George V. Après la bataille juridique qui oppose les héritiers Renault aux autorités, Jean-Louis reprend l'exploitation d'Herqueville qu'il tente de développer. Pour trouver des liquidités, il vend dès 1946 la plupart des propriétés de Portejoie et de Connelles, ainsi que les Buspins, soit environ 200 hectares et deux fermes. Il fonde également la société Sotramel, qui multiplie les activités : machines agricoles, menuiserie industrielle, meubles métalliques, etc., sans grand succès. Sa vie privée sera également assez chaotique, avec quatre mariages successifs : après son premier divorce, il épousera sa secrétaire, puis une amie de sa fille... En 1966, il décide de tout arrêter pour se consacrer à sa passion, la navigation. Il met en gérance Herqueville et la Sotramel, s'installe à Mougins, sur les hauteurs de Cannes, et crée une société de croisières en mer avec ses deux yachts, *L'Amazone*, longtemps propriété de sa mère, et le luxueux *Janyck*, ancien *Bluebird II* de sir Malcolm Campbell, qu'il avait racheté en 1953.

Servilanges (parfois Servilange) (*Andrée*) : nom de scène d'Andrée Marie Gabrielle Pagny (Paris, 23 avril 1911-Vic-sur-Aisne, 2 novembre 2001). Formée par Louis Jouvet, elle débute au cinéma en 1933 dans *Trois Balles dans la peau*, enquête policière de Roger Lion. L'année suivante, elle est en vedette dans le premier film de Robert Bresson, *Les Affaires publiques*, puis joue dans un film de Julien Duvivier, *Le Paquebot « Tenacity »*. On la retrouve en 1936 dans *La Belle Équipe* du même Duvivier, en 1937 dans *La Femme du bout du monde* de Jean Epstein. À l'automne 1937, elle remonte sur les planches au Théâtre des Arts (futur Théâtre Hébertot) dont son mari, André Moreau, ancien collaborateur de Louis Jouvet, vient de prendre la direction. C'est là qu'elle est remarquée par Louis Renault.

À la fin de la guerre, elle épouse le réalisateur Paul Mesnier (1904-1988), avec qui elle a un fils en 1945, Patrice Mesnier (devenu dessinateur et sculpteur animalier). En 1946, elle reprend sa carrière au cinéma dans un film de son mari, *La Kermesse rouge*, avec Albert Préjean, carrière qui s'achève en 1969 avec son quinzième long-métrage, *L'Étalon* de Jean-Pierre Mocky, aux côtés de Bourvil.

Zaharoff (sir Basil) : marchand d'armes et financier, de son vrai nom Zacharias Basileios (Muğla, Turquie, 1849-Monte-Carlo, Monaco, 1936), d'origine gréco-russe. Après des débuts controversés comme agent de change à Constantinople (il fut accusé de trafic de fausse monnaie) puis des démêlés avec la justice britannique en 1873 pour actions commerciales illégales, il devient en 1877 représentant du fabricant d'armes suédois Thorsten Nordenfelt. Il parvient alors à vendre à la Grèce, à la Turquie et à la Russie quelques exemplaires d'un sous-marin à vapeur parfaitement inutilisable (si instable qu'il chavirait lorsqu'il tirait une torpille !). Devenu représentant pour le monde entier des mitrailleuses Maxim, il suscite le rachat de l'entreprise par la firme d'armement britannique Vickers, dont il rejoint le conseil d'administration en 1911. Il joue un rôle important dans le déclenchement et le déroulement de la Première Guerre mondiale en manipulant les opinions via ses agences de presse. Après le conflit, il s'illustre dans le commerce du pétrole en participant à la création d'une société britannique qui préfigure la British Petroleum (BP). À la même époque, en association avec Louis II de Monaco, il relance la Société des bains de mer, gérante du casino de Monte-Carlo, qu'il rend bénéficiaire alors qu'elle était lourdement endettée ; il fera d'ailleurs faire une bonne affaire à Louis Renault en l'engageant à acquérir des actions de ladite société. Vers la fin de sa vie, il rédige ses Mémoires, mais préfère les brûler avant publication. Hergé l'a caricaturé en Basil Bazarov, vendeur d'armes sans scrupules qui organise la guerre pour le pétrole entre le San Theodoros et le Nuevo Rico, dans l'album de Tintin *L'Oreille cassée*.

1877. *12 février* : naissance à Paris, 14, place de Laborde, de Louis Renault, benjamin d'Alfred Renault, « notable commerçant », et Louise-Berthe Magnien.

1896. *Juin* : échec au concours d'entrée à l'École centrale. Il ne se représentera pas.

1898. *24 décembre* : il gravit la rue Lepic, à Montmartre, avec une voiturette équipée d'une transmission de son invention, la « prise directe ».

1899. *25 février* : fondation de la société Renault Frères avec effet rétroactif au 1er octobre 1898.

1902. Début de sa liaison avec la cantatrice Jeanne Hatto.

1903. *24 mai* : Marcel Renault est grièvement blessé lors de la première étape (Paris-Bordeaux) de la course Paris-Madrid. Il décède le 26 mai au soir.

1906. Achat du domaine de la Batellerie à Herqueville (Eure).
Mai : première grève dure à Billancourt.

1908. Il rachète les parts de Fernand qui souffre d'un cancer du foie.

1909. *22 mars* : décès de Fernand Renault. Louis est désormais seul patron de l'entreprise.

1911. Achat d'une propriété au 88-90, avenue du Bois-de-Boulogne (future avenue Foch), pour y édifier un hôtel particulier qui sera achevé en 1918.
Avril : premier voyage aux États-Unis, rencontres avec Frederick Taylor et Henry Ford.
11 octobre : Louis Renault est fait chevalier de la Légion d'honneur.

1913. Nouvelle grève dure, cette fois contre la généralisation du chronométrage.

1914. *1er août* : mobilisation générale en France. Les usines Renault échappent de justesse à la fermeture totale.

1916. Son neveu Marie-Jean, dit Jean, en qui il voyait un possible successeur, est abattu lors d'une mission de reconnaissance aérienne.

1917. Mise au point du char léger Renault FT-17.

1918. *6 septembre* : Louis Renault est élevé au grade d'officier de la Légion d'honneur en raison de sa contribution à la victoire.
26 et 28 septembre : mariage avec Christiane Boullaire à Herqueville (mariage civil le 26, religieux le 28).

1919. André Citroën lance son premier modèle, la Type A.
Août : Louis Renault fait escale à Chausey et décide d'y établir une résidence.

1920. *24 janvier* : naissance de son fils unique, Jean-Louis.

1921. La SCI des îles Chausey autorise Louis Renault à occuper le Vieux Fort. Les travaux commencent l'année suivante.

1922. *Avril* : nouvelle raison sociale, la SAUR (Société anonyme des usines Renault).

1924. *20 avril* : fête à l'occasion du « baptême » du Vieux Fort de Chausey restauré, qui devient « Château Renault ».

1925. Le « losange » devient le logo de la marque, en réponse au « double chevron » Citroën.

1927. Achat de 25 hectares sur la presqu'île de Giens pour y créer le domaine d'Escampobar.

1928. *Avril* : deuxième voyage aux États-Unis ; Christiane et Jean-Louis l'accompagnent.
19 juin : il reçoit à la Sorbonne la grande médaille de l'Expansion commerciale et du Commerce extérieur, en compagnie de l'avionneur Louis Bréguet.

1929. *28 novembre* : inauguration de la nouvelle usine de l'île Seguin, encore inachevée.

1930. *Juin* : il engage son neveu par alliance François Lehideux.
Achèvement de la première tranche de travaux de l'île Seguin.

1934. Louis Renault apprend qu'il est atteint d'une affection rénale chronique grave, mais refuse toute opération chirurgicale.
Achèvement de la seconde et dernière tranche de travaux de l'île Seguin.

Janvier : il nomme François Lehideux administrateur délégué.

18 avril : Citroën lance la Traction.

2 octobre : lancement par Louis Renault de la marque « Automobile de France » lors d'une soirée de gala à l'Opéra.

Décembre : mise en liquidation de la société Citroën.

1935. *31 janvier* : Christiane Renault rencontre Pierre Drieu la Rochelle et devient rapidement sa maîtresse.

Mars : entretien privé entre Louis Renault et le chancelier Hitler à l'occasion du Salon de l'automobile de Berlin.

3 juillet : mort d'André Citroën.

Début du « grand chantier » d'Herqueville, qui va notamment transformer la propriété Renault en « domaine agricole expérimental » de 1 700 hectares.

1936. *Mars* : Louis Renault est élevé à la dignité de grand-croix de la Légion d'honneur.

Mai-juin : multiplication des grèves avec occupation après l'accession au pouvoir du Front populaire ; François Lehideux mène les négociations avec les grévistes.

1937. Début de sa liaison avec une jeune actrice, Andrée Servilanges.

1938. *Fin novembre* : grève très dure à Billancourt ; François Lehideux décide le lock-out malgré les réticences de son oncle.

1939. Mobilisation partielle le 24 août, totale le 1er septembre. François Lehideux est mobilisé dès le 22 août, au grand déplaisir de Louis Renault qui se sent « abandonné ». Il reprend ses fonctions à Billancourt le 15 novembre sur la demande du ministre de l'Armement, Raoul Dautry.

1940. Troisième voyage de Louis Renault aux États-Unis. Il atterrit à New York le 1er juin et repart pour la France le 26 juin. Entre-temps, le 22 juin, le maréchal Pétain a demandé l'armistice.

Octobre : démission de François Lehideux, brouille définitive entre les deux hommes.

1942. *3 mars* : entre 22 et 23 heures, 235 bombardiers de la RAF pilonnent l'usine de Billancourt. C'est le premier bombardement d'une longue série.

1943. *4 janvier* : premier essai routier du prototype de la future 4 CV, développé avec l'aval de Louis Renault.

1944. *23 septembre* : Louis Renault se présente libre au Palais de justice. Il est incarcéré à la prison de Fresnes le soir même.

27 septembre : le Conseil des ministres décide la réquisition des usines Renault.

5 octobre : agonisant, Louis Renault est transféré à l'hôpital psychiatrique de Ville-Évrard. Pierre Lefaucheux devient administrateur provisoire de l'entreprise.

10 octobre : transfert de Louis Renault dans une clinique parisienne, Saint-Jean-de-Dieu.

24 octobre : mort de Louis Renault. Ses obsèques se déroulent le 28 octobre ; il est inhumé le même jour à Herqueville.

1946. *16 janvier* : nationalisation de Renault par une ordonnance créant la RNUR, Régie nationale des usines Renault.

1949. *30 avril* : le dossier d'accusation étant resté vide, la Haute Cour de justice décide le classement de la procédure contre Louis Renault.

1956. Exhumation de Louis Renault ; l'autopsie ne permet pas de soutenir la thèse de l'assassinat.

RÉFÉRENCES BIBLIOGRAPHIQUES

LIVRES

JEAN BOULOGNE, *La Vie de Louis Renault*, Éditions du Moulin d'argent, 1931.

EMMANUEL CHADEAU, *Louis Renault*, Plon, 1998.

LAURENT DINGLI, *Louis Renault*, Flammarion, 2000.

PIERRE DRIEU LA ROCHELLE, *Beloukia*, Gallimard, 1936.

ALAIN FREREJEAN, *André Citroën, Louis Renault*, Albin Michel, 1998.

PATRICK FRIDENSON, *Histoire des usines Renault, 1 : Naissance de la grande entreprise, 1898/1939*, Seuil, 1972.

RAYMOND GÉRARD, *Louis Renault, seigneur d'Herqueville*, JCM, 1990.

GILBERT HATRY, *Louis Renault, patron absolu*, Lafourcade, 1982.

GILBERT HATRY, PIERRE MERCIER, *L'Île Seguin*, JCM, 1991.

FRANÇOIS LEHIDEUX, *De Renault à Pétain*, Pygmalion/Gérard Watelet, 2001.

FERNAND PICARD, *L'Épopée de Renault*, Albin Michel, 1976.

ANTHONY RHODES, *Louis Renault, a biography*, Cassel, Londres, 1969.

SAINT LOUP, *Renault de Billancourt*, Amiot-Dumond, 1955.

PHILIPPE SOUPAULT, *Histoire d'un blanc*, Lachenal & Ritter, 1986.

PHILIPPE SOUPAULT, *Le Grand Homme*, Lachenal & Ritter, 1981 ; Gallimard, 2002.

PRESSE FRANÇAISE

Archives des quotidiens *Le Figaro*, *L'Humanité*, *Le Temps*.

PRESSE ÉTRANGÈRE

Archives de l'hebdomadaire *Time Magazine*.

DOCUMENTS AUDIOVISUELS

La Tragédie de Louis Renault, Le dossier d'Alain Decaux, A2, 1986.
Patrons sous Vichy, documentaire de Marc Mopty et Jean-Charles Deniau, 1997.

QUELQUES SITES INTERNET

www.ina.fr (archives audiovisuelles, actualités cinématographiques).
www.renault.com (rubrique « Groupe Renault — Histoire ») (tout l'historique de la marque).
www.renaultoloog.com (« carrefour mondial des passionnés de la marque Renault »).

NOTES

LE VIRAGE DE COUHÉ-VÉRAC

1. *Les Nouvelles illustrées*, n° 53, 28 mai 1903.

2. Charles Jarrott, *Ten Years of Motors and Motors Racing*, G. T. Foulis & Co, London 1956, traduction française de l'auteur.

3. Édouard Boeglin, « Paris-Madrid automobile », *L'Alsace / Le Pays*, 19 mai 1999.

4. Pierre Souvestre, *Histoire de l'automobile*, Dunod et Pinat, Paris, 1907.

5. Archives départementales de la Vienne, registre des actes de décès de la commune de Payré, 1903.

6. *L'Écho de Paris*, 25 mai 1903.

7. SHGR (Société d'histoire du groupe Renault), carton 2.

8. SHGR, carton 2.

LE DÉMON DE LA MÉCANIQUE

1. SHGR, cartons Louis Renault.

2. Emmanuel Berl, *Il fait beau, allons au cimetière*, Gallimard, 1976.

3. Honoré de Balzac, *La cousine Bette*, Gallimard, coll. « Folio classique », 2007.

4. Émile Zola, *La Bête humaine*, Gallimard, coll. « Folio », 1977.

5. SHGR, carton 1.

6. SHGR, cartons Louis Renault.

7. Jean Boulogne, *La Vie de Louis Renault*, Éditions du Moulin d'argent, 1931.

8. *Ibid.*

9. *Ibid.*

« P'TIT LOUIS » CONTRE « MONSIEUR RENAULT »

1. SHGR, carton 2.

2. Jean Boulogne, *op. cit.*

3. Lucien Dauvergne, *Louis Renault 1877-1944 ou 50 ans d'épopée automobile française*, La Table ronde, 1954.

LES EXPLOITS D'UN TROMPE-LA-MORT

1. Louis Baudry de Saunier, « L'Automobile », in *Histoire de la locomotion terrestre*, *L'Illustration*, 1938.

2. Jean Boulogne, *op. cit.*

3. Affiche publicitaire, collection SHGR.

LA CROISÉE DES CHEMINS

1. Léon Bloy, *Journal*, t. 1, Robert Laffont, 1999.

2. *L'Auto*, 20 janvier 1906.

3. SHGR, carton 3.

4. Lettre du 12 mars 1901, cartons Louis Renault, SHGR.

5. Lettre du 30 novembre 1903, cartons Louis Renault, SHGR.

6. Archives nationales, dossier 65AQH26, Cie française des automobiles de place.

7. SHGR, carton 5.

8. *Ibid.*

9. A. Deguingand, *L'Automobile*, 19 mai 1906.

10. *L'Auto*, 15 mai 1906.

11. SHGR, carton 5.

12. Serge Moscovici, *L'Âge des foules*, Fayard, Paris, 1981.

13. Gustave Le Bon, *La Psychologie des foules*, 1895 ; PUF, 2003.

LA CONQUÊTE D'HERQUEVILLE

1. Saint Loup, *Renault de Billancourt*, Paris, Amiot-Dumond, 1955.
2. Raymond Gérard, *Louis Renault, seigneur d'Herqueville*, JCM, 1990.
3. Saint Loup, *op. cit.*

COURSE CONTRE LA MONTRE

1. Jean Boulogne, *op. cit.* L'auteur présente ces phrases comme « l'expression même de M. Louis Renault ».
2. Saint Loup, *op. cit.*
3. SHGR, carton 6.
4. *Ibid.*
5. *Ibid.*
6. *Ibid.*
7. *Ibid.*
8. *Ibid.*
9. *Ibid.*
10. *La Bataille syndicaliste*, 20 février 1913.
11. *Ibid.*, 14 mars 1913.
12. SHGR, carton 6.
13. *Ibid.*
14. Gustave Le Bon, *op. cit.*
15. *Bulletin officiel de la Chambre syndicale du constructeur d'automobiles*, n° 51, 15 janvier 1914.

« LA CLÉ SOUS LA PORTE »

1. Ernest Fuchs, *La Vie de Louis Renault*, Imprimerie de l'usine, 1935.

2. *Ibid.*

3. Jean Boulogne, *op. cit.*

4. *Ibid.*

5. Lettre à Albert Thomas, 31 décembre 1918, Archives nationales, 94 AP 237.

6. Cité par le colonel Meun, « Les Fabrications de guerre françaises », *Revue militaire française*, novembre 1933.

7. *Ibid.*

8. Rapport Le Chatelier, août 1915, service historique de l'armée de l'air, A98.

LES COUDÉES FRANCHES

1. Alfred Rosmer, *Le Mouvement ouvrier pendant la première guerre mondiale*, Mouton et Cie, 1959.

2. Archives municipales de Boulogne, registre des délibérations du conseil municipal.

3. Gilbert Hatry, *Louis Renault, patron absolu*, Paris, Lafourcade, 1982.

4. *L'Heure*, 21 août 1917.

5. Séance du 26 mars 1929 du conseil municipal de Boulogne.

6. *Bulletin des usines de guerre*, n° 2, 8 mai 1916.

L'AUTRE « PÈRE LA VICTOIRE »

1. Saint Loup, *op. cit.*

2. Archives du Deuxième Bureau, Service historique de l'armée de terre, 16NZ150.

3. Cité par Laurent Dingli, *Louis Renault*, Flammarion, 2000.

4. *Ibid.*

5. William Serieyx, « Un grand industriel, M. Louis Renault », in *Je sais tout*, 15 mars 1919.

NOUVEAU DÉPART

1. Rapporté (en anglais) par Anthony Rhodes, *Louis Renault, a biography*, Cassel, Londres, 1969.

2. *Ibid.*

3. François Lehideux, *De Renault à Pétain*, Pygmalion/Gérard Watelet, 2001.

4. Jean Boulogne, *op. cit.*

5. Philippe Soupault, *Le Grand Homme*, Lachenal et Ritter, 1981 ; Gallimard, 2002.

6. Archives SHGR.

7. Gilbert Hatry, *op. cit.*

LE MONOLITHE INDUSTRIEL

1. Témoignage transmis à Gilbert Hatry en février 1971.

2. Marie-Christine Limasse, *Des surintendants d'usine aux infirmières de santé au travail*, archives Web du Syndicat national des professionnels de la santé au travail (SNPST).

3. Jacques Wolgensinger, *André Citroën*, Flammarion, 1999.

4. Archives SHGR, carton 13.

5. Anthony Rhodes, *op. cit.*

6. N° 142, juin 1933, p. 70. Ce mensuel s'intéressait beaucoup à l'élégance automobile et Renault comptait parmi ses gros annonceurs, d'où la publication régulière d'articles sur l'entreprise et ses dirigeants.

7. Fernand Picard, *L'Épopée de Renault*, Albin Michel, Paris, 1976.

LA GRÈVE DE PORT-HOMARD

1. Jean-Michel Thévenin, *Île... était une fois Chausey (1900-1999)*, autoédition, 2000.

2. Préface à Chausey, *Imago mundi*, par Yves de Saint-Front, Octavo, 1996.

3. Archives SHGR, carton 11.

4. Archives SHGR, carton 11.

5. État des lieux cité par Gilbert Hatry, *op. cit.*

6. D'après Pierre Veilletet, *Querencia et autres lieux sûrs*, Arléa, 1991.

7. Lettre à Christiane Renault, printemps 1943. Archives SHGR.

LOSANGE CONTRE DOUBLE CHEVRON

1. Alain Frerejean, *André Citroën, Louis Renault*, Albin Michel, 1998.

2. Georges-Marie Haardt, *La Croisière noire*, Plon, 1927.

3. Publicité d'époque.

4. Lettre à François Lehideux, 4 septembre 1937, Archives nationales, AN92A-1.

5. François Lehideux, *op. cit.*

6. Gilbert Hatry, *op. cit.*

7. Gilbert Hatry, Pierre Mercier, *L'Île Seguin*, Éditions JCM, Paris, 1991.

8. Alain Frerejean, *op. cit.*

9. François Lehideux, *op. cit.*

10. Témoignage recueilli par l'auteur, 13 septembre 2007.

LES MAUVAISES FRÉQUENTATIONS

1. *Aérotau*, 30 novembre 1929.

2. Confédération générale du travail unitaire, née de la scission de la CGT en décembre 1921.

3. Formule récurrente dans *L'Humanité* à partir de 1934.

4. *Ibid.*

5. *Ibid.* Formule reprise également dans *L'Île du Diable*.

6. Fernand Picard, *op. cit.*

7. *Ibid.*

8. Témoignage d'André Mouroux, ancien ouvrier, mars 1974, cité par Gilbert Hatry, *op. cit.*

9. Raymond Gérard, *Louis Renault, seigneur d'Herqueville*, Éditions JCM, Paris, 1990.

10. *Ibid.*

11. Gilbert Hatry, *op. cit.*

12. Raymond Gérard, *op. cit.*

13. Fernand Picard, *op. cit.*

14. Témoignage recueilli par l'auteur, 13 septembre 2007.

15. Témoignage recueilli par Stéphane Denis, *Le Figaro Magazine*, 5 mai 2008.

16. Archives SHGR non cotées.

17. *Ibid.*

18. Gilbert Hatry, *op. cit.*

19. Robert Doisneau, *Doisneau*, Hazan, Paris, 1988.

20. Lettre anonyme, Archives SHGR non cotées.

21. Archives SHGR, carton « grève de 1938 ».

22. Témoignage de François Lehideux à Gilbert Hatry, novembre 1975, *op. cit.*

23. François Lehideux, *op. cit.*

LES ANNÉES NOIRES

1. François Lehideux, *op. cit.*

2. *Ibid.*

3. *Ibid.*

4. *Ibid.*

5. Fernand Picard, *op. cit.*

6. J.-B. Pontalis, « Louis n'a pas de génie » in *L'Enfance d'un autre*, Paris, La Table Ronde, 1952.

7. Témoignage recueilli par l'auteur, 13 septembre 2007.

8. *Ibid.*

9. *Ibid.*

10. Fernand Picard, *op. cit.*

11. Cité par Laurent Dingli, *op. cit.*

12. François Lehideux, *op. cit.*

13. *Ibid.*

14. *Ibid.*

15. Entretien de François Lehideux avec Emmanuel Chadeau, *Louis Renault*, Plon, 1998.

16. Document reproduit en fac-similé dans François Lehideux, *op. cit.*

17. Archives SHGR, cartons Louis Renault.

18. Archives SHGR.

19. Tract, collection SHGR.

20. Fernand Picard, *De Renault à Pétain*, *op. cit.*

21. *Ibid.*

L'IMPASSE

1. Archives SHGR, carton 20.

2. Fernand Picard, *op. cit.*

3. *L'Humanité*, 22 août 1944.

4. *Ibid.*

5. *Ibid.*

6. *Ibid.*

7. Gilbert Hatry, *op. cit.*

8. *L'Humanité*, 19 septembre 1944.

9. Ministère public contre Louis Renault, Archives nationales, Z6NL9(3).

10. *Idem.*

11. Laurent Dingli, *op. cit.*

12. Ministère public contre Louis Renault, Archives nationales, Z6NL9(3).

13. Témoignage recueilli par l'auteur, 13 septembre 2007.

14. Jacques Isorni, *Mémoires 1911-1945*, Robert Laffont, 1984.

15. Ministère public contre Louis Renault, Archives nationales, Z6NL9(3).

16. *Idem.*

17. Archives SHGR, carton 22.

18. Note de Christiane Renault, in *ibid.*

19. Archives SHGR, carton 22.

20. *Ibid.*

21. Archives nationales, Z6NL9(3).

22. Lettre de René de Peyrecave à Jean-Louis Renault, 25 décembre 1944.

23. Archives SHGR, carton 24.

24. Fernand Picard, *op. cit.*

POST MORTEM

1. *Le Soir*, 7 janvier 1949.

2. Archives SHGR, carton 23.

3. *Ibid*.

4. Ordonnance de nationalisation, article 3, *Journal officiel*, 16 janvier 1945.

5. Gilbert Hatry, *op. cit.*

6. Archives SHGR, carton 23.

7. *Ibid*.

8. *Ibid*.

9. *Ibid*.

10. *Ibid*.

11. *Libération*, 2 février 1956.

12. Archives SHGR, carton 22.

13. « 10 Prominent People Who Died Under Suspicious Circumstances And Never Had Autopsies », Wallace & Wallechinsky, *The Book of Lists*, Bantam Books, 1980.

14. Laurent Dingli, *op. cit.*

15. Jacques Frémontier, *La Forteresse ouvrière : Renault*, Fayard, 1971.

16. Cité par Laurent Dingli, *op. cit.*

Remerciements

Toute ma gratitude va d'abord à J.-B. Pontalis, qui a bien voulu faire revivre les personnages de Louis Renault et de quelques-uns de ses proches, tels qu'il les a connus.

Un grand merci également, pour leur confiance et leur soutien constant, à Gérard de Cortanze qui a « laissé du temps au temps » et à Yvon Girard.

Mes remerciements vont aussi à Louis Schweitzer pour ses vifs encouragements, et à Jacques-Alain de Sédouy et Frédéric Maingret pour leur aide.

ANNEXES

FOLIO BIOGRAPHIES

Composition Nord Compo
Impression Maury-Imprimeur
45330 Malesherbes
le 20 janvier 2009.
Dépôt légal : janvier 2009.
Numéro d'imprimeur : 143901.

ISBN 978-2-07-033822-1. / Imprimé en France.

142610